PROCESSO DIALÓGICO
E A EFETIVIDADE DA
TUTELA COLETIVA CONTRA
O PODER PÚBLICO

HÉLIO RIOS FERREIRA

Prefácio
Heliomar Rios Ferreira

PROCESSO DIALÓGICO E A EFETIVIDADE DA TUTELA COLETIVA CONTRA O PODER PÚBLICO

Belo Horizonte

2023

© 2023 Editora Fórum Ltda.

É proibida a reprodução total ou parcial desta obra, por qualquer meio eletrônico, inclusive por processos xerográficos, sem autorização expressa do Editor.

Conselho Editorial

Adilson Abreu Dallari
Alécia Paolucci Nogueira Bicalho
Alexandre Coutinho Pagliarini
André Ramos Tavares
Carlos Ayres Britto
Carlos Mário da Silva Velloso
Cármen Lúcia Antunes Rocha
Cesar Augusto Guimarães Pereira
Clovis Beznos
Cristiana Fortini
Dinorá Adelaide Musetti Grotti
Diogo de Figueiredo Moreira Neto (*in memoriam*)
Egon Bockmann Moreira
Emerson Gabardo
Fabrício Motta
Fernando Rossi
Flávio Henrique Unes Pereira

Floriano de Azevedo Marques Neto
Gustavo Justino de Oliveira
Inês Virgínia Prado Soares
Jorge Ulisses Jacoby Fernandes
Juarez Freitas
Luciano Ferraz
Lúcio Delfino
Marcia Carla Pereira Ribeiro
Márcio Cammarosano
Marcos Ehrhardt Jr.
Maria Sylvia Zanella Di Pietro
Ney José de Freitas
Oswaldo Othon de Pontes Saraiva Filho
Paulo Modesto
Romeu Felipe Bacellar Filho
Sérgio Guerra
Walber de Moura Agra

CONHECIMENTO JURÍDICO

Luís Cláudio Rodrigues Ferreira
Presidente e Editor

Coordenação editorial: Leonardo Eustáquio Siqueira Araújo
Aline Sobreira de Oliveira

Rua Paulo Ribeiro Bastos, 211 – Jardim Atlântico – CEP 31710-430
Belo Horizonte – Minas Gerais – Tel.: (31) 99412.0131
www.editoraforum.com.br – editoraforum@editoraforum.com.br

Técnica. Empenho. Zelo. Esses foram alguns dos cuidados aplicados na edição desta obra. No entanto, podem ocorrer erros de impressão, digitação ou mesmo restar alguma dúvida conceitual. Caso se constate algo assim, solicitamos a gentileza de nos comunicar através do *e-mail* editorial@editoraforum.com.br para que possamos esclarecer, no que couber. A sua contribuição é muito importante para mantermos a excelência editorial. A Editora Fórum agradece a sua contribuição.

Dados Internacionais de Catalogação na Publicação (CIP) de acordo com ISBD

F383p	Ferreira, Hélio Rios Processo dialógico e a efetividade da tutela coletiva contra o Poder Público / Hélio Rios Ferreira. Belo Horizonte: Fórum, 2023. 267 p. ISBN 978-65-5518-568-3 1. Processo dialógico. 2. Tutela coletiva. 3. Poder Público. I. Título. CDD: 347 CDU: 347

Ficha catalográfica elaborada por Lissandra Ruas Lima – CRB/6 – 2851

Informação bibliográfica deste livro, conforme a NBR 6023:2018 da Associação Brasileira de Normas Técnicas (ABNT):

FERREIRA, Hélio Rios. *Processo dialógico e a efetividade da tutela coletiva contra o Poder Público*. Belo Horizonte: Fórum, 2023. 267 p. ISBN 978-65-5518-568-3.

AGRADECIMENTOS

Agradeço ao papai, por me apresentar ao Direito, estimular meus estudos e sempre falar: "Triste do aluno que não supera o mestre". Embora não esteja presente fisicamente, deixou seu legado de sempre dar o seu melhor naquilo que se propõe a fazer.

Agradeço à Luana, esposa, companheira da vida toda, mãe do querido Davi, filho dedicado. Tiveram paciência comigo no decorrer dos estudos, apoiando-me em todos os momentos. Com eles, aprendo diariamente a plantar a semente do amor – conquistá-los, todo dia, faz parte de quem sou. Obrigado meus amores.

A obra é fruto do estudo no mestrado. Agradeço a todos os professores, alunos (amigos) e colaboradores da Unichristus pelo apoio.

Agradeço aos amigos da Procuradoria-Geral do Estado do Amapá que sempre estiveram ao meu lado.

Agradeço à mamãe, por me fazer feliz, apoiou-me em tudo o que fiz. Deixou-nos recentemente, pouco antes de concluir a obra. Amo a senhora.

Agradeço aos amados irmãos Heliomar e Helaine. Sempre estivemos juntos, em todos os momentos, e minhas vitórias são deles também – assim como as vitórias deles também são minhas. O primeiro foi inspirador ao me apresentar meios processuais não tradicionais de solução de conflitos coletivos.

Mais uma vez, agradeço à Luana, fortaleza, companheira, amiga e humana. São muitos adjetivos de qualidade, não caberiam nesta obra. Afinal, é sentimento que vem do coração.

Agradeço ao Davi, filho amado, garoto de luz, com muita personalidade, ensina-me todo dia a ser pai. Espero ensiná-lo algo para mais tarde eu dizer: "triste do aluno que não superar o mestre".

O percurso na elaboração desta obra deixará muitas lembranças.

LISTA DE ABREVIATURAS E SIGLAS

ACP — Ação Civil Pública
CDC — Código de Defesa do Consumidor
CF — Constituição Federal
CPC/73 — Código de Processo Civil de 1973
CPC/15 — Novo Código de Processo Civil
ECA — Estatuto da Criança e do Adolescente
IRDR — Incidente de Resolução de Demandas Repetitivas
LACP — Lei da Ação Civil Pública
LAP — Lei da Ação Popular
LINDB — Lei de Introdução às Normas do Direito Brasileiro
LRF — Lei de Responsabilidade Fiscal
OAB — Ordem dos Advogados do Brasil
STF — Supremo Tribunal Federal
STJ — Superior Tribunal de Justiça
TJAP — Tribunal de Justiça do Estado do Amapá

SUMÁRIO

PREFÁCIO
Heliomar Rios Ferreira.. 11

INTRODUÇÃO 13

CAPÍTULO 1
A TUTELA COLETIVA E O PODER PÚBLICO 19
1.1 O processo civil e a tutela dos direitos 22
1.2 Disposições gerais sobre o processo coletivo 31
1.3 A representação adequada do legitimado formal 44
1.4 Acesso à justiça e à tutela jurisdicional coletiva em face do Poder Público 52
1.5 Interesse metaindividual: direitos difusos, coletivos e individuais homogêneos 63

CAPÍTULO 2
MICROSSISTEMA DA TUTELA COLETIVA 67
2.1 Projeto de Lei nº 1.641/2021: uma proposta de codificação da ação coletiva... 75
2.1.1 O estímulo à autocomposição e a necessária representação adequada como mecanismos de eficácia e eficiência da solução do processo coletivo 79
2.1.2 Uma breve introdução sobre a construção da sentença coletiva por meio do cumprimento da tutela antecipada dialógica 83
2.2 Direitos acidentalmente coletivos: demandas repetitivas e a coletivização do processo 89
2.2.1 As causas repetitivas e o seu procedimento 91
2.2.2 A importância da "causa julgada" e da tese jurídica 102
2.3 Processo estrutural 107
2.3.1 A construção da solução: a transação com o Poder Público 113
2.3.2 Arbitragem e o Poder Público 121
2.3.3 A vantagem da transação para a solução do processo coletivo complexo 125

CAPÍTULO 3
O PROTAGONISMO JUDICIAL NA EFETIVAÇÃO DA TUTELA
COLETIVA 129

3.1	Análise principiológica do processo coletivo	137
3.2	O protagonismo dos sujeitos e as capacidades institucionais no processo coletivo	157
3.3	A LINDB e o necessário diálogo na execução da tutela provisória construída	167
3.3.1	As regras da LINDB e a tutela coletiva	168
3.3.2	A interpretação consequencialista de intervenção do Poder Judiciário na atividade do Poder Público antes do deferimento de tutela provisória pleiteada em processo coletivo	171
3.3.3	A LINDB como fundamento de modificação da pretensão inicial por meio de pedido de tutela provisória sucessiva	178
3.3.4	A responsabilidade dos agentes públicos por danos sofridos pelo Poder Público no procedimento de cumprimento provisório de tutela coletiva	181
3.4	Tutela provisória e o Poder Público	183
3.4.1	Os limites normativos à concessão de tutela provisória em face do Poder Público	189
3.4.2	Tempo e validade da tutela provisória: a suspensão de tutela provisória deferida contra o Poder Público	193
3.4.3	Competência jurisdicional	198
3.4.4	Impugnação ao cumprimento provisório: o poder geral de efetivação da tutela provisória pelo juiz e sua execução	200
3.4.5	Responsabilidade do autor do pedido de tutela provisória	209
3.4.6	Tutela provisória dialógica e o cumprimento progressivo da decisão interlocutória	213
3.4.7	O momento processual de análise dos pedidos de tutela provisória coletiva e o planejamento de sua satisfação: a estabilização da decisão de saneamento do processo	215
3.4.8	Aplicação no processo coletivo	218
3.4.9	Aplicação nos casos repetitivos	226
3.4.10	Aplicação no processo estrutural	232

CONSIDERAÇÕES FINAIS 243

REFERÊNCIAS 251

PREFÁCIO

Certa vez, certo senhor falou ao meu irmão: "Triste do aluno que não supera o mestre!".

Acredito, piamente, que o autor do livro absorveu sua frase e a cumpriu com esmero.

Honra-me, sobremaneira, prefaciar o livro PROCESSO DIALÓGICO E A EFETIVIDADE DA TUTELA COLETIVA CONTRA O PODER PÚBLICO.

Coloco-me na posição de debutante na matéria, um mero aprendiz.

Tão peculiar a situação posta a minha pessoa, mormente quem prefacia tem geralmente a posição de quem apresenta ou até introduz, apoiado em sua suposta capacidade e competência, em seu conhecimento e renome. É aquele quem pode julgar a obra que está prefaciando e avalizá-la para o público a quem se destina.

No entanto, este prefaciador se põe na situação de quem tem o privilégio da prioridade da leitura para anunciar a alegria do aprendido, do encontrado, do descoberto.

A primeira impressão da obra é de cuidado em abordar e esgotar toda a matéria que se propunha a dissertar. Certos conceitos, antes aprisionados nas cadeias de definições fechadas, passam a ser repensados como categorias abertas e dinâmicas de um pensamento novo e complexo, projetando-se para o futuro e não se prendendo às polêmicas do passado.

Há alguma coisa de novo que promete mais do que remete, na visão de uma realidade em mudança.

A segunda impressão é a sensação do processo democratizado, em que todas as partes e partícipes têm vozes no andamento processual, um verdadeiro diálogo das fontes, podendo construir a melhor solução para a lide ali colocada.

A terceira é a impressão da abertura de um novo horizonte acerca da flexibilização do procedimento, libertando-se de amarras, em busca da verdadeira efetividade na prestação jurisdicional, através de "negócios processuais" em que se permite, inclusive, modificar a causa de pedir e o pedido. Tenta-se mostrar o verdadeiro conceito de Justiça tão desejado pela nossa sociedade.

Minha quarta sensação é a satisfação do reconhecimento de que o Poder Judiciário é peça fundamental na engrenagem, funcionando como um verdadeiro protagonista. Mas sem perder de mão sua humildade de saber escutar todos os atores da demanda.

E, neste sentido, este livro é uma ajuda da resolução dos conflitos de forma democrática, no anseio de Justiça.

Chego, então, a minha quinta sensação. Este livro conseguiu alcançar seu objetivo, demonstrando a possibilidade de um julgamento justo e célere com a participação de todos, mas sem a prescindibilidade de um ator principal para a gestão dos trabalhos e a determinação de seu andamento.

Parnaíba (PI), 30 de maio de 2023.

Heliomar Rios Ferreira
Juiz de Direito do Tribunal de Justiça do Estado do Piauí

INTRODUÇÃO

O processo coletivo é um ramo do Direito Processual Civil incumbido de tutelar os interesses transindividuais identificados no modelo da ação coletiva e o de julgamento de casos repetitivos. Fundamentado no devido processo constitucional, as mutações interpretativas da Constituição Federal (CF) possibilitam sua constante transformação interpretativa, resultando na evolução do Direito Processual Coletivo.

A tutela coletiva não é regida por uma codificação, logo, não há um sistema próprio de procedimento encarregado de organizar o processo coletivo e indicar quais são os direitos a serem por ele tutelados. O microssistema da tutela coletiva é um compilado de normas voltado a organizar o processo coletivo, visando evitar que lacunas legais impossibilitem a atividade jurisdicional.

Dentro desse microssistema existe o processo coletivo comum composto pelas ações coletivas, causas repetitivas e o processo estrutural. Há também o processo coletivo especial, voltado para julgamentos de lei em tese com repercussão sobre a coletividade, caso do controle abstrato de constitucionalidade. No presente estudo, o método apresentado é empregado no processo coletivo comum, por essa razão, não há uma investigação sobre o processo coletivo especial.

A tutela coletiva no Brasil precisa ser interpretada de maneira a possibilitar uma flexibilização do seu procedimento, com o fim de atender aos interesses transindividuais em pleito. O litígio coletivo envolvendo o Poder Público requer tratamento processual adequado à sua complexidade, diante da, quase sempre, transcendência dos interesses subjetivos no processo. Em razão disso, deve-se garantir o efetivo acesso à justiça, por meio de uma representação adequada dos titulares do direito coletivo.

Uma sistematização procedimental pode garantir uma efetiva satisfação da tutela coletiva, porém, ante a ausência de uma codificação, o procedimento dialógico pode ser o melhor caminho para, a partir da interação entre os sujeitos do processo, construir uma decisão efetiva. O procedimento deve prever o diálogo institucional do Poder Público com o Judiciário a fim de permitir o debate sobre a melhor resolução do litígio, sendo o protagonista do direito material debatido no processo o titular do direito coletivo, competindo ao Poder Judiciário garantir o devido processo legal coletivo democrático.

A tutela coletiva dos interesses difuso, coletivo e individual homogêneo pode estar molecularizada ou atomizada. No caso da primeira, o estudo apresenta um método de organização procedimental voltado a promover o debate entre os sujeitos, recepcionando os pedidos de tutela provisória e construindo decisão de cumprimento imediato ou progressivo, de acordo com o grau de complexidade, urgência e na medida da necessidade do titular do direito coletivo e da possibilidade do Poder Público.

O Poder Público dialoga institucionalmente com outros órgãos públicos, na medida da capacidade institucional de cada um, para construir a decisão interlocutória mais próxima da realidade. Essa análise possibilita ao Poder Público anuir ao pedido, contrapor ou requerer sua modificação, por meio de tutela provisória, com a finalidade máxima de viabilizar a satisfação do direito coletivo tutelado em favor do seu titular.

Assim, a importância deste estudo é a de contribuir para a evolução do processo coletivo em relação ao método de organização do procedimento, para alcançar uma decisão coletiva eficaz e satisfatória para o titular do direito coletivo.

Pretende-se demonstrar que o Direito Processual está em constante evolução e apto a autorizar o protagonismo judicial de organização dos atos a serem praticados, com vistas a promover a garantia do acesso à justiça em favor dos titulares do direito difuso, coletivo e individual homogêneo. Essa evolução deve prever a consolidação de regras, versando, em especial, sobre o acesso à justiça, litigância de massa e autocomposição – temas já previstos no Projeto de Lei (PL) nº 1.641/2021.

O enfoque metodológico desta pesquisa pode ser caracterizado como bibliográfico, quanto à natureza, qualitativo, na utilização dos resultados, exploratório e descritivo. Para isso, inicia-se com a exposição da base histórica do processo civil e sua utilização a favor da tutela coletiva. Ademais, os interesses público, metaindividual, coletivo e transindividual devem ser entendidos, para se ter uma noção de como eram interpretados nos tempos em que havia apenas a previsão, no Código de Processo Civil de 1973 (CPC/73), de defesa de interesse individual. Entender o processo coletivo, regido por essas normas procedimentais individualistas, ajuda a explicar a dificuldade contemporânea dos sujeitos entenderem como conduzir um processo coletivo, sob a égide do seu microssistema.

O formalismo processual de Bülow ainda é muito atual, fazendo surgir o "juiz boca da lei" na resolução do litígio coletivo, promovendo um ativismo judicial sobre o mérito da questão. Os protagonistas desse debate são todos aqueles que participam do juízo, respeitando o procedimento em contraditório de Fazzalari (2006), ao afastar o ativismo judicial pernicioso.

Assim, para evitar o abuso no exercício da função jurisdicional, o juízo deve controlar a representação adequada do titular do direito coletivo. Não importa qual é o legitimado formal para atuar em juízo, a garantia constitucional do devido processo legal só será eficazmente aplicada ao processo coletivo quando o protagonista da tutela coletiva for o legitimado material.

Esse acesso à justiça da pessoa individualmente considerada é problemático quando a tutela jurisdicional coletiva, proposta em face do Poder Público, é conduzida por sujeitos que fazem parte do Estado. Demonstrar-se-á, assim, que o controle de representação adequada deve recair sobre todos os legitimados formais.

No segundo momento, o estudo recai sobre o microssistema da tutela coletiva, composto pela legislação especial, como o Código de Defesa do Consumidor (CDC), a Lei da Ação Civil Pública (LACP), a Lei da Ação Popular (LAP) e outras, utilizadas para organizar o procedimento coletivo. Uma nova mentalidade sobre o processo coletivo está contida na proposta de codificação da LACP, expressa nos Projetos de Lei nº 4.441/2020 e nº 1.641/2021, e a proposta do Conselho Nacional de Justiça (CNJ). Os projetos contêm propostas normativas compatíveis com o método de construção de decisão interlocutória dialógica de cumprimento progressivo.

O método pode ser aplicado aos direitos acidentalmente coletivos representados nas causas repetitivas, caso do recurso repetitivo e do incidente de resolução de demandas repetitivas (IRDR). Busca-se, com isso, compreender a problemática em procedimentalizar o pedido de tutela provisória incidental ao julgamento da tese jurídica.

O processo estrutural é um processo coletivo complexo de solução cooperada, concertada, transacionada e fruto de um procedimento, muitas vezes, elaborado por meio do negócio processual. O protagonismo judicial é mais evidente nesse processo, ao autorizar a construção da solução por meio de transação com o Poder Público. Dessa forma, seu estudo é importante para fundamentar a construção da decisão dialogada como meio vantajoso para solucionar o litígio coletivo, estrutural e em demandas de massa.

A proposta do protagonismo judicial é explicada com mais detalhes no terceiro momento, quando se aponta o juiz como principal sujeito do processo, para organizar o procedimento voltado à construção de decisão dialogada, cujo comando prevê a real necessidade do titular do direito coletivo e a possibilidade de satisfação pelo Poder Público. Para isso, foi necessária uma aproximação principiológica do processo coletivo ao processo civil tradicional, às capacidades institucionais do Poder Público e à Lei de Introdução às Normas do Direito Brasileiro (LINDB).

Nesse contexto, a LINDB é uma ferramenta importante de condução da construção das decisões judiciais proferidas em desfavor do Poder Público, com relevância maior naquelas que antecipam o mérito da demanda judicial. As consequências práticas da decisão, a motivação da imposição da vontade do juiz sobre a discricionariedade do agente público e a modificação da pretensão inicial, por meio de tutela provisória dialógica, são temas disciplinados pela LINDB, compatíveis com o procedimento apresentado neste estudo.

Por fim, no último capítulo, estuda-se a tutela provisória e o Poder Público, tendo o intuito de responder à hipótese levantada e apresentar um método de resolução de litígio coletivo que: respeite a separação dos poderes; dê acesso à justiça ao titular do direito coletivo por meio de uma adequada representação; estimule as instituições a dialogarem; indique sujeitos para propor solução ao conflito, segundo suas capacidades; evite crise de legitimidade da decisão proferida.

Objetiva, com isso, afastar a concepção de que o deferimento de todos os pedidos formulados na inicial de uma ação coletiva é a solução ideal para o titular do direito coletivo. A sentença ou o acórdão, contendo todas as pretensões dos autores, se inexequível, deixou de garantir o efetivo acesso à justiça e violou a adequada representação, que merecem os indivíduos lesados pelo Poder Público.

Nesse sentido, a tutela provisória dialógica é um método de organização do procedimento, voltado a satisfazer, com maior eficácia, o litígio coletivo, prevendo no pedido as reais necessidades dos titulares do direito coletivo e respeitando os limites do Poder Público em satisfazer a pretensão. Não se propõe a intervenção de todos os titulares do direito coletivo, mas que o substituto processual traga uma pretensão compatível com a realidade.

Os limites normativos à concessão de tutela provisória em face do Poder Público não impedem a modificabilidade da causa de pedir e do pedido, resultante do diálogo entre o autor e o Poder Público. Para demonstrar a viabilidade do método, foram apresentados três exemplos concretos de aplicação: no processo coletivo, nos casos repetitivos e no processo estrutural.

Deseja-se demonstrar que a resolução do processo sem a aplicação desse método de organização resulta em sentença nula e, ainda, que o estudo ajuda a gerar um provimento final de qualidade e em tempo razoável.

CAPÍTULO 1

A TUTELA COLETIVA E O PODER PÚBLICO

O início da utilização de um processo racional para resolução de uma contenda entre sujeitos inseridos em uma mesma relação jurídica não há como ser mensurado, seja no tempo ou no espaço. É que o ser humano, a partir do momento que passou a viver em comunidade, precisou solucionar seus conflitos, intrínsecos ao bom convívio, por meio de procedimentos instituídos por cada povo, sociedade, Estado, civilização, etc.

No período do Absolutismo, a sociedade era comandada por um líder, aquele que a organizava, dirigia, governava, delimitava o território e reconhecia quem fazia parte do seu povo. A liderança poderia ser realizada por um ou vários sujeitos, que solucionava as demandas coletivas e, sendo assim, sua tutela, ainda que sem regras escritas, era concentrada nas mãos de algumas autoridades sem legitimidade material. No caso da ausência de legitimidade para a promoção da satisfação de um direito coletivo, a imposição da solução pelo líder poderia se encaixar no interesse público, mas não corresponder à tutela coletiva. Assim, se o Poder não é legítimo, seus atos, em regra, não serão, pois estão despidos de participação da sociedade.

Ainda que se trate de uma ditadura, monarquia, império ou qualquer outro sistema político com pouca ou nenhuma participação popular, o gestor é responsável pela estabilidade da sociedade, logo, a paz e a felicidade desta garante a permanência no Poder e diminui as impugnações contra seus atos.

Não há como, ainda que rei, manter-se um gestor no poder sem que atenda ao mínimo de interesse de seus súditos, pois ingovernabilidade é o caos e a fraqueza da comunidade, e esse tipo de estado de coisas torna seu governo frágil, interna e externamente. Em razão disso,

O gestor, em qualquer tipo de sociedade, deve conduzir seus atos de maneira a trazer a maior felicidade ao maior número de pessoas. Nesse sentido, não se defende o princípio utilitarista,[1] mas suas bases devem ser observadas, para fins de se chegar o mais próximo possível da promoção de tutela coletiva, segundo o direito posto e o interesse público.[2]

O Brasil adota a forma de governo republicana, sob o sistema presidencialista e o regime democrático. O Chefe do Poder Executivo e os membros do Poder Legislativo são eleitos através do voto do cidadão alistado na Justiça Eleitoral. Todos legitimamente investidos nos seus cargos, divergindo do modo de investidura dos membros do Poder Judiciário, que se dá por concurso público de provas e títulos ou nomeação, nos casos dos Tribunais, ainda que o membro não integre a carreira da magistratura.

Os agentes políticos, embora legitimamente investidos no Poder, ao exercer a função pública, não se afastam das preferências políticas do partido e da sua ideologia pessoal, no momento de definir qual a política pública coletiva é mais relevante. Dworkin (2005) defende a inexistência de base teórica para a prática da teoria da igualdade de bem-estar, pois, muitas vezes, a comparação entre o bem-estar de uma pessoa não equivale ao mesmo de outra, dificultando a escolha de uma política pública em determinado tempo e espaço. Assim, critérios subjetivos são levados em conta, sendo os titulares do direito coletivo essenciais no resultado da política pública a ser executada pelo Poder Público.[3]

Quando o Poder Público falha na promoção da política pública, compete ao Poder Judiciário, sem legitimidade popular, decidir a forma

---

[1] "Por princípio de utilidade entende-se aquele princípio que aprova ou desaprova qualquer ação, segundo a tendência que tem a aumentar ou a diminuir a felicidade da pessoa cujo interesse está em jogo, ou, o que é a mesma coisa em outros termos, segundo a tendência a promover ou a comprometer a referida felicidade" (BENTHAM, 1984, p. 10).

[2] "A relevância prática do utilitarismo, aliás, torna-se manifesta logo que examinamos os debates morais e políticos mais importantes em curso: quando, por exemplo, se analisa a moralidade do aborto ou da eutanásia, se investiga como devemos reagir às desigualdades sociais e à pobreza absoluta ou se discute como devemos tratar os animais não humanos ou o ambiente em geral, os argumentos utilitaristas assumem um lugar proeminente sempre que o debate é filosoficamente" (MILL, 2005, p. 8).

[3] "Contudo, não parece insensível dizer que, à medida que o governo tem o direito ou o dever de igualar as pessoas, ele tem o direito ou o dever de torná-las iguais em sua situação ou em suas circunstâncias pessoais, inclusive no poder político, e não no grau de aceitação pela comunidade de suas convicções políticas divergentes, nem no grau *de realização de suas visões divergentes* de um mundo ideal. Pelo contrário, essa meta mais limitada da igualdade parece ser a meta apropriada de um Estado liberal, embora ainda seja preciso descobrir o que significa tornar as pessoas iguais em suas circunstâncias pessoais" (DWORKIN, 2005, p. 26, grifo do autor).

mais justa de distribuição dos direitos sociais. Essa crise de legitimidade popular é suscitada pelos críticos à intervenção do Judiciário na atividade típica dos demais poderes.

Nesse ínterim, o diálogo institucional entre órgãos e entes do Estado é necessário para definir o que vem a ser um direito coletivo tutelado, visando a satisfação dos interesses público e transindividual. Assim, afastar as preferências políticas, pessoais e impessoais dos agentes públicos só é possível através do diálogo, pois concentrar a decisão administrativa ou judicial nas mãos de um sujeito é correr o risco da não efetividade da resolução do problema ou litígio.

No plano administrativo, satisfazer os administrados, por meio de políticas públicas, requer entender suas preferências e insatisfações de uma determinada coletividade e das pessoas, individualmente consideradas, mas ligadas por uma situação, de fato, em comum. Essa é uma tarefa difícil, pois, se o gestor destina mais recurso à saúde do que à educação, parcela da população será afetada e estará insatisfeita e, se ocorrer o contrário, o mesmo resultado se confirma.

No caso da promoção de um direito coletivo, de forma generalizada, as peculiaridades da situação de fato do titular do direito devem ser levadas em consideração. É o caso da decisão administrativa, nos limites de sua discricionariedade, que resolve fornecer cadeiras de rodas a todos os deficientes físicos paraplégicos. Decisão técnica que esgota o orçamento para o auxílio diverso do previsto na norma que o instituiu e da fonte de custeio específica para a compra desse bem.

Ocorre que o titular do direito coletivo, quando questionado sobre a satisfação de suas necessidades pessoais, rejeita a oferta da cadeira por ser, naquele momento, mais necessário o fornecimento de uma cesta básica. Partindo-se da premissa de inexistência de outro benefício que não o fornecimento de cadeiras de rodas em favor do deficiente físico com paraplegia, o interesse público não restou satisfeito.

Por conseguinte, é necessária a participação dos sujeitos envolvidos para chegar o mais próximo possível da distribuição igualitária dos recursos de interesse metaindividual. Isso porque o Poder Público não pode deixar desamparado aquele que também deseja o recurso em espécie, por ter sido agraciado com um bem escolhido pela política pública, segundo a discricionariedade do gestor, sem prévio debate acerca da eficácia da medida.

Caso o deficiente físico lesado pela escolha errada do gestor queira transformar o valor da cadeira de rodas em outro bem de necessidade urgente para sua subsistência, será possível a intervenção nessa política pública? Até que medida? A capacidade institucional do Poder Judiciário é maior que a do Poder Público? Qual o efeito dessa decisão judicial sobre o Poder Público?

Recentemente, o Supremo Tribunal Federal (STF) decidiu como o Poder Público do Estado do Rio de Janeiro deve promover a segurança pública nas "favelas", com o fim de evitar a letalidade promovida por policiais. A separação dos poderes não impede o controle de um sobre o outro, mas, para que estejam em harmonia, é necessário dialogar, sob pena de gerar o efeito *backlash*.[4]

O direito da coletividade é a expressão do interesse público disposto na legislação. Assim, no momento em que o Poder Público descumpre com esse dever de aplicar a lei, por meio de sua não aplicação, aplicação parcial, deficiente ou falha, surge a pretensão do lesado de acionar o Poder Público, através do órgão competente, para requerer, em face da Fazenda Pública, uma obrigação violada com previsão em lei.

O problema de definir o que vem a ser a tutela coletiva defendida em face do Poder Público se encontra em identificar, no caso concreto, qual é o interesse público; o interesse do gestor público; o interesse do substituto processual e o interesse do Poder Judiciário. Nesse tocante, o problema e o litígio coletivo devem ter como objetivo a satisfação do interesse do titular do direito metaindividual.

1.1 O processo civil e a tutela dos direitos

O conjunto de atos destinados à promoção da defesa da tutela de direitos não era muito bem organizado e estudado até o século XIX – não que esse processo fosse inexistente, ele só não era considerado como ciência autônoma.

O exercício da atividade jurisdicional do Estado não se dava por meio da observância de um código de ritos preestabelecido, a fim de se chegar a um provimento formal. O direito material debatido pelos sujeitos litigantes era realizado como a formação de um contrato, e essa concepção era fruto do liberalismo da época, defendido por Robert-Joseph Pothier, "[...] colocava o pacto para o processo (*litiscontestatio*) no mesmo plano e com os mesmos raciocínios básicos

---

[4] Trata-se da "Arguição de Descumprimento de Preceito Fundamental (ADPF) das favelas", proposta pelo Partido Socialista Brasileiro (PSB) – ADPF nº 635 do STF.

da doutrina política do *contrato social* (Rousseau)" (DINAMARCO; BADARÓ; LOPES, 2021, p. 343).

Os direitos e interesses debatidos eram individuais, não havia uma concepção de interesses metaindividuais naquela época que não fossem resolvidos pelo Estado. O mesmo se deu quando da elaboração da teoria de Friedrich Carl von Savigny e Arnault de Guenyveau, ao tratar o processo como um quase-contrato, dispondo sobre seu estudo no campo do direito privado e sobre as bases do direito das obrigações.

Essa acessoriedade do direito processual ao direito material passou a ser deixada de lado com o estudo científico do Direito Processual, realizado por Oskar Von Bülow. Incomodado com a teoria imanentista, passou a estudar o processo segundo a relação jurídica processual existente entre seus sujeitos, sendo esse o marco histórico do início do estudo do direito processual com autonomia e como uma ciência do direito.[5]

A relação jurídica processual necessita de uma litiscontestação – uma pretensão resistida – que, a partir da resposta do réu, o processo se desenvolve por um conjunto de atos separados, independentes e resultantes uns dos outros, estando em constante movimento e transformação (BÜLOW, 1964).

O processo é uma relação jurídica não só composta de atos do juiz e das partes. Para isso, é necessário atender preceitos como: competência, capacidade, imparcialidade do Tribunal, legitimidade das partes, regularidade da representação, imprescindibilidade de uma matéria litigiosa civil, direito das partes de serem comunicadas dos atos processuais e ordem entre vários processos (BÜLOW, 1964). A partir dessa concepção de processo, trazida por Bülow, pode-se concebê-lo como uma relação jurídica litigiosa material, cuja aceitação pelo Estado-juiz requer o preenchimento dos pressupostos processuais.

O estudo do processo como ciência autônoma ganha força diante da necessidade de se delimitar o que seriam "condições da ação" e "pressupostos de validade e existência do processo". Em sua obra, percebe-se uma relevância pelo estudo dos casos extintivos do processo sem apreciação do mérito, assim, o princípio da primazia do julgamento

---

[5] "Essa doutrina é devida a Oskar Von Bülow, que expôs em 1868 em seu famosíssimo livro *Teoria dos pressupostos processuais e das exceções dilatórias*, unanimemente considerada como a primeira obra científica sobre direito processual e que abriu horizontes para o nascimento desse ramo autônomo na árvore do direito e para o surgimento de uma verdadeira *escola sistemática* do direito processual civil" (DINAMARCO; BADARÓ; LOPES, 2021, p. 343).

de mérito é prestigiado pelo processo coletivo, em contraposição às causas de extinção do processo sem resolução de mérito. Para o processo coletivo, as exceções processuais apresentadas por Bülow não ajudam a resolver a lide. O problema coletivo não resolvido administrativamente como Poder Público gera uma lide coletiva complexa, e postergar sua resolução, em face de uma nulidade, só seria saudável se fosse para ajustar um procedimento ilegal não benéfico para o titular do direito coletivo ou para o Poder Público. Em razão disso, é que se prestigia a instrumentalidade das formas e a flexibilidade do procedimento. Nesse ponto, entender o início da construção conceitual de processo e de seu estudo como ciência autônoma serve para compreender como o processo coletivo pode se iniciar, desenvolver e chegar ao seu fim.

A proposta do estudo do processo coletivo dialógico vai de encontro à concepção de Bülow do juiz como "boca da lei". O Poder Público possui discricionariedade para promover a política pública necessária a atender o interesse público geral, não podendo o juiz agir ativamente contra essa discricionariedade sem se fundamentar na lei. Entretanto, a teoria da relação jurídica de Bülow respalda defesas de posicionamentos, no sentido da maior discricionariedade do juiz no momento de decidir uma demanda.[6]

Críticas a essa concepção são pertinentes, diante da legitimidade do legislador para editar a lei e a ausência dela em relação ao Poder Judiciário. O ativismo do juiz para, sozinho, dizer o direito não se compatibiliza com o processo coletivo dialógico, nem mesmo com o processo individual. O modelo de processo de Bülow se difundiu pela Áustria, por meio de Franz Klein e, na Itália, por Giuseppe Chiovenda e Francesco Carnellutti, para quem o processo é uma forma de solução de conflitos pela aplicação da lei ao caso concreto.

No Brasil, a teoria foi trazida por Enrico Túlio Liebman, construindo a Escola Paulista de Direito Processual, tendo como discípulo Cândido Rangel Dinamarco. Para Dinamarco (2013), o conceito de

---

[6] "Se tal intuito fica disfarçado na obra-prima de Oskar Von Bülow, o mesmo não acontecerá em seu texto de 1885: '*Gesetz und Richteramt*'. Em tal trabalho (compilado de duas palestras proferidas pelo autor), Bülow fará a exposição de toda a implicação de sua teoria, explicitando que seu entendimento é pela precedência da função judicial, o que inclui não apenas a possibilidade de criação judicial do direito, mas também o reconhecimento de que a atividade dos magistrados é mais importante que a atividade parlamentar, uma vez que, dentro da tradição germânica, o direito sempre foi criado e atualizado pela atuação do Poder Judiciário" (MARDEN, 2012, p. 27).

jurisdição tem sentido de instrumentalidade, por ser um instrumento de pacificação social, e, além disso, o processo possui escopos metajurídicos, sociais, políticos e jurídicos.

No exercício dessa jurisdição, o juiz interpreta as normas em sua "zona cinzenta" ou traz soluções, cujo rol normativo deixou de apresentar. Assim, criar o direito, por meio de precedentes e sem participação dos sujeitos do processo, já é uma tarefa que extrapola a atividade jurisdicional concebida em um Estado Democrático de Direito. Quanto ao procedimento, considerando a capacidade institucional do juízo, pode o processo coletivo ser organizado por ato judicial, negociado entre as partes, ou não. A flexibilidade do procedimento no processo coletivo é natural, diante da complexidade da demanda.

Não existe um único sujeito protagonizando a condução do processo coletivo, como defendia Bülow. O procedimento pode ser organizado por negócios processuais, hoje disciplinados pelo CPC/15, ou por decisão judicial, resultado de pedido das partes. A fundamentação da decisão judicial se dá através da análise dos argumentos dos sujeitos do processo, podendo o juiz indeferir, desde que exponha uma adequada fundamentação.[7] Ademais, a lacuna na legislação pode ser suprida pelo juiz.[8]

No processo coletivo, a relação jurídica triangular deve ser entendida como uma relação dialógica, e o interesse público endoprocessual é uno, tendo em vista a inserção dos próprios sujeitos do processo no ciclo de atividades e práticas de atos processuais, com o objetivo de satisfação do interesse comum. No caso de uma política pública, prevista no texto constitucional como dever do Estado, cabe ao Poder Público responder à inicial com argumentos, versando sobre a possibilidade e os meios de planejamento para implementar, seja dentro de um processo judicial, seja no âmbito extrajudicial.[9]

Críticas à Teoria de Bülow foram tecidas por *Goldschmidt* Fazzalari. O primeiro, defendendo o processo como uma "situação jurídica", fez parte da segunda era de ouro, com surgimento após a Primeira Guerra.

---

[7] CPC/15: "Art. 11. Todos os julgamentos dos órgãos do Poder Judiciário serão públicos, e fundamentadas todas as decisões, sob pena de nulidade" (BRASIL, 2015).
[8] LINDB: "Quando a lei for omissa, o juiz decidirá o caso de acordo com a analogia, os costumes e os princípios gerais de direito" (BRASIL, 1942).
[9] O inquérito civil tem previsão na LACP (art. 8º, §1º) e na CF/88 (art. 129, III), podendo ser entendido como "[...] um procedimento administrativo de natureza inquisitiva, presidido pelo Ministério Público e que tem por finalidade a coleta de subsídios para a eventual propositura da ação civil pública pela Instituição" (SOUZA, 2011, p. 189).

O processo como situação jurídica foi desenvolvido por Rosemberg, que tratou da carga das provas, e por Hegler, no estudo sobre a sistemática do processo (CASTILLO, 1947). Para *Goldschmidt (1961)*, não existe uma relação jurídica processual, mas uma situação jurídica entre os sujeitos, com atribuição de ônus a cada um para o desenvolvimento do processo.

A "situação jurídica" de *Goldschmidt* (1961) não se aplica ao processo coletivo, por individualizar os sujeitos na produção de suas provas, distribuindo suas atribuições e competências sem prever um diálogo na construção do procedimento e na resolução do mérito da demanda.

Essa concepção individualista do processo pode ser amenizada por Elio Fazzalari (2006) e sua teoria sobre o "procedimento em contraditório", fazendo uma crítica à teoria da relação jurídica processual como defasada. O conceito de processo, na Itália, passou por uma transformação na disciplina da formação dos provimentos administrativos – estabelecendo a efetiva participação dos interessados no procedimento administrativo.

Assim, previu uma sistematização do procedimento para chegar ao provimento final, em que cada sujeito do processo possuía seu momento para praticar o ato. "O procedimento se apresenta como uma sequência de 'atos', os quais são previstos e valorados pelas normas" (FALLAZARI, 2006, p. 114).

A valoração da norma processual garantidora da participação dos sujeitos do processo, por meio de um procedimento preestabelecido, sobrepõe-se à vontade discricionária do juiz. A comunhão de argumentos forma a decisão no processo coletivo, atribuindo uma maior legitimidade ao provimento final. Para Fazzalari (2006, p. 121), "[...] onde é ausente o contraditório – isto é, onde inexista a possibilidade, prevista pela norma, de que ele se realize – não existe processo".

Essa teoria sobre processo ganha força após a Segunda Guerra Mundial, com o respeito às normas constitucionais e aos tratados internacionais, cujas normas foram incorporadas aos direitos e garantias fundamentais dos estados membros, além da elevação das instituições democráticas.

A constitucionalização do direito processual surge em 1948, na Itália. O processo passou a ser uma entidade de *modelo único e de tipologia plúrima*: "[...] existe apenas um paradigma constitucional de processo, existe ao mesmo tempo uma pluralidade de procedimentos jurisdicionais no Ordenamento" (ANDOLINA; VIGNERA, 1997, p. 11).[10] O procedimento em contraditório e a constitucionalização do processo são teorias firmadas na história da evolução do Direito Processual que possibilitaram a interpretação da construção de uma decisão judicial dialógica. A CF do Brasil previu um Estado Democrático de Direito e garantiu o devido processo legal aos litigantes, porém, não basta o procedimento prever a participação das partes, é necessário democratizar o procedimento, com oportunidade de diálogo entre todos os sujeitos e a participação de agentes capazes de auxiliar na solução mais próxima possível da realidade jurídica.

O processo constitucional democrático garante às partes a igualdade de agir em todas as fases processuais, com produção de provas, manifestações e outros meios previstos no procedimento. Dessa forma, a jurisdição é preestabelecida legalmente antes da demanda, por meio de juiz imparcial e independente, do direito de defesa para análise da situação jurídica das partes pelo juiz e as formalidades essenciais do procedimento (BARACHO, 2008).

O Direito Constitucional italiano traz a jurisdicionalidade originária e a constitucionalmente derivada do processo.[11] Para que o juiz seja imparcial, é preciso tratar igualmente os sujeitos e, se assim o Poder Judiciário, em todas as suas instâncias, proceder, estar-se-á respeitando o devido processo constitucional democrático e a tutela coletiva debatida em juízo, tendo como resolução a decisão mais próxima possível da ideal para a satisfação da pretensão de interesse público.

A principiologia criada para definir o que significa um processo coletivo está intimamente ligada à teoria de Elio Fazzalari (2006) e ao modelo constitucional de processo democrático. Ora, o interesse de agir (ou processual) é diferente nas esferas individual e coletiva, assim como o pleno e efetivo desenvolvimento do processo. A codificação do

---

[10] No original: "[...] se esiste um solo paradigma constitucionale di processo, esiste (recte: può esistere) altresì nell'ordinamento uma pluralità di procedimenti giurisdizionali".

[11] O juiz natural, a imparcialidade do juiz, o exercício independente de sua função jurisdicional "[...] não está compreendida apenas no sentido meramente ideológico ou na insensibilidade do juiz. A neutralidade ideológica consolida-se no dever do juiz à tutela de todos os cidadãos (doreve del giudice), não se tratando apenas de uma garantia do órgão jurisdicional" (BARACHO, 2008, p. 16).

processo coletivo é necessária para evitar que procedimentos de interesse individual sejam aplicados, sem ponderação, em processo coletivo.[12]

O processo civil brasileiro tem forte influência da teoria defendida pela escola instrumentalista, muitas vezes utilizada para justificar o ativismo judicial abusivo, na prolação de decisões contra a lei e segundo o entendimento discricionário do juiz – esse ativismo pode ser admitido quando aliado às normas de processo constitucional democrático.[13]

A implementação de políticas públicas previstas em normas programáticas requer um protagonismo judicial para suprir a omissão do Poder Público. Quando esta for do Poder Legislativo, em editar lei regulamentando as normas referentes às políticas públicas necessárias para garantir os direitos fundamentais e sociais do cidadão, podem os interessados requerer ao Judiciário a concretização do direito. Assim, o problema a ser resolvido se refere ao limite da discricionariedade do juiz, se é que existe.

O conceito de processo se encontra em constante diálogo com os direitos fundamentais, estes que não estão apenas contidos nos primeiros artigos da Constituição, mas em diversas outras regras, cujo teor garante ao indivíduo a tranquilidade da limitação do Estado no seu poder de tributar, intervir na ordem econômica e outros poderes, que devem seguir o devido processo constitucional democrático.

As escolas instrumentalista,[14] do modelo constitucional, estruturalista, a mineira, possuem uma doutrina atraente, não sendo necessário

---

[12] "A *Rule* 23 estabelece, preliminarmente, de modo implícito ou expresso, pressupostos processuais e condições da ação para a admissibilidade e para o prosseguimento da defesa coletiva de direitos em juízo" (MENDES, 2010, o. 69).

[13] No mesmo sentido da compatibilidade entre o modelo constitucional de processo democrático e a doutrina da Escola Instrumentalista, aplicados ao processo coletivo: "A *natureza jurídica* do direito processual coletivo, portanto, é de direito processual constitucional-social, de sorte que ele não nega a teoria geral do processo ou a unidade do direito processual, as quais estão fundamentadas no plano do direito constitucional processual. O seu método não é só o técnico-jurídico, mas o pluralista, que é próprio da visão instrumentalista do direito processual, mas com leitura essencialmente constitucionalizada. Esse método *pluralista* é composto de vários elementos, tais como o sistemático-teleológico, o político, econômico, histórico, ético e social, os quais formam um *megaelemento*: proteção potencializada da Constituição e do Estado Democrático de Direito e a transformação da realidade social com justiça" (ALMEIDA; MELLO NETO, 2011, p. 88).

[14] "Essa concepção de processo constitucional democrático, entretanto, ainda não foi devidamente absorvida pela doutrina brasileira, que continua a se pautar pela ideia de processo como relação jurídica, tratando-o como um instrumento da jurisdição. Para a Escola Instrumentalista, o processo deve ser utilizado não para a garantia dos direitos fundamentais das partes, mas sim, para a consecução dos escopos metajurídicos (políticos, econômicos, sociais etc.) do Estado. Tal entendimento é reflexo de mentalidade autoritária que privilegia o protagonismo judicial e trata o subjetivismo e a discricionariedade do magistrado como

afastar completamente uma delas como meio de aplicação da outra. Seguindo as premissas de todas, é possível chegar a um conceito mais completo do que venha a ser processo.
Para a escola instrumentalista:

> [...] o processo é uma entidade complexa, podendo ser encarado pelo aspecto dos atos que lhe dão corpo e da relação entre eles (procedimento) e igualmente também pelo aspecto das relações entre seus sujeitos (relação processual). A observação do fenômeno *processo* mostra que, se ele não pode ser confundido com o mero procedimento (como fazia a doutrina antiga), também não se exaure no conceito puro e simples de relação jurídica processual (DINAMARCO; BADARÓ; LOPES, 2021, p. 347).

Os processualistas adeptos da teoria da "relação jurídica" de Bülow evoluíram quanto à concepção de processo e seu desenvolvimento, admitindo uma conjugação de esforços dos sujeitos do processo para formar o procedimento. "O processo é a síntese dessa relação jurídica progressiva (relação processual) e da série de fatos que determinam sua progressão (procedimento)" (DINAMARCO; BADARÓ; LOPES, 2021, p. 347).

A construção progressiva de uma decisão permite o ajuste procedimental para alcançar a solução adequada e justa para os sujeitos. Nesse sentido, em uma tutela coletiva judicializada, há necessidade de flexibilização do procedimento, para se obter a resolução do processo de maneira mais próxima do ideal pretendido pelo interesse público apresentado. Quanto a esse ponto, a doutrina de Fazzalari é extremamente importante no momento da instrução desse processo, em que todos os sujeitos apresentam manifestação contributiva para a melhor solução.[15] O texto constitucional é claro nesse sentido e os direitos fundamentais são recíprocos.

Não adianta o substituto processual querer falar em nome de outrem, sem ouvi-lo ou sem deixá-lo acompanhar o trâmite processual.[16] Nos casos de defesa de direitos individuais homogêneos, coletivos e

---

o *locus* exclusivo de interpretação (e mesmo de criação!) das normas jurídicas" (MARDEN, 2012, p. 35).

[15] CPC/15: "Art. 6º Todos os sujeitos do processo devem cooperar entre si para que se obtenha, em tempo razoável, decisão de mérito justa e efetiva" (BRASIL, 2015).

[16] "É lícito dizer, pois, que o processo é o procedimento realizado mediante o desenvolvimento da relação entre seus sujeitos, presente o contraditório" (DINAMARCO; BADARÓ; LOPES, 2021, p. 349).

difusos,[17] há uma necessidade extrema de se chamar os sujeitos para participarem do processo.[18]

Verdade real e decisão justa são temas que dividem os teóricos do Direito Processual na busca pela melhor teoria aplicável com o fim de trazer eficácia ao processo. Dessa forma, não basta o contraditório para assegurar um provimento justo e condizente com a realidade intrínseca à relação jurídica existente entre as partes, pois o desenvolvimento do processo deve respeitar as garantias constitucionais, na medida da complexidade da causa, sendo permitida, em alguns casos, a intervenção do juiz para se chegar o mais próximo da satisfação da tutela coletiva.

As ações coletivas são, em regra, complexas, merecendo, por exemplo, uma apuração probatória mais profunda e técnica para se chegar à compreensão do caminho que a solução do litígio requer. Porém, a verdade perseguida não é absoluta, seja em processo administrativo ou judicial, pois ela não existe. A prova, admitida a produção por expressa previsão legal, deve subsidiar o julgador para solucionar uma demanda – não se tratando de buscar a verdade absoluta.

Nesse sentido, a busca pela verdade material deve ser alcançada pelo julgador, mas não como a finalidade do processo, pois este deve chegar a um fim. É nesse ponto que o juiz é essencial para regular o desenvolvimento do processo, segundo a relação jurídica, o contraditório e a apuração das provas na instrução processual. A superior habilidade de um dos sujeitos do processo pode levar o juízo ao erro, formando uma coisa julgada coletiva contrária aos interesses perseguidos pelo grupo.[19]

---

[17] Acerca do conceito normativo dos interesses individuais homogêneos, coletivos e difusos, o CDC/90 diz: "Art. 81. A defesa dos interesses e direitos dos consumidores e das vítimas poderá ser exercida em Juízo individualmente, ou a título coletivo. Parágrafo único. A defesa coletiva será exercida quando se tratar de: I - interesses ou direitos difusos, assim entendidos, para efeitos deste Código, os transindividuais, de natureza indivisível, de que sejam titulares pessoas indeterminadas e ligadas por circunstâncias de fato; II - interesses ou direitos coletivos, assim entendidos, para efeitos deste Código, os transindividuais de natureza indivisível de que seja titular grupo, categoria ou classe de pessoas ligadas entre si ou com a parte contrária por uma relação jurídica-base; III - interesses ou direitos individuais homogêneos, assim entendidos os decorrentes de origem comum" (BRASIL, 1990).

[18] CPC/15: "Art. 7º É assegurada às partes paridade de tratamento em relação ao exercício de direitos e faculdades processuais, aos meios de defesa, aos ônus, aos deveres e à aplicação de sanções processuais, competindo ao juiz zelar pelo efetivo contraditório" (BRASIL, 2015).

[19] "El proceso no tiene finalidades cognoscitivas o científicas; no se lleva a cabo porque alguien quiera conocer los hechos sino porque es necesario eliminar un conflicto de intereses. Entonces, la verdad no sirve y, es más, queda excluida del conjunto de los objetivos perseguibles en el proceso; como máximo, aquélla podrá configurarse como un

O desenvolvimento do processo para chegar a uma decisão justa, por meio da busca pela verdade real, quando se envolve tutela coletiva, não se restringe a três sujeitos tradicionalmente admitidos: Estado-juiz, demandante e demandado. O juiz, desinteressado na resolução do processo, passa a ter um protagonismo limitado ao texto constitucional, de maneira a poder proferir decisões irradiantes sobre o direito coletivo em questão. Não há proveito a favor do autor ou do réu, o interesse é na melhor solução, segundo as propostas apresentadas pelas partes – pretensão inicial e resistida. O Poder Judiciário não deixa de compor o Estado, quando no exercício da jurisdição, nem sua imparcialidade é fragilizada com a participação do Poder Público na lide.

Analisadas algumas teorias do Direito Processual Civil, pode-se dizer ser o processo um direito subjetivo de todos aqueles que necessitam de um procedimento formal, constitucionalmente instituído, para garantir a solução de uma questão de natureza pública ou privada. Assim, o procedimento deve prever a participação mútua de todos os sujeitos do processo, segundo as normas preestabelecidas e o respeito ao contraditório, à ampla defesa, à imparcialidade, à publicidade, à fundamentação das decisões e à duração razoável.

Defender a tutela coletiva em juízo requer a compreensão do processo segundo o modelo constitucional e democrático de participação de seus sujeitos, sem se afastar do acompanhamento e da imposição pelo Estado-juiz da melhor solução a satisfazer o interesse público intrínseco ao direito da coletividade. Nesse tocante, as escolas de Direito Processual não se eliminam por completo na implementação de suas doutrinas, sendo possível conformá-las para se alcançar a resolução do litígio com a máxima eficiência/eficácia.

1.2 Disposições gerais sobre o processo coletivo

O processo coletivo é o instrumento de efetivação da defesa dos interesses e direitos coletivos tutelados pelo Estado. Essas tutelas acompanharam a evolução dos direitos humanos, divididas em cinco

---

by-product eventual de la actividad procesal, al que no es necesario prestar una atención especial. [...] En resumen, la verdad es un valor o una peculiaridad por los que la técnica de la persuasión no está interesada. Esto es válido también para el proceso, donde la finalidad que persigue el abogado es la de persuadir al juez para que le dé la razón, no la de demostrar «objetivamente» la verdad de los hechos. Es más, un abogado es más hábil y capaz si consigue persuadir al juez cuando su versión de los hechos no se corresponde con la realidad" (TARUFFO, 2005, p. 38).

gerações, que passaram a ser definidas de modo a permitir ao Estado entender quais são seus deveres perante a sociedade, considerada em sua concepção de coletividade.

Os direitos de primeira geração ou dimensão são aqueles voltados à defesa da liberdade, sendo o indivíduo considerado em sua singularidade para ditar as políticas públicas a serem implementadas pelo Estado.

A Constituição Federal de 1988 (CF/88) possui capítulo referente aos direitos e deveres individuais e coletivos, garantidores da liberdade do indivíduo, já há muito reivindicada no período do Absolutismo dos governantes. São direitos fundamentais à vida; à liberdade pessoal; à igualdade; à justiça; à segurança; à propriedade; à liberdade de crença; à liberdade de locomoção e de pensamento; ao voto; proibição de discriminações; de julgamento por um juiz natural; proibição de prisões arbitrárias ou sem o devido processo legal; presunção de inocência; liberdade de reunião e de associação; proibição de tortura, castigo e tratamento cruel, desumano ou degradante; à inviolabilidade da vida privada e pessoal, inclusive do domicílio e da correspondência; à nacionalidade e ao asilo político, dentre outros (FERREIRA FILHO, 1996).

Os direitos de segunda geração são os voltados à promoção da igualdade entre os indivíduos, desde o pós-Primeira Guerra Mundial, com sua introdução normativa pela Constituição de Weimar e a Constituição Alemã de 1919. Uma vez percebendo a peculiaridade de cada indivíduo, em meio à coletividade, entende o Estado ser necessário promover sua convivência com os demais, de maneira igualitária, mesmo em se utilizando de diferentes métodos em sua promoção. É a vigência de um Estado social de bem-estar.[20]

A terceira geração surge com a valorização dos direitos à fraternidade e à solidariedade. São os considerados direitos difusos e coletivos, como os previstos para a defesa do meio ambiente, consumidor, ordem econômica, crianças e adolescentes e outros metaindividuais, que transcendem a individualidade do ser humano em sociedade.

Essas três primeiras gerações podem ser equiparadas aos símbolos ideários da bandeira francesa – Liberdade, Igualdade e Fraternidade –, como já idealizada pelo jurista tcheco Karel Vasak:

---

[20] Alguns desses direitos sociais estão descritos expressamente no Texto Constitucional de 1988: "Art. 6º São direitos sociais a educação, a saúde, a alimentação, o trabalho, a moradia, o transporte, o lazer, a segurança, a previdência social, a proteção à maternidade e à infância, a assistência aos desamparados, na forma desta Constituição" (BRASIL, 1988).

O jurista tcheco Karel Vasak formulou, em aula inaugural do Curso do Instituto Internacional dos Direitos do Homem, em Estrasburgo, baseando-se na bandeira francesa que simboliza a liberdade, a igualdade e a fraternidade teorizou sobre 'as gerações – evolução – dos direitos fundamentais', da seguinte forma: a) primeira geração dos direitos seria a dos direitos civis e políticos, fundamentados na liberdade (*liberté*), que tiveram origem com as revoluções burguesas; b) a segunda geração, por sua vez, seria a dos direitos econômicos, sociais e culturais, baseados na igualdade (*égalité*), impulsionada pela Revolução Industrial e pelos problemas sociais por ela causados; c) por fim, a última geração seria a dos direitos de solidariedade, em especial o direito ao desenvolvimento, à paz e ao meio ambiente, coroando a tríade com a fraternidade (*fraternité*), que ganhou força após a Segunda Guerra Mundial, especialmente após a Declaração Universal dos Direitos Humanos, de 1948 (MARMELSTEIN, 2008, p. 42).

A primeira, segunda e terceira gerações dos direitos humanos podem ser visualizadas na tutela coletiva como, respectivamente, os direitos individuais homogêneos, coletivos e difusos. Outras gerações de direitos coletivos surgiram, em razão de novas relações sociais desenvolvidas pelo homem, por enquanto.[21]

A ciência e a tecnologia passaram a protagonizar uma alteração nessas relações de uma maneira muito rápida no século XX, como no campo da bioética, engenharia genética, *internet* das coisas, inteligência artificial, robôs, *machine learning* e outras capazes de alterar não só o modo de viver, mas também o de conviver – essa é considerada a quarta geração, que garante o direito ao desenvolvimento. O pluralismo e a democracia devem coexistir para regular o direito das maiorias e minorias. Assim, pode-se considerar um encontro de direitos das diferentes gerações, com o fim de concretizar o direito à igualdade e à fraternidade.[22]

A globalização e o globalismo são instrumentos de interação entre estados soberanos, visando romper as barreiras culturais, econômicas, sociais, religiosas e outras, ainda mal compreendidas entre eles. O respeito à diferença é um direito universal do homem, protegido

---

[21] O transumanismo vem rendendo estudos nas áreas das ciências humanas.
[22] "Outrossim, os direitos de quarta dimensão atuam de forma a objetivar tanto os direitos de segunda e terça geração, como também, nos dizeres de Bonavides, absorver (sem remover) a subjetividade dos direitos de primeira geração, pois esses direitos são otimizados na medida em que se inter-relacionam para alcançarem plena efetividade (concreção)" (SANTOS, 2012, p. 78).

pelos direitos de quarta geração, em face do pluralismo segregador das minorias:

> Os direitos fundamentais de quarta dimensão, ao conjugarem democracia e pluralismo, permitem que se fale do surgimento de uma globalização democrática dos direitos fundamentais, um modelo no qual o homem seja 'o centro de gravidade, a corrente de divergência de todos os interesses do sistema'. Exsurge, outrossim, um poder-dever do Estado de criar mecanismos de inserção e proteção das minorais, abstendo-se de discriminações arbitrárias. O princípio da igualdade exige, *prima facie*, que somente haja tratamentos desiguais caso isso seja justificado por princípios contrapostos (SANTOS, 2012, p. 81).

Por fim, a quinta geração, fruto de estudos do professor Paulo Bonavides, é o alcance, pelo homem, da paz mundial. É a transnacionalidade, globalização, globalismo e outras transformações vivenciadas pela coletividade, considerada dentro do espaço do planeta Terra. Por conseguinte, a tutela coletiva defendida no Brasil já não é mais uma questão apenas interna, é do conhecimento e interesse público mundial.

É o caso do direito constitucional ao meio ambiente ecologicamente equilibrado, que é de todos – não só dos brasileiros, mas também dos estrangeiros. O direito de reciprocidade internacional também confere ao Brasil reivindicar essa proteção em solo estrangeiro, conforme tratados e acordos internacionais celebrados. Essa obrigação de preservar não é só do Poder Público, como também de toda a coletividade, objetivando o bem-estar das presentes e futuras gerações.

A defesa desses direitos metaindividuais foi contemplada com procedimentos aptos a satisfazer uma pretensão em favor de terceiros substituídos no processo por legitimados previsto em lei. É o caso da Ação Popular, da Ação Civil Pública (ACP), da Lei de Proteção ao Meio Ambiente, do Código de Defesa do Consumidor (CDC) e outros diplomas integrantes do microssistema do processo coletivo.

O pluralismo democrático multiplicou as relações jurídicas, após a Segunda Guerra Mundial, legitimando entidades representantes de grupos a reivindicar a alteração legislativa capaz de prever procedimentos com o "[...] intuito de reequilibrar o quadro social e econômico e de assegurar os direitos de segunda e terceira geração, que não encontravam suporte na estrutura jurídica individualista espelhada nas codificações" (ARGENTA; ROSADO, 2017, p. 250).

O CPC/15 quebrou a estrutura procedimental individualista prevista no CPC/73 ao trazer normas compatíveis com o processo individual e coletivo. A repetição de normas do processo constitucional conferiu amplitude ao Código, inclusive com a tentativa de inovação procedimental de conversão do processo individual em coletivo. Entretanto, o dispositivo do art. 333 do projeto do CPC/15 foi vetado.[23]

A substituição processual continua a ser autorizada pelo CPC/15, permitindo a legitimação extraordinária (art. 18). Por outro lado, a coisa julgada, tratada pelo mesmo código, prevê que ela só surte efeitos entre as partes (art. 506). Nesse ponto, a flexibilidade procedimental, na fase de execução, ganha força, com o fim de possibilitar a satisfação da pretensão executória de maneira eficaz. Essa flexibilização da coisa julgada pode ser vista no momento de interpretação do CPC/15 em comunhão com as leis que versam sobre a tutela do Direito Ambiental, do Consumidor e outras demandas de natureza coletiva, com objeto voltado à tutela do interesse transindividual.

O CDC é um exemplo de tutela e processo coletivo, por trazer normas versando sobre as duas áreas do Direito, permitindo ao intérprete o diálogo com outras fontes normativas, de maneira sistemática, com o propósito de dar efetividade à defesa dos direitos coletivos em juízo.

Dessa interação entre o processo individual e coletivo, pode-se extrair que o último é um ramo do Direito Processual,[24] com procedimento dinâmico e voltado à construção de solução da demanda coletiva. As peculiaridades do tipo de tutela coletiva, debatida em juízo, sofrem adequação pelos sujeitos do processo, buscando resolver a lide da maneira mais eficaz possível.

Muito embora o CDC, a LACP e a LAP tragam regras próprias sobre o procedimento coletivo, há outras fontes normativas aptas a dialogar com o microssistema do processo coletivo, sem desnaturá-lo – caso

---

[23] A análise desse dispositivo será feita mais à frente.
[24] "O direito processual coletivo é o ramo do direito processual que possui natureza de direito processual-constitucional-social, cujo conjunto de normas e princípios a ele pertinente visa disciplinar a ação coletiva, o processo coletivo, a jurisdição coletiva, a defesa no processo coletivo e a coisa julgada coletiva, de forma a tutelar, no plano abstrato, a congruência do ordenamento jurídico em relação à Constituição e, no plano concreto, pretensões coletivas, em sentido lato, decorrentes dos conflitos coletivos ocorridos no dia a dia da conflituosidade social" (ALMEIDA; MELLO NETO, 2011, p. 87).

do Estatuto do Idoso,[25] Estatuto da Criança e do Adolescente (ECA), entre outros.

A autonomia do Direito Processual, como estudo científico, tornou-se inquestionável a partir de Bülow. Porém, cabe lembrar que a divisão entre Direito material e processual, historicamente concebida, não se confunde com a dicotomia entre Direito público e privado. A primeira divisão permite entender qual o Direito tutelado e o meio procedimental capaz de satisfazer a pretensão de sua proteção. Já a segunda trata da disponibilidade do interesse dos sujeitos.

O Direito Processual é um ramo do Direito público não estático, no qual seus procedimentos comportam uma adequação dialogada, com o fim de resolução eficaz da demanda. Atento a essa característica, a legislação processual previu os institutos dos negócios jurídicos processuais, da transação, da conciliação e outros meios de solução alternativa de litígios coletivos.

Debate doutrinário que permanece até os dias de hoje é acerca da dicotomia entre o Direito público e privado. Assim, romper com a tradição de divisão entre o Direito público e o privado permite o estudo do processo coletivo, viabilizando a utilização sistemática de procedimentos previstos na legislação extravagante e no CPC/15, para melhor atender os jurisdicionados. Como exemplo, é possível interpretar o art. 506 do CPC/15, em sintonia com o art. 104 do CDC – resultantes do art. 5º, XXXV, da CF/88.

Houve uma tentativa de aproximar o processo individual do processual coletivo por proposta dos elaboradores do CPC/15, ao inserir o art. 333.[26] O legislador tentou atribuir ao magistrado o poder de con-

---

[25] Nomenclatura alterada pela Lei nº 14.423, de 22 de julho de 2022, para Estatuto da Pessoa Idosa.

[26] "Art. 333. Atendidos os pressupostos da relevância social e da dificuldade de formação do litisconsórcio, o juiz, a requerimento do Ministério Público ou da Defensoria Pública, ouvido o autor, poderá converter em coletiva a ação individual que veicule pedido que: I - tenha alcance coletivo, em razão da tutela de bem jurídico difuso ou coletivo, assim entendidos aqueles definidos pelo art. 81, parágrafo único, incisos I e II, da Lei nº 8.078, de 11 de setembro de 1990 (Código de Defesa do Consumidor), e cuja ofensa afete, a um só tempo, as esferas jurídicas do indivíduo e da coletividade; II - tenha por objetivo a solução de conflito de interesse relativo a uma mesma relação jurídica plurilateral, cuja solução, por sua natureza ou por disposição de lei, deva ser necessariamente uniforme, assegurando-se tratamento isonômico para todos os membros do grupo. §1º Além do Ministério Público e da Defensoria Pública, podem requerer a conversão os legitimados referidos no art. 5º da Lei nº 7.347, de 24 de julho de 1985, e no art. 82 da Lei nº 8.078, de 11 de setembro de 1990 (Código de Defesa do Consumidor). §2º A conversão não pode implicar a formação de processo coletivo para a tutela de direitos individuais homogêneos. §3º Não se admite a conversão, ainda, se: I - já iniciada, no processo individual, a audiência de instrução

verter uma ação individual em coletiva, a requerimento do Ministério Público ou da Defensoria Pública, desde que ouvido o autor. Essa proposta foi formulada por Kazuo Watanabe, sob influência das *class actions* norte-americanas, segundo relato do professor Hugo Nigro Mazzilli (2015).[27]

Esse tema é muito bem-vindo para o amadurecimento do estudo da coletivização dos processos repetitivos, causas repetitivas ou demandas de massa. O veto à norma não intimidou os autores do PL nº 4.441/2020,[28] que, no art. 49, previu novamente a possibilidade de conversão de processo individual em coletivo. Este projeto foi substituído pelo PL nº 1.641/2021, de autoria do Deputado Paulo Teixeira, cujo estudo se apresenta em tópico próprio. Entretanto, a análise crítica ao texto já se encontra explorada nas próximas linhas.

Primeiramente, faz-se crítica ao *caput* da regra proposta, por não permitir aos sujeitos do processo, como um todo, suscitarem o incidente processual. Outra nota é a respeito do requerimento ser apenas de autoria do demandante. Ora, tal medida fere o modelo constitucional de processo, por afronta à percepção do processo em contraditório e da disposição prevista no próprio CPC/15 (art. 10), na qual qualquer decisão a ser tomada observará a participação dos sujeitos diretamente interessados. Tome-se como exemplo o caso de ação coletiva proposta em face do Poder Público; vedada será a participação da Advocacia Pública na construção da decisão de coletivização do processo individual.

---

e julgamento; ou II - houver processo coletivo pendente com o mesmo objeto; ou III - o juízo não tiver competência para o processo coletivo que seria formado. §4º Determinada a conversão, o juiz intimará o autor do requerimento para que, no prazo fixado, adite ou emende a petição inicial, para adaptá-la à tutela coletiva. §5º Havendo aditamento ou emenda da petição inicial, o juiz determinará a intimação do réu para, querendo, manifestar-se no prazo de 15 (quinze) dias. §6º O autor originário da ação individual atuará na condição de litisconsorte unitário do legitimado para condução do processo coletivo. §7º O autor originário não é responsável por nenhuma despesa processual decorrente da conversão do processo individual em coletivo. §8º Após a conversão, observar-se-ão as regras do processo coletivo. §9º A conversão poderá ocorrer mesmo que o autor tenha cumulado pedido de natureza estritamente individual, hipótese em que o processamento desse pedido dar-se-á em autos apartados. §10. O Ministério Público deverá ser ouvido sobre o requerimento previsto no caput, salvo quando ele próprio o houver formulado" (BRASIL, 2015).

[27] Palestra proferida por Hugo Nigro Mazzilli, em 08.06.2015, sob o título "O processo coletivo e o novo Código de Processo Civil de 2015". Disponível em: http://www.mazzilli.com.br/pages/informa/pro_col_CPC_15.pdf. Acesso em: 13 set. 2022.

[28] Dispõe sobre a codificação do processo coletivo, por meio da edição da LACP.

O §1º do art. 333 do CPC/15 possibilitou o requerimento por outros legitimados à propositura da ação coletiva, medida que não sana o vício de constitucionalidade inserto na cabeça do art. 333. Correção a esse vício seria ter conferido aos sujeitos do processo a medida de cooperação na tomada de decisão para a conversão de uma ação individual em coletiva.

Já o §2º do art. 333 excluiu da conversão a tutela do direito individual homogêneo. Ora, essa regra é um retrocesso, pois se o objetivo da norma é trazer celeridade, uniformidade de decisões, economia e outros atributos do processo coletivo, mais prudente seria permitir a conversão do processo coletivo em defesa de direitos individuais homogêneos, muitas vezes responsáveis pelo abarrotamento de processos no Judiciário, como é o caso das ações contra os bancos, telefônicas e Poder Público.

No processo individual, o autor e seu advogado comparecem em juízo preparados para uma lide simples e envolvendo duas partes com interesses antagônicos. Ouvir apenas o autor da demanda se mostra uma afronta ao devido processo constitucional democrático. Nesse sentido, a representatividade de outros interessados resta prejudicada, por não se colher a manifestação de interesse em permanecer com a lide individual ou aderir à coletiva.

Apenas após a conversão da ação individual em coletiva é que se vê a regra determinar a chamada do réu para se manifestar. Muito embora se conheça do contraditório diferido ou postergado, nesse caso, está-se diante de um contraditório dentro de um processo, cuja causa de pedir e pedido foram alterados – mais lesivo ainda no caso do réu já haver sido citado.

O §6º não tem razão de existir se o autor da ação originária não for um dos legitimados para propor a ação coletiva. Como ele fará parte de um litisconsórcio com os demais legitimados? Seria essa uma inovação no microssistema do processo coletivo? Aceitar um indivíduo como litisconsorte unitário permitiria o ingresso de uma multidão de litisconsortes, contrariando o próprio CPC/15, em ações individuais.

Assim, a representação das partes teria de mudar para se adequar ao rito do processo coletivo. A regra determina a aplicação do processo coletivo, mas os legitimados formais se encontram discriminados no rol da legislação especial. O dispositivo foi vetado pelo Presidente da República por entender que da:

[...] forma como foi redigido, o dispositivo poderia levar à conversão de ação individual em ação coletiva de maneira pouco criteriosa, inclusive em detrimento do interesse das partes. O tema exige disciplina própria para garantir a plena eficácia do instituto. Além disso, o novo Código já contempla mecanismos para tratar demandas repetitivas. No sentido do veto manifestou-se também a Ordem dos Advogados do Brasil – OAB.[29]

Apesar do veto ao art. 333 do projeto do CPC/15, entende-se não haver qualquer interferência quanto à aplicação das normas deste Código ao processo coletivo. As normas são interseccionadas, fazendo parte do microssistema da tutela coletiva, permitindo aos sujeitos do processo se valerem de seus preceitos, seja o Poder Público, seja um ente de direito privado.

O interesse metaindividual está contido no interesse público e pode ser tutelado pelo Estado. Exemplo disso é a disciplina do IRDR, cuja capacidade processual possibilita a resolução de debate sobre matéria de direito que envolve uma multiplicidade de demandas sobre o mesmo tema.

Com acerto o Chefe do Executivo federal vetou o art. 333 do CPC/15, pois, na forma como redigido, era uma agressão à evolução do Direito Processual na construção de um conceito de processo coletivo com regras procedimentais flexíveis, de livre acesso à justiça do titular do direito coletivo, primando pelo julgamento do mérito possível de ser satisfeito.

A prerrogativa é dos interesses metaindividuais insertos no ordenamento jurídico. A forma extrajudicial de resolver o problema coletivo ou judicial para solucionar um litígio coletivo é meio de satisfação do bem da vida perseguido pelos interessados, pois "[...] o interesse ou direito é difuso, coletivo ou individual homogêneo independente da existência de um processo. Basta que determinado acontecimento da vida o faça surgir" (BEDAQUE, 1995, p. 35).

O procedimento do processo coletivo tem como fundamento de validade o Direito Processual Constitucional democrático e é ramo do Direito Processual.[30] A base principiológica do estudo do processo

---

[29] Extraído do *site* do Planalto, ao tratar do veto ao Código de Processo Civil de 2015. Disponível em: http://www.planalto.gov.br/ccivil_03/_ato2015-2018/2015/Msg/VEP-56.htm (BRASIL, 2015, *on-line*).

[30] Acerca da autonomia do processo coletivo, sob a perspectiva do direito coletivo de interesse individual homogêneo, coletivo *stricto sensu* e difuso, tem-se: "Esse gênero de direitos substantivos impulsionou o desenvolvimento de novos instrumentos de tutela processual,

coletivo é a mesma do processo civil, com a existência de princípios próprios fundamentados na CF/88.[31] Atentos a isso, os autores do PL nº 1.641/2021 dispuseram expressamente sobre alguns princípios do processo coletivo.[32]

O princípio do contraditório e da ampla defesa no processo coletivo é exercido pelo autor, que age em nome próprio, para defender direito alheio – é a substituição processual. O titular do direito coletivo, legitimado material, não defende sua pretensão em juízo, mas o legitimado formal (art. 18 do CPC/15), o que não impede o indivíduo de propor sua demanda na forma prevista em lei e segundo o tipo de interesse metaindividual em disputa.

> Isso tudo evidencia a importância da adequada identificação da natureza do direito material lesado ou ameaçado, identificação essa que servirá de guia para a subsequente definição dos meios, dos modos e dos instrumentos de natureza processual que podem ser utilizados para a sua proteção em juízo (ZAVASCKI, 2005, p. 26).

A tutela coletiva pode ser representada pelo interesse coletivo ou difuso, resultando na instauração de um processo tipicamente coletivo. Já o interesse individual homogêneo é uma tutela coletiva acidental, capaz de gerar a coletivização de um direito individual, em razão de uma comunhão de interesses relacionados por uma situação decorrente de origem comum. É uma técnica processual de melhoramento da prestação jurisdicional, por meio da identificação de um conjunto de direitos subjetivos individuais "[...] ligados entre si por uma relação de afinidade, de semelhança, de homogeneidade, o que permite a defesa coletiva de todos eles" (ZAVASCKI, 2005, p. 28).

A conceituação do processo coletivo requer conhecimento de Direito comparado. Segundo Zaneti Júnior (2014, p. 1), é importante conhecer os três grandes modelos de processo coletivo: norte-americano,

---

regidos por princípios e regras próprias, dando origem ao direito processual coletivo, como ramo do direito processual" (ARGENTA; ROSADO, 2017, p. 240).

[31] Não se pode utilizar o procedimento do processo individual ao coletivo sem a flexibilização capaz de adequar a complexa organização procedimental de demandas de massa e processos coletivos ao litígio coletivo. "No Brasil, esse modelo processual predomina tanto nos conflitos de matriz individual quanto coletiva, com parcas distinções, o que acaba por impor uma série de dificuldades procedimentais no tratamento de questões estruturais" (CASIMIRO; FRANÇA; NÓBREGA, 2022, p. 109).

[32] Em outro tópico se fará a análise dos princípios construídos pela doutrina e previstos no art. 2º do PL nº 1.641/2021.

europeu e brasileiro. "Assim, é possível distinguir, três modelos: a) *class action*; b) ações associativas e litígios agregados; e c) 'processo coletivo: modelo brasileiro'".

Na Alemanha, a defesa da tutela coletiva se verifica através de ações associativas coletivas (*Verbandsklagen*), mais próximas do Direito brasileiro, salvo pela não inclusão de entes estatais e do Ministério Público como legitimados *ad causam*. Seu ordenamento prevê as ações de grupo (*Gruppenklagen*), modelo compatível com o modo de vida associativo do alemão (esportivo, consumidor, meio ambiente). Ademais, os sindicatos podem representar os trabalhadores na Justiça do Trabalho alemã (*Arbeitsgerichtsgesetz*) (MENDES, 2010, p. 118-129).

O procedimento-modelo (*Musterverfahren*) do Direito alemão inspirou a elaboração das regras do IRDR, com a diferença na análise das questões de fato e de direito por este e, também, pelo IRDR ter a análise da questão de direito. Assim, a resolução do processo-modelo serve de paradigma para subsidiar a decisão nos processos a ele afetados (CAVALCANTI, 2016).

O modelo norte-americano da *class action* vem influenciando o mundo na elaboração de legislação (*civil law*), versando sobre tutela coletiva e a jurisprudência dos tribunais (*common law*). Tem origem na *Federal Rule 23* de 1938, sendo um meio de proteção dos indivíduos contra violação transindividual, advinda de uma relação jurídica com tema complexo (MENDES, 2010).

A prova, nesse processo coletivo, requer o dispêndio de altos valores para custear a defesa da tutela coletiva. Por conseguinte, o legitimado deve ter poder econômico capaz de sustentar o desgaste da relação jurídica e dos custos do processo (MENDES, 2010). Já no Brasil, a substituição processual pode ajudar a evitar esse desgaste e nas despesas com o processo.

Nesse modelo há um controle da representatividade adequada sobre os legitimados para propor a demanda coletiva, sendo possível o ajuizamento por uma pessoa ou um conjunto de pessoas em litisconsórcio. Essa representatividade adequada deve ser prestigiada, em razão dos efeitos da coisa julgada nesse modelo serem *pro et contra*, beneficiando ou prejudicando os titulares do direito coletivo, salvo para aquele que exercer o direito de retirada da lide (*right to opt out*).

A *class action* norte-americana dá amplos poderes ao juiz para construir a decisão coletiva mais próxima do ideal pretendido pelos sujeitos do processo. Esse poder não autoriza abusos ou ilegalidades, mas possibilita o que se pode chamar de um protagonismo judicial.

O Direito alemão é um dos que vem sofrendo a influência do Direito norte-americano das *class actions*, por meio dos estudos realizados pelos membros da União Europeia.[33] O mesmo ocorre com o Brasil, por sofrer forte influência do constitucionalismo americano e, consequentemente, do modelo constitucional de processo. Importante salientar que essa influência não é absoluta e há peculiaridades no processo coletivo brasileiro.

Não é legítimo para propor uma demanda coletiva o indivíduo titular do direito coletivo, ele pode até ingressar com ação e dar prosseguimento, mas a tutela do direito coletivo será exercida por legitimados extraordinários rotulados em lei. Estes são os substitutos processuais, cuja representatividade adequada é presumida, cabendo ao juiz o controle da pertinência temática, e não da adequada representação dos titulares do direito.

Quanto à coisa julgada, no Brasil, é *secundum eventum litis*, restringindo-se à demanda proposta, sem prejuízo de uma reproposítura fundamentada em nova prova, por exemplo. No Direito norte-americano, a coisa julgada das *class actions* tem eficácia *erga omnes* e *pro et contra* – o resultado vale para as partes do processo coletivo resolvido e para aquelas não participantes.

Partindo dessas premissas, é possível compreender que o "[...] processo coletivo é a técnica processual colocada à disposição da sociedade, pelo ordenamento, para permitir a tutela jurisdicional dos direitos afetados pelos litígios coletivos" (VITORELLI, 2022, p. 55). Expõe-se, por oportuno, o conceito proposto por Didier Júnior e Zaneti Júnior:

> O processo é coletivo se a relação jurídica *litigiosa* (a que é objeto do processo) é coletiva. Uma relação jurídica é coletiva se, em um de seus termos, como sujeito ativo ou passivo, encontra-se um *grupo* (comunidade, categoria, classe etc.; designa-se qualquer um deles pelo gênero *grupo*) e se a relação jurídica litigiosa envolver direito (situação jurídica ativa) ou dever ou estado de sujeição (situações jurídicas passivas) de

---

[33] "O tema tutela coletiva vem despertando grande interesse nos juristas alemães, tanto no âmbito interno como externo, valendo notar, em especial, a quantidade e a qualidade de trabalhos voltados para o estudo do assunto no direito comparado, com enfoque no modelo americano das *class actions*, e o recente debate relacionado com a incorporação, na legislação local, das diretrizes da União Europeia atinentes à tutela inibitória coletiva" (MENDES, 2010, p. 120).

um determinado grupo. Assim, presentes o grupo e a situação jurídica coletiva, temos um processo coletivo. Assim, *processo coletivo é aquele em que se postula um direito coletivo lato sensu (situação jurídica coletiva ativa) ou que se afirme a existência de uma situação jurídica coletiva passiva (deveres individuais homogêneos, p. ex.) de titularidade de um grupo de pessoas* (2022, p. 48, grifo do autor).

Sob a perspectiva de solução do litígio através de uma sentença coletiva eficiente e eficaz, pode-se extrair das lições de Arenhart e Osna (2021) que o objetivo do processo é a resolução do litígio, ideia que vem ganhando novos contornos e o propósito se estendendo, aumentando o nível de dificuldade para o julgador. Arrematam ainda:

> Tópicos como a percepção de que o papel de boca-da-lei é inviável fazem com que a concretização dos objetivos do Poder Judiciário seja crescentemente mais árdua, impondo ao teórico da disciplina olhares mais amplos do que aqueles íntimos ao processo civil clássico (ARENHART; OSNA, 2021, p. 34).

Há quem defenda a distinção entre os tipos de processo coletivo no Direito brasileiro ao se prever duas categorias: o processo coletivo especial e o coletivo comum (ALMEIDA, 2003). O processo coletivo comum é o da ação coletiva, assim como o das demandas repetitivas. Já o coletivo especial é formado pelos procedimentos constitucionais de controle concentrado (ou abstrato) de constitucionalidade. Nada impede que a declaração de constitucionalidade ou de nulidade da norma possa irradiar efeitos sobre o direito de coletividade de indivíduos, fazendo surgir a pretensão de tutela coletiva atomizada ou molecularizada.

A ação direta de inconstitucionalidade, a ação de descumprimento de preceito fundamental (APDF) e outros instrumentos processuais de controle abstrato de constitucionalidade são considerados procedimentos do processo coletivo especial.

O processo coletivo especial não se confunde com o controle incidental de constitucionalidade, exercido em processo coletivo comum. O processo civil permite que, nas ações coletivas, a parte interessada suscite controle incidental de constitucionalidade desde que o faça na causa de pedir, e não do pedido.[34] Se, para alcançar a pretensão de inte-

---

[34] Pode-se extrair essa conclusão dos julgamentos proferidos pelos Tribunais Superiores nos arestos: Superior Tribunal de Justiça (STJ) nos EREsp nº 303.174/DF, Resp nº 419.781/DF e do STF na Reclamação nº 602-6/SP, RE nº 227.159. No STF, conclui-se pela inexistência

resse metaindividual, é necessário afastar a validade de uma norma, o juízo pode, até mesmo de ofício, declarar sua inconstitucionalidade. Como a pretensão não é abstrata, não tem como pedido a declaração de inconstitucionalidade de norma, o processo coletivo, contendo causa de pedir, suscitando a inconstitucionalidade de uma norma, permanece como sendo um coletivo comum.

Sem apego a essa classificação, mas a considerando para fins didáticos, é possível entender que existe a ação coletiva, a demanda repetitiva e o controle abstrato de constitucionalidade como meios de satisfação de uma tutela coletiva. O estudo versa sobre o processo coletivo comum.

1.3 A representação adequada do legitimado formal

A tutela do direito coletivo decorre de um interesse metaindividual com repercussão na esfera jurídica de indivíduos, cuja representação de seus interesses em juízo é patrocinada por aqueles legitimados descritos na legislação que integra o microssistema do processo coletivo. Assim, o titular do direito coletivo é o sujeito que não é, em regra, parte, mas interessado na repercussão do entendimento judicial ou administrativo acerca do problema ou litígio coletivo.

Na ação popular, o legitimado para propor a ação é o cidadão, ou seja, caso em que o titular do direito coletivo pode estar em juízo para defender direito próprio. Para propor a ação civil pública (art. 5º da LACP), a lei conferiu legitimidade ao Ministério Público, à Defensoria Pública, à União, aos Estados, ao Distrito Federal e aos Municípios, à autarquia, à empresa pública, à fundação ou à sociedade de economia mista e à associação.

Já para o CDC (art. 82), são legitimados, concorrentemente: o Ministério Público, a União, os Estados, os Municípios e o Distrito Federal, as entidades e órgãos da Administração Pública, Direta ou Indireta, ainda que sem personalidade jurídica, especificamente destinados à defesa dos interesses e direitos protegidos pelo CDC, além das associações.

---

de usurpação de sua própria competência desde que a questão constitucional faça parte da causa de pedir, incidentalmente, iniciando o controle difuso de constitucionalidade. O objeto da ação coletiva é o julgamento de relação jurídica de efeitos concretos, vedada a apreciação da lei em tese (AgRg-RCL; Reclamação nº 2687/PA, entre outros precedentes).

No caso da associação, o juiz deve aferir os requisitos caracterizadores da pertinência entre as atividades do legitimado e a tutela coletiva que deseja proteger. Concomitantemente, aquela associação que: a) esteja constituída há pelo menos um ano; b) inclua, entre suas finalidades institucionais, a proteção ao patrimônio público e social, ao meio ambiente, ao consumidor, à ordem econômica, à livre concorrência, aos direitos de grupos raciais, étnicos ou religiosos ou ao patrimônio artístico, estético, histórico, turístico e paisagístico, no caso de defesa do consumidor, deve provar estar entre seus fins institucionais a defesa dos interesses e direitos protegidos pelo CDC, dispensada a autorização assemblear.

O Ministério Público atua na tutela individual de direitos indisponíveis e na tutela coletiva,[35] sendo legítimo para atuar em defesa de interesse coletivo alheio ou como fiscal do interesse público ou social, interesse de incapaz e litígios coletivos pela posse de terra rural ou urbana (art. 178 do CPC/15).

Esses parâmetros trazidos pelo CPC/15, acerca do interesse, ainda que como fiscal da lei, do Ministério Público para atuar em causas de interesse público e transindividual, devem ser relacionados com a natureza indisponível do interesse ou direito coletivo. Nesse sentido, a relevância pública expressa o sentimento coletivo na resolução de uma demanda por provimento coletivo.

Considerando-se a legitimação extraordinária do Ministério Público, em virtude de sua vocação constitucional para a defesa dos direitos fundamentais, parte-se, primeiramente, dessa norma maior para se definir quais os interesses e direitos tutelados coletivamente por

---

[35] CF/88: "Art. 127. O Ministério Público é instituição permanente, essencial à função jurisdicional do Estado, incumbindo-lhe a defesa da ordem jurídica, do regime democrático e dos interesses sociais e individuais indisponíveis. [...] Art. 129. São funções institucionais do Ministério Público: III- promover o inquérito civil e a ação civil pública, para a proteção do patrimônio público e social, do meio ambiente e de outros interesses difusos e coletivos; IX- exercer outras funções que lhe forem conferidas, desde que compatíveis com sua finalidade, sendo-lhe vedada a representação judicial e a consultoria jurídica de entidades públicas". Lei nº 8.625/1993: "Art. 25. Além das funções previstas nas Constituições Federal e Estadual, na Lei Orgânica e em outras leis, incumbe, ainda, ao Ministério Público: [...] IV - promover o inquérito civil e a ação civil pública, na forma da lei: a) para a proteção, prevenção e reparação dos danos causados ao meio ambiente, ao consumidor, aos bens e direitos de valor artístico, estético, histórico, turístico e paisagístico, e a outros interesses difusos, coletivos e individuais indisponíveis e homogêneos; [...]". Resolução CNMP nº 23, que regulamenta este inciso, disciplinando, no âmbito do Ministério Público, a instauração e tramitação do inquérito civil. CPC/15: "Art. 176. O Ministério Público atuará na defesa da ordem jurídica, do regime democrático e dos interesses e direitos sociais e individuais indisponíveis" (BRASIL, 2015).

essa função essencial à justiça. O direito à saúde autoriza o Ministério Público a ingressar com ação civil pública em favor de uma coletividade de interessados ou apenas um.

A garantia do direito social à saúde gera um dispêndio grande de recursos e requer uma organização orçamentária prévia para evitar o descumprimento da Lei de Responsabilidade Fiscal (LRF). Não é por isso que o Poder Público deve suscitar, aleatoriamente, o princípio da reserva do possível orçamentário como meio de defesa para justificar a não satisfação do direito do indivíduo à saúde. Também não pode o Poder Judiciário motivar suas decisões no afastamento da reserva do possível para deferir a tutela coletiva ou individual homogênea pleiteada.[36]

Com igual legitimidade do *parquet*, constitucionalmente garantida, a Defensoria Pública pode propor ações coletivas em defesa de interesses e direitos coletivos *lato sensu*,[37] sem necessidade de pertinência temática com suas atribuições definidas pela CF/88 e pela legislação

---

[36] A legitimidade do Ministério Público para atuar na implementação de políticas públicas já foi amplamente reconhecida pelo STF, na defesa de direito coletivo difuso, coletivo ou individual homogêneo: "RESERVA DO POSSÍVEL – INVOCAÇÃO – IMPOSSIBILIDADE – PRECEDENTES – Agravo regimental no agravo de instrumento. Constitucional. Legitimidade do Ministério Público. Ação civil pública. Implementação de políticas públicas. Possibilidade. Violação do princípio da separação dos poderes. Não ocorrência. Reserva do possível. Invocação. Impossibilidade. Precedentes. 1. Esta corte já firmou a orientação de que o ministério público detém legitimidade para requerer, em juízo, a implementação de políticas públicas por parte do poder executivo de molde a assegurar a concretização de direitos difusos, coletivos e individuais homogêneos garantidos pela Constituição Federal, como é o caso do acesso à saúde. 2. O Poder Judiciário, em situações excepcionais, pode determinar que a administração pública adote medidas assecuratórias de direitos constitucionalmente reconhecidos como essenciais sem que isso configure violação do princípio da separação de poderes. 3. A administração não pode invocar a cláusula da 'reserva do possível' a fim de justificar a frustração de direitos previstos na Constituição da República, voltados à garantia da dignidade da pessoa humana, sob o fundamento de insuficiência orçamentária. 4. Agravo regimental não provido" (STF – AgRg-AI 674.764 – Rel. Min. Dias Toffoli) (BRASIL, 2011, p. 23).

[37] CF/88: "Art. 134. A Defensoria Pública é instituição permanente, essencial à função jurisdicional do Estado, incumbindo-lhe, como expressão e instrumento do regime democrático, fundamentalmente, a orientação jurídica, a promoção dos direitos humanos e a defesa, em todos os graus, judicial e extrajudicial, dos direitos individuais e coletivos, de forma integral e gratuita, aos necessitados, na forma do inciso LXXIV do art. 5º desta Constituição Federal". Lei Complementar nº 80/1994: "Art. 4º. São funções institucionais da Defensoria Pública, dentre outras: [...] VII - promover ação civil pública e todas as espécies de ações capazes de propiciar a adequada tutela dos direitos difusos, coletivos ou individuais homogêneos quando o resultado da demanda puder beneficiar grupo de pessoas hipossuficientes; VIII - exercer a defesa dos direitos e interesses individuais, difusos, coletivos e individuais homogêneos e dos direitos do consumidor, na forma do inciso LXXIV do art. 5º da Constituição Federal; [...]. Art. 15-A. A organização da Defensoria Pública da União deve primar pela descentralização, e sua atuação deve incluir atendimento interdisciplinar,

regulamentadora da instituição.³⁸ As pessoas necessitadas da tutela coletiva podem recorrer à Defensoria Pública,³⁹ ainda que não sejam hipossuficientes.⁴⁰

A previsão constitucional de legitimidade extraordinária faz presumir a representatividade adequada sem se perquirir o compromisso com o direito a ser protegido ou mesmo o conhecimento técnico suficiente para a correta defesa do interesse. Por conseguinte, o "dever de ofício" do órgão ou ente legitimado não pode ser fundamento para presumir a adequada representação do titular do direito coletivo (ARENHART; OSNA, 2021).

Uma promotoria de defesa do meio ambiente está mais apta a propor uma ação civil pública de defesa do meio ambiente do que a promotoria de defesa da mulher, e não é só a pertinência entre a atividade exercida e o bem coletivamente tutelado. O exercício da função deve ser controlado pelo juízo, segundo a efetividade dos atos, em relação à satisfação do direito do titular.

A prova de representatividade adequada, nesse caso, não é difícil, pois, ainda que se trate de uma promotoria numa comarca de entrância inicial, há necessidade de apoio, pelo menos, de uma promotoria especializada ou, até mesmo, o deslocamento de seus membros para o local do dano ambiental, a depender de sua extensão. O exemplo citado é para ilustrar o entendimento de necessário controle de

---

bem como a tutela dos interesses individuais, difusos, coletivos e individuais homogêneos" (BRASIL, 1994).

[38] Não se concorda com essa ampla legitimidade conferida ao Ministério Público e à Defensoria Pública. Poder-se-ia, segundo o próprio texto constitucional, dividir entre: a) defesa de direitos difusos e coletivos, cabendo ao Ministério Público; e b) defesa de direitos individuais homogêneos, cabendo à Defensoria Pública. Ademais, a vulnerabilidade deveria ser aferida pelo Magistrado, no momento da admissão da pretensão coletiva proposta pela Defensoria Pública. O STF, no exame de Repercussão Geral nº 733.433 (Tema 607) sobre esse tema, fixou tese jurídica asseverando que: "A Defensoria Pública tem legitimidade para a propositura de Ação Civil Pública que vise a promover a tutela judicial de direitos difusos e coletivos de que sejam titulares, em tese, pessoas necessitadas" (BRASIL, 2015).

[39] Ver inteiro teor do acórdão, com o fim de estudo do precedente firmado pela ADI nº 3943. A leitura da tese de tema fixado em repercussão geral, por si só, é insuficiente para compreender a *ratio decidendi* de decisão judicial com caráter vinculante sobre a qual o Poder Judiciário e a Administração, em geral, pautará sua atuação.

[40] A legitimidade da Defensoria Pública para ajuizar ACP não está condicionada à comprovação prévia da hipossuficiência dos possíveis beneficiados pela prestação jurisdicional. Pela tese fixada no RE nº 733.433/MG: "[...] a Defensoria Pública tem legitimidade para a propositura da Ação Civil Pública em ordem a promover a tutela judicial de direitos difusos e coletivos de que sejam titulares, em tese, pessoas necessitadas" (BRASIL, 2015).

representatividade adequada de todos os legitimados extraordinários para propositura de ação coletiva.

As normas constitucionais não são interpretadas isoladamente, esse exercício deve evitar contradições com outras normas existentes. Segundo o princípio da unidade da Constituição, "[...] se é a Constituição Federal quem dá unidade ao ordenamento jurídico, ela mesma tem que ser coerente em si mesma, caso contrário, estaria pondo em conflito a sua essência" (LIMA, 2002, p. 293).

Presumir o devido processo legal coletivo, defendido pelo substituto processual, é uma interpretação contrária ao Texto Constitucional, para validar uma norma decorrente de seu texto. Quando a lei deixa de prever o controle de representatividade adequada, o que há é a subsunção de regra. O importante é haver a previsão, para que o caso concreto possibilite a ponderação entre o princípio da melhor proteção e o da representatividade adequada, para indicar se o legitimado vem exercendo bem sua função, seja ele quem for.

> Essas teorias diferenciam os princípios das regras com base no modo de aplicação e no modo de colisão. Assim, enquanto as regras seriam aplicadas mediante 'subsunção', os princípios seriam aplicados mediante 'ponderação' (ÁVILA, 2018, p. 150).

E complementa: "o ponto central da distinção entre as espécies normativas deixa de ser o conflito e a força normativa nele exteriorizada, e passa a ser a justificação e os elementos a serem considerados" (ÁVILA, 2018, p. 157).

Assim, se o titular do direito coletivo merece amparo legal e constitucional para satisfação da tutela coletiva pretendida e a representação adequada é meio para se efetivar esse direito constitucional à ampla defesa e ao contraditório, as normas constitucionais e infraconstitucionais devem dialogar para permitir o controle de representatividade amplo. Esses princípios não podem ficar ao talante do juízo para interpretá-los e aplicá-los como quiserem. "Os princípios, ao invés disso, instituem o *dever* de adotar comportamentos necessários à realização de um determinado estado de coisas" (ÁVILA, 2018, p. 161).

A legislação prevê o controle de representatividade adequada, sendo exercido apenas para atestar a pertinência temática das associações para defender interesses de seus membros. É condição para ter legitimidade existir um liame entre a atividade do ente e o interesse objeto de proteção. Esse nexo deve ser aferido em relação a todos os legitimados formais, estatuídos por lei, e não apenas de alguns que a lei selecionar, pois, como visto nos parágrafos anteriores, o legitimado material pode vir a sofrer com uma coisa julgada material mal construída pelos sujeitos processuais admitidos a se manifestarem nos autos.

Nesse tocante, quem deve fazer o controle de representatividade adequada é o juiz, amparado em regra legal. Enquanto esta não existir, a ponderação de princípios se mostra uma via possível para controlar a representação adequada do titular do direito coletivo. Assim, o exercício de interpretação visa "[...] oferecer certa ligação entre a atividade do legitimado coletivo e o interesse objeto de proteção" (ARENHART; OSNA, 2021, p. 207).

O controle de representatividade adequada, no Brasil, não se confunde com a legitimidade processual, sendo um meio de preservação da legitimidade material. No exemplo citado sobre a legitimidade (in) adequada do membro do Ministério Público, integrante da promotoria de defesa da mulher, para propor ACP para defesa do meio ambiente, quando o órgão possui uma Promotoria de Defesa do Meio Ambiente, quer-se dizer que esta promotoria tem maior capacidade institucional para representar o legitimado material do que aquela.

O juiz, ao controlar essa legitimidade, não declarará o Ministério Público ilegítimo, decidirá sobre a adequação da representação para ordenar a este que designe algum(ns) membro(s) da promotoria de defesa do meio ambiente que integre o polo da demanda coletiva, com o fim de tornar a ampla defesa e o contraditório mais técnico. Essa ordem judicial é legítima e legal em caso de ausência da tomada de medidas, pelo próprio *parquet*, de deslocar um membro tecnicamente mais capacitado.

Embora não haja lei prevendo o controle de representatividade adequada do Ministério Público, a ponderação de princípios constitucionais autoriza esse controle como meio de resolver efetivamente a tutela coletiva litigiosa. O mesmo tipo de controle pode ser exercido em face da atuação da Defensoria Pública, da União, dos Estados, do Distrito Federal e dos Municípios. Sobre entes que possuem membros investidos em seus cargos, por meio de concurso público, e fazem parte de uma carreira constitucionalmente disciplinada, a lei de organização de cada carreira trará a desconcentração administrativa em órgãos especializados e o juiz se valerá dela para exercer o controle.

Como exemplo, a Procuradoria-Geral do Estado do Amapá, que possui em sua organização uma Procuradoria Patrimonial e Ambiental,[41] se a defesa desse Estado, em ação coletiva de reparação de danos ambientais, for exercida por Procurador do Estado, lotado na Procuradoria de Licitações Contratos e Convênios,[42] certamente, haverá necessidade de manifestação da Procuradoria-Geral do Estado acerca da atuação em juízo de Procurador do Estado, cuja atuação não seja compatível com o tema debatido em juízo.

Os legitimados devem ser compromissados com a defesa da tutela coletiva, caso contrário, uma reclamação deve ser encaminhada para a corregedoria do órgão. Se nenhuma medida correcional for tomada, pode o juiz decidir pela inadequação da representação, por meio de decisão, ordenando a substituição de um membro por outro, fundamentando na lei do órgão de origem quanto às infrações funcionais, em tese, cometidas – sem prejuízo de fundamentar em normas do Direito Penal, caso identifique o cometimento de infração penal.

Esse debate é importante para fins de formação do precedente judicial sobre tema oriundo de ação coletiva. A construção da decisão com a participação dos sujeitos do processo é o que se defende, sendo a especialidade técnica e o compromisso dos representantes imprescindível para a excelência do conteúdo do precedente.

O controle sobre a autarquia, a empresa pública, a fundação ou a sociedade de economia mista pode seguir as mesmas regras previstas para o controle da associação. Só que, no caso de uma autarquia ou fundação, haverá dispensa de preenchimento do requisito de pré-constituição, por haver presunção de existência de manifesto interesse social,

---

[41] Lei Complementar nº 089/2015 do Estado do Amapá: "Art. 35. À Procuradoria Patrimonial e Ambiental, chefiada por um Procurador indicado pelo Procurador Geral do Estado e nomeado pelo Governador do Estado dentre integrantes do último nível da carreira, compete representar o Estado em processos ou ações de qualquer natureza, cujo objeto principal, incidente ou acessório, verse sobre direitos reais e possessórios, patrimônio imobiliário, meio ambiente e demais bens de domínio ou interesse do Estado, e ainda: [...]. Parágrafo único. Nas matérias afetas ao seu domínio, relacionadas ao meio ambiente, compete, ainda, à Procuradoria Patrimonial e Ambiental exercer as seguintes atribuições: [...]II - promover ações civis públicas de interesse do Estado, em matéria ambiental; [...]" (AMAPÁ, 2015).

[42] Lei Complementar nº 089/2015 do Estado do Amapá: "Art. 28. Procuradoria de Licitação, Contratos e Convênios será chefiada por um Procurador indicado pelo Procurador Geral do Estado e nomeado pelo Governador do Estado dentre integrantes do último nível da carreira, competindo-lhe, sem prejuízo da atuação das demais procuradorias especializadas, manifestar-se previamente nos processos administrativos relacionados a licitações, contratos, convênios, reconhecimento de dívidas ou quaisquer outros ajustes, da administração direta e indireta, e ainda: [...]" (AMAPÁ, 2015).

evidenciado pela dimensão ou característica do dano ou pela relevância do bem jurídico a ser protegido.

Quanto ao critério de existência de finalidades institucionais, a proteção ao patrimônio público e social, ao meio ambiente, ao consumidor, à ordem econômica, à livre concorrência, aos direitos de grupos raciais, étnicos ou religiosos ou ao patrimônio artístico, estético, histórico, turístico e paisagístico, todos devem demonstrar a pertinência.

Representação adequada não se confunde com representação processual. Nas ações coletivas, os legitimados não precisam de autorização dos titulares do direito coletivo para ajuizamento. Por outro lado, "[...] as entidades associativas, quando expressamente autorizadas, têm legitimidade para representar seus filiados judicial ou extrajudicialmente" (artigo 5º, XXI, da CF/88) (BRASIL, 1988).

As associações exercem a defesa de interesse coletivo em sentido amplo, sem prévia autorização dos associados, bastando demonstrar a constituição por mais de um ano e a pertinência temática entre suas finalidades e o direito coletivo em debate. Nesse caso, a associação não atua como representante processual, mas como substituta processual – legitimação extraordinária –, agindo em nome próprio para a defesa de pretensão alheia. Assim, é desnecessária a autorização dos associados, a qual se restringe às ações coletivas de rito ordinário.[43]

---

[43] "PROCESSUAL CIVIL. RECURSO ESPECIAL. AÇÃO DE MANUTENÇÃO DE POSSE. NEGATIVA DE PRESTAÇÃO JURISDICIONAL. AUSÊNCIA. ENTIDADE ASSOCIATIVA. TUTELA DA POSSE DETIDA PELOS ASSOCIADOS. LEGITIMIDADE ATIVA. REPRESENTAÇÃO PROCESSUAL. AUTORIZAÇÃO DOS ASSOCIADOS. VÍCIO SANÁVEL. 1. Ação de manutenção de posse ajuizada em 08/01/2009, da qual foi extraído o presente recurso especial interposto em 09/04/2020 e concluso ao gabinete em 31/01/2022. 2. O propósito recursal é dizer sobre a ocorrência de negativa de prestação jurisdicional e se a associação recorrente é parte legítima para figurar no polo ativo da presente ação. 3. Não há que se falar em negativa de prestação jurisdicional quando o Tribunal de origem examina a questão controvertida embora contrariamente aos interesses da parte. 4. Ordinariamente, as partes da relação jurídica processual devem ser as mesmas que figuram como titulares da relação jurídica de direito material (art. 18 do CPC/2015). Nesse contexto, a defesa coletiva de interesses comuns pertencentes a diversos titulares somente poderia ser realizada em litisconsórcio. Todavia, diante da necessidade de enfrentamento simultâneo de lides multitudinárias e para propiciar a defesa conjunta de interesses comuns, surgiram os institutos da representação e da substituição processuais. 5. O art. 5º, XXI, da CF/88 confere às entidades associativas legitimidade para representar seus filiados judicial e extrajudicialmente, quando expressamente autorizadas. O referido dispositivo constitucional diz respeito às ações de rito ordinário, as quais se prestam às mais diversas postulações, voltadas contra entes públicos ou privados, para satisfação de direitos individuais ou coletivos. Apesar de a lei não ser expressa a respeito, o objeto material da demanda deve guardar pertinência com os fins da associação. 6. Nessas lides, a associação atua como representante processual, porquanto vai a juízo em nome e no interesse dos associados. Por essa razão, há necessidade de autorização expressa dos filiados, a qual é

1.4 Acesso à justiça e à tutela jurisdicional coletiva em face do Poder Público

Aqueles que se verem lesados ou ameaçados de lesão a direito têm legitimidade para acessar o Poder Judiciário. Essa garantia constitucional é muito mais ampla do que seu texto demonstra. O titular do direito coletivo não é o único legitimado a acessar o Judiciário, em caso de lesão a direito, havendo outros sujeitos, definidos por lei, com legitimação extraordinária para defender direito alheio em juízo.

Uma coletividade de pessoas, ainda que não identificadas, não pode ser alijada do direito ao acesso à justiça, originalmente concebido pelo Estado, em razão de sua inércia. A existência dos substitutos processuais está fundamentada na efetiva garantia do acesso à justiça – é possível que o Poder Público promova demanda em face do Poder Público.

É que a interpretação do direito público primário pelo gestor de ente estadual pode não atender a promoção das políticas públicas previstas na CF/88 e na lei. Nesses casos, está autorizado o Ministério Público, a Defensoria Pública, a Advocacia Pública e outros legitimados a ingressarem com ação, pretendendo o cumprimento de obrigações desatendidas pelo Poder Público.

---

satisfeita com a anuência dos associados manifestada em assembleia geral. Se tais elementos não acompanharem a petição inicial, o juiz deve oportunizar à parte a correção do vício e apenas caso não atendida a determinação é que o feito deve ser extinto sem julgamento do mérito (art. 76 do CPC/2015). Precedentes. 7. O ordenamento jurídico também assegura à associação a possibilidade de atuar em juízo para a defesa de interesse coletivo em sentido amplo, seja mediante a propositura de ação coletiva de consumo ou de ação civil pública. A tanto, basta que estejam preenchidos os pressupostos legais, a saber: constituição regular há pelo menos 01 (um) ano e pertinência temática (art. 82, IV, do CDC e art. 5º, V, da Lei nº 7.347/1985). 8. Nessas hipóteses, a associação assume o papel não de representante, mas sim de substituta processual (legitimação extraordinária), pois age em nome próprio para a defesa de pretensão alheia. No regime de substituição processual, é inaplicável a tese firmada pelo STF quanto à necessidade de autorização dos associados, a qual se restringe às ações coletivas de rito ordinário. Precedentes. 9. Na espécie, a associação recorrente (AGROFRAN) ajuizou a presente ação de manutenção de posse em desfavor das recorridas, com a finalidade de obter proteção possessória em favor dos seus associados. Sendo os associados agricultores e estando a racionalização das atividades agro-silvi-pastoris dentre os objetivos da associação, a busca de proteção possessória está atrelada às finalidades da recorrente. Além disso, a entidade recorrente está atuando na condição de representante processual, circunstância que exige a apresentação de autorização dos associados que estão sendo representados, bem como a lista com os respectivos nomes. O Tribunal de origem afirmou que tais elementos não estão presentes nos autos e extinguiu, de imediato, a ação, não tendo oportunizado a correção do vício, o que contraria o entendimento desta Corte. 10. Recurso especial conhecido e parcialmente provido" (REsp nº 1.993.506/MT) (BRASIL, 2022).

O aperfeiçoamento do acesso à justiça em processos coletivos deve se valer do Estado como controlador de seus próprios atos e, em especial, buscando a cominação de sanções para evitar a reiteração de outros atos lesivos. A igualdade buscada no processo coletivo é diretamente proporcional à efetividade das decisões proferidas no seu percurso.

Nesse ínterim, os meios processuais são apresentados aos sujeitos do processo, mas nem todos possuem a capacidade de exercer esse direito de forma plena, o que não invalida a resolução do processo, tendo em vista que "Essa perfeita igualdade, naturalmente, é utópica. As diferenças entre as partes não podem jamais ser completamente erradicadas. A questão é saber até onde avançar na direção do objetivo utópico e a que custo" (CAPPELLETTI; GARTH, 2002, p. 6).

O acesso à justiça não se restringe ao Poder Judiciário, sendo dever constitucional do Poder Público garantir o mínimo de promoção das políticas públicas sociais voltadas à saúde, moradia, lazer e outras. Esses direitos são de aplicação imediata, pois as políticas públicas são normas programáticas, que dependem dos gestores públicos para acontecerem. Eles possuem suas preferências políticas que, em regra, não se coadunam com as preferências pessoais dos legítimos destinatários da concretização do interesse público primário. Como ensina Dworkin (2005, p. 26):

> Contudo, não parece insensível dizer que, à medida que o governo tem o direito ou o dever de igualar as pessoas, ele tem o direito ou o dever de torná-las iguais em sua situação ou em suas circunstâncias pessoais, inclusive em poder político, e não no grau de aceitação pela comunidade de suas convicções políticas divergentes, nem no grau *de realização de suas visões divergentes* de um mundo ideal. Pelo contrário, essa meta mais limitada da igualdade parece ser a meta apropriada de um Estado liberal, embora ainda seja preciso descobrir o que significa tornar as pessoas iguais em suas circunstâncias pessoais.

A tutela coletiva é voltada para atender aos direitos difuso, coletivo e individual homogêneo. Os titulares do direito coletivo, se não ouvidos, não apresentarão sua preferência pessoal ao gestor. Ao divergir a preferência do titular do direito público da preferência política, há o reconhecimento da utopia na solução da tutela coletiva de modo igualitário em relação a todos os interessados. Assim, o amplo acesso à justiça é que promoverá a melhoria da entrega da tutela coletiva, sendo, para isso, necessário interpretar o interesse público primário de maneira a realmente chegar o mais próximo da decisão ideal.

De todo modo, o mínimo de igualdade na prestação jurisdicional e na implementação da tutela coletiva deve ser assegurando – é o caso das custas judiciais, que importam nas despesas processuais e nos honorários de sucumbência. Atentos a isso, a legislação que versa sobre a tutela coletiva não previu a condenação em honorários, salvo o litigante de má-fé.

O processo coletivo pode ser complexo e dispendioso. Em casos de dano ambiental de interesse difuso o direito ao meio ambiente equilibrado requer, para um provimento final, que haja inúmeras diligências e perícias no local afetado. Sendo a demora, injustificada, um atentado ao acesso à justiça por violação à garantia constitucional da razoável duração de um processo. Um processo demasiado demorado não pode ser considerado justo, logo, aquele que participou da lide teve apenas acesso formal à justiça e não material.

Os sujeitos do processo coletivo devem atuar como verdadeiros propulsores da prática de atos voltados a satisfazer a tutela coletiva, considerando o interesse público, privado e social envolvido. Para isso, é preciso que o juiz promova a cooperação entre as partes para demonstrar a existência do direito deduzido em sua pretensão (inicial e resistida).

A transação, os negócios processuais e todos os meios de construção de uma decisão igualitária devem ser estimulados pelo juízo. O que não quer dizer que o magistrado deve se conservar inerte até o provimento final. Sua inércia se dá em relação à instauração da atividade jurisdicional sobre tutela coletiva, assim, uma vez instaurada a jurisdição, todos os sujeitos do processo são capazes de atuar no seu desenvolvimento, ainda mais sendo o Poder Público o réu, na sua forma abstrata, "[...] consubstanciando a vontade do seu povo, no interesse da própria sociedade" (SOUZA, 2011, p. 12).

O protagonismo judicial não viola o acesso à justiça, logo, seja em que instância for, o objetivo é mitigar ou eliminar os entraves à satisfação efetiva de uma pretensão de interesse público, privado ou social de direito coletivo. Muitas vezes, aquele que possui poder econômico consegue não só sustentar um processo, como produzir provas, cuja parte contrária terá dificuldade em contrapor. Contudo, essa desigualdade, como já pontuado, não pode ter vez na tutela coletiva contra o Poder Público.

O processo proposto em face do Poder Público requer interpretação do próprio Estado-Juiz sobre o direito debatido e na apreciação dos fatos a serem demonstrados, sendo o autor um sujeito desconfiado com os meios de implementação dos atos administrativos capazes, por meio de seus procedimentos administrativos complicados, de formalmente satisfazer o pedido idealizado na petição inicial.[44] Portanto, o autor deve confiar na justiça, não só ter direito a acessá-la.

A desconfiança na Fazenda Pública como ré pode se dar em razão do julgador integrar sua estrutura, não só orgânica, mas, principalmente, da sua folha de pagamento, como é o caso dos juízes, promotores, peritos e membros dos tribunais. A defesa baseada na reserva do possível orçamentário deve ser usada com responsabilidade, sob pena de ser meio de intimidar os agentes públicos com uma possível falta de recursos para subsidiar a despesa corrente com pessoal.

Outro fator importante para o autor é avaliar a complexidade da demanda coletiva, a fim de evitar o ajuizamento de ações mal instruídas (ausência de competência técnica da parte) e deficientes no acompanhamento (ausência de compromisso), resultando na improcedência do pedido. Nesse sentido, o modelo brasileiro de ação coletiva prevê uma "[...] extensão subjetiva da coisa julgada *secundum eventum litis* apenas para beneficiar os titulares dos direitos individuais e *secundum eventum probationis*, salvo por insuficiência de provas" (ARGENDA; ROSADO, 2017, p. 271).

O efetivo acesso à justiça na defesa de tutela coletiva se dá quando o legitimado extraordinário representa adequadamente o titular do direito. Por conseguinte, a busca pela igualdade de satisfação do bem da vida, perseguido no processo coletivo, é a utopia do julgador, ao estimular a constante interação entre as partes e proporcionar a participação de todos os interessados na construção da decisão. Essa atuação traz credibilidade ao processo e proporciona uma decisão justa:

> Outra barreira se relaciona precisamente com a questão da reunião. As várias partes interessadas, mesmo quando lhes seja possível organizar-se e demandar, podem estar dispersas, carecer da necessária informação ou simplesmente ser incapazes de combinar uma estratégia comum. Esse

---

[44] "Querendo-se salvar a democracia dos riscos que a rodeiam, há que investir em confiança, nas relações entre os homens. Humanidade e confiança andam associadas. Se é com mais humanidade que se constroem as sociedades em mais democracia, é com mais democracia que se constrói mais humanidade. A relação é circular" (FERNANDES, 2002, p. 194).

problema é mais exacerbado pelo, assim chamado, 'livre-atirador' — uma pessoa que não contribui para a demanda, mas não pode ser excluída de seus benefícios: por exemplo, a suspensão das obras da barragem. Em suma, podemos dizer que, embora as pessoas na coletividade tenham razões bastantes para reivindicar um interesse difuso, as barreiras à sua organização podem, ainda assim, evitar que esse interesse seja unificado e expresso (CAPPELLETTI; GARTH, 2002, p. 6).

No mesmo sentido, Dinamarco, Badaró e Lopes (2021, p. 58, grifo do autor) asseveram que:

> O acesso à justiça é, nesse quadro, a ideia central a que converge toda a oferta constitucional e legal desses princípios e garantias. Assim, (a) oferece-se a mais ampla *admissão de pessoas e causa* ao processo (universalidade da jurisdição), depois (b) garante-se a todas elas (no cível e no criminal) a observância das regras que consubstanciam o *devido processo legal*, para que (c) possam participar intensamente da formação do convencimento do juiz que irá julgar a causa (princípio do *contraditório*), podendo exigir dele (d) a efetividade de uma *participação em diálogo* – tudo isso com vista a preparar uma solução que seja justa e capaz de eliminar todo resíduo de insatisfação. Eis a dinâmica dos princípios e garantias do processo, em sua interação teleológica apontada para a *pacificação com justiça*.

Os custos com a produção de provas em um processo complexo foram enfrentados pela doutrina e se tornaram uma garantia constitucional, ao estabelecer o acesso ao Judiciário por meio de assistência judiciária gratuita àqueles que não podem arcar com seus custos.

O considerado hipossuficiente, enquanto permanecer nessa condição, não arcará com as despesas de um processo e pode se valer do patrocínio de sua causa, por meio do advogado dativo ou da Defensoria Pública. Essa garantia constitucional confere ao titular de um direito coletivo declarado por sentença transitada em julgado o acesso ao Judiciário sem custos, para liquidar e executar um título executivo judicial formado em processo coletivo.

Essas barreiras ao processo coletivo devem ser derrubadas e os ensinamentos de Cappelletti e Garth (2002, p. 12) são paradigmáticos na construção de uma estrada de soluções:

> Podemos afirmar que a primeira solução para o acesso – a primeira 'onda' desse movimento novo – foi a assistência judiciária; a segunda dizia

respeito às reformas tendentes a proporcionar representação jurídica para os interesses 'difusos', especialmente nas áreas da proteção ambiental e do consumidor; e o terceiro – e mais recente – é o que nos propomos a chamar simplesmente 'enfoque de acesso a justiça' porque inclui os posicionamentos anteriores, mas vai muito além deles, representando, dessa forma, uma tentativa de atacar as barreiras ao acesso de modo mais articulado e compreensivo.

Nem sempre o acesso à justiça chegará àquele mais necessitado de sua prestação, ainda mais em processos coletivos, cuja complexidade é maior que a de um processo normal. O Poder Público se vale de outros procedimentos complexos para justificar sua inação, como a necessidade de prévia licitação para contratação de serviços, obras e aquisição de produtos. Muito embora o provimento discrimine as obrigações a serem cumpridas pelo Poder Público, se não houver a cominação de sanção, significará a decisão apenas letras escritas, sem o condão de compelir o agente público a dar concretude à tutela coletiva. Nessa perspectiva, uma ordem judicial poderá surtir efeitos pedagógicos quando acompanhada de multas pessoais incidentes sobre os gestores públicos.

O acesso à justiça visa igualar os sujeitos com a mesma pretensão, tramitando em juízos diferentes, na obtenção da mesma solução (CAPPELLETTI, 2002, p. 6). Para tanto, é necessário que os indivíduos procedam com os atos concertados em cooperação para solucionar, efetivamente, o problema coletivo trazido aos vários juízos com o mesmo tipo de causa de pedir e pedido.[45]

A cooperação judicial e entre as partes se mostra mais evidente quando se trata de danos coletivos causados ao meio ambiente ou ao consumidor, a extensão/repercussão dele pode extrapolar o território de um município, do estado ou do país. No último, a cooperação pode até ser internacional, como no caso do aquecimento global. "As tentativas mais promissoras, que têm sido feitas para tratar o problema, estão na esfera do direito internacional" (VITORELLI, 2022, p. 54).

As novas tecnologias, o globalismo e a transnacionalização proporcionam uma locução entre o Direito nacional e estrangeiro, de modo a possibilitar a reivindicação de obrigações recíprocas firmadas em acordos e tratados internacionais. Seria uma espécie de acesso à

---

[45] Os atos concertados estão previstos no CPC/15, arts. 67 a 69, e foram regulamentados pela Resolução nº 350/2020 do CNJ. Há previsão de cooperação não só entre os órgãos do Judiciário, mas entre eles e outras instituições.

justiça universal, em razão do interesse metaindividual transfronteiriço. Assim, essa cooperação internacional serve como modelo de experiência para a resolução de problemas coletivos, em vista do constante diálogo entre os estados e a transnacionalização do direito.

Logo, a transnacionalização do direito vem significar exatamente essa conexão mais profunda entre os espaços nacionais e o surgimento de algo novo, um espaço intermediário que já não se encaixa mais nas velhas categorias, ao contrário, vem adquirir lógica própria (LIMA; FERREIRA, 2017, p. 131).

Todas as ferramentas processuais disponíveis devem ser utilizadas para facilitar o diálogo em juízo, porque defender a tutela coletiva em juízo não é tarefa fácil, quando considerada a complexidade da apuração dos fatos, por meio de provas técnicas e de interpretação multidisciplinar.[46]

A capacidade institucional do Poder Judiciário é limitada, e suas decisões devem ser construídas com a participação de outras instituições habilitadas a solucionar demandas complexas e multidisciplinares. A melhor interpretação do juízo pode ser extraída do compartilhamento de conhecimento técnico sobre determinada matéria essencial ao deslinde da causa.

> In these and other cases, our goal is not to settle on any particular view about what interpretation should entail, but to suggest that it is impossible to answer that question without looking at institutional capacities of various actors and the dynamic effects of competing approaches. We claim, in short, that a focus on institutional issues radically reframes the analysis of legal interpretation-and that it is long past time for

---

[46] "A reivindicação dos novos direitos muitas vezes exige qualificação técnica em áreas não jurídicas, tais como contabilidade, mercadologia, medicina e urbanismo. Em vista disso, o Ministério Público e suas instituições correspondentes, muitas vezes, não dispõem do treinamento e experiência necessários para que sejam eficientes. Embora haja sinais de que os procuradores gerais nos países de *common law*, ou pelo menos nos Estados Unidos, estejam assumindo papel mais importante na proteção dos interesses difusos, também eles têm sido incapazes de desempenhar a tarefa sozinhos (95); issoporque,maisaindaq ueoMinistérioPúblicodospaísesdesistemacontinental,*oattorneygeneral*(procurador-geral) é um funcionário político. Essa condição, se, de um lado, pode inspirá-lo, pode, também, inibi-lo de adotar a posição independente de um 'advogado do povo' contra componentes poderosos do *establishment* ou contra o próprio Estado" (CAPPELLETTI; GARTH, 2002, p. 12).

those interested in interpretation to see what might be done with that reframing (SUNSTEIN; VERMEULE, 2002, p. 5).[47]

Esse método hermenêutico de entender a complexidade do tema debatido em juízo faz parte da função jurisdicional do Estado e produz decisão em menor tempo e com maior qualidade.[48]

O acesso às instituições e suas capacidades para interpretar as normas, segundo a demanda coletiva, é essencial para dar credibilidade à resolução da lide. Sabe-se que litigar contra o Poder Público não é fácil, quando o próprio ente público, por meio de seus órgãos, é encarregado de defender os interesses e direitos coletivos, julgar o litígio coletivo e contestar a pretensão inicial.

O devido processo legal coletivo não se restringe aos indivíduos que se encontram formalmente no processo, há de se entender como parte todos aqueles indivíduos fora do processo, cuja repercussão da coisa julgada atinja frontalmente, legitimados materiais (art. 18 do CPC/15).

A proteção contra abusos e ilegalidades na condução de um processo coletivo é extraída, basicamente, da LACP e do CDC, não estando a legislação consolidada em apenas um texto, sendo necessário extrair partes do procedimento de cada lei que compõe o compêndio legislativo ou o microssistema – os direitos difusos, coletivos e individuais homogêneos foram conceituados pelo CDC em seu art. 81.

O precedente judicial é outra fonte do direito à tutela coletiva, ao atuar na racionalização das demandas de massa (causas repetitivas), com a fixação de tese jurídica aplicável a múltiplos processos, proporcionando integridade, coerência e segurança aos julgados (arts. 926 e 927 do CPC/15).

A igualdade no acesso à justiça requer que, nas demandas de massa, haja uma molecularização do processo individual de repercussão coletiva, na forma do CPC/15: recursos repetitivos, repercussão geral,

---

[47] Tradução livre: "Nesses e em outros casos, nosso objetivo não é estabelecer uma visão particular sobre o que a interpretação deve implicar, mas sugerir que é impossível responder a essa pergunta sem olhar para as capacidades institucionais de vários atores e os efeitos dinâmicos de abordagens concorrentes. Afirmamos, em suma, que um foco em questões institucionais reformula radicalmente a análise da interpretação jurídica – e que já passou da hora de os interessados em interpretação verem o que pode ser feito com essa reformulação".

[48] "Com outras palavras, o emprego de argumentos de capacidades institucionais *pressupõe* obediência ao direito positivo, o que o torna especialmente útil apenas quando esse direito positivo não é suficiente para determinar uma única alternativa correta quanto à adoção de uma teoria interpretativa ou forma de alocação de poder decisório entre instituições" (ARGUELHES; LEAL, 2011, p. 25).

IRDR e outros necessários à equalização da prestação jurisdicional coletiva sobre direitos individuais transcendentes ao sujeito do processo.[49] Os mecanismos de molecularização das demandas de massa são organizados pelo juiz, mas isso não significa que os titulares do direito coletivo devam aceitar a escolha judicial. O protagonismo judicial garante a participação destes na construção da tese jurídica a ser firmada no recurso repetitivo e no IRDR. Dessa forma, aquele que se sentir prejudicado, diante da peculiaridade de um recurso não selecionado pelo magistrado, deve se pronunciar.

Se o tribunal seleciona dois recursos para servirem como piloto no julgamento de causas repetitivas, e a parte interessada é vulnerável, como no caso de uma mulher, idosa, hipossuficiente e que busca o pagamento de uma gratificação instituída e não paga pelo Poder Público, sendo o advogado *pro bono*, tendo aceitado a causa para ajudar sua cliente, certamente, em sendo escolhido o processo dela, deve o advogado, caso não experiente no manejo desse tipo de procedimento, informar ao Poder Judiciário sua incapacidade de atuar no feito.

A representação adequada exsurge nas causas repetitivas em razão da formação de precedente vinculante e da fixação de tese de aplicação obrigatória. A escolha e manutenção da parte não capacitada para atuar em demandas repetitivas ou negar o pedido de manifestação daquele melhor capacitado a exercer o direito de defesa é violar o acesso à justiça. O juízo deve ser sensível à intervenção do titular do direito coletivo e ouvir as partes, seja nas demandas de massa, seja no processo coletivo comum, quando o próprio autor da demanda chama ao processo um sujeito capacitado a se manifestar e contribuir para a construção da decisão.[50]

É um dever de lealdade daquele que se encontra na função de debater o tema informar sobre sua capacidade técnica e seu compromisso para bem defender o direito de interesse coletivo, na ação coletiva ou nas demandas repetitivas. Caso o processo se mostre favorável à composição entre as partes e o interesse coletivo seja confluente, é pertinente

---

[49] "A eventual falta ou deficiência dos instrumentos processuais adequados para os chamados danos de 'bagatela', que, considerados globalmente, possuem geralmente enorme relevância social e econômica, estimula a repetição e perpetuação de práticas ilegais e lesivas" (MENDES, 2010, p. 28).
[50] O substituto processo responsável pela "[...] iniciativa quanto à propositura da ação, bem como da eventual necessidade de comunicação aos lesados, informando sobre o litígio, proposta de acordo etc., ficará sob a responsabilidade do demandante coletivo, também chamado de autor ideológico ou parte representativa" (MENDES, 2010, p. 31).

a tentativa de solução por meios alternativos. O inciso XXXV do art. 5º da CF/88 esclarece que "[...] deve ser interpretado como garantia de *acesso à justiça* por qualquer meio adequado de solução de conflitos, como a mediação e a conciliação" (DINAMARCO; BADARÓ; LOPES, 2021, p. 61, grifo do autor). Uma audiência pública, por exemplo, seria o meio de participação de todos os interessados na resolução do processo coletivo.

A condução de uma audiência de conciliação ou pública pode ser realizada por juízos especializados para uma adequação do juízo ao objeto do litígio coletivo. Nesse sentido, o objeto pode ser a defesa do meio ambiente, do consumidor, trabalhista, patrimônio público e outros definidos em lei. Se a conformação da representação promove o efetivo acesso ao processo coletivo, a adequação da justiça ao objeto do litígio é garantia de melhor prestação jurisdicional. Essa prática conduz à celeridade do trâmite do processo, bem como à economia nos gastos com o funcionamento do Poder Judiciário, "[...] o que reforça, ainda mais, a importância e o papel central de um eficiente sistema processual civil coletivo, como solução para a sobrecarga do Poder Judiciário e melhoria dos serviços judiciais" (MENDES, 2010, p. 34).

A criação de procedimentos com a participação de instituições especializadas (órgãos judiciais, funções essenciais à justiça e auxiliares da justiça) trará maior celeridade, qualidade e confiança na efetiva prestação jurisdicional. Portanto, reformas são necessárias ao atual cenário normativo da defesa da tutela coletiva.

A especialização da justiça em matéria coletiva, assim como outras demandas alheias à sua intervenção, contribuiria muito com a boa prestação jurisdicional e concretização da justiça. Juízes técnicos e especializados promovem, em regra, uma maior qualidade no teor das decisões (interlocutórias, sentenças ou acórdãos) e rapidez no desenrolar do curso processual, em vista da facilidade em decifrar a pretensão inicial e resistida.

Não é que a vara especializada possui juízes melhores do que os de varas cíveis ou criminais, ou ainda de comarca de vara única. Simplesmente o magistrado especializado em determinada matéria, por ter de lidar corriqueiramente com ela, terá um nível de conhecimento e experiência, no assunto específico, superior ao generalista. Assim, a especialização da justiça de tutela coletiva garante a efetividade e a simplificação[51] do direito à jurisdição. Essa proposta não é um consenso, e as críticas são dignas de nota:

> Também é necessário aos reformadores reconhecer que, a despeito do apelo óbvio da 'especialização' e da criação de novas instituições, os sistemas jurídicos não podem introduzir órgãos e procedimentos especiais para todos os tipos de demandas. A primeira dificuldade séria é que as fronteiras de competência podem tornar-se confusas. [...]. Um juiz especializado pode também tornar-se muito isolado, desenvolvendo perspectiva demasiado estreita. Como observa o relatório germânico, o juiz pode 'perder de vista os aspectos e problemas que estejam fora de seu campo de atuação no Direito'. Além disso, existe sempre o perigo de que a 'improvisação' com o procedimento terá efeitos sérios e indesejados. Como notamos, as reformas destinadas a eliminar uma ou outra barreira ao acesso, podem, ao mesmo tempo, fazer surgir outras. [...]. O maior perigo que levamos em consideração ao longo dessa discussão é o risco de que procedimentos modernos e eficientes abandonem as garantias fundamentais do processo civil– essencialmente as de um julgador imparcial e do contraditório. Embora esse perigo seja reduzido pelo fato de que a submissão a determinado mecanismo de solução dos litígios é facultativa tanto antes quanto depois do surgimento do conflito, e que os valores envolvidos são de certa forma flexíveis, é necessário reconhecer os problemas potenciais. Por mais importante que possa ser a inovação, não podemos esquecer o fato deque, apesar de tudo, procedimentos altamente técnicos foram moldados através de muitos séculos de esforços para prevenir arbitrariedade se injustiças. E, embora o procedimento formal não seja, infelizmente, o mais adequado para assegurar os 'novos' direitos, especialmente (mas não apenas) ao nível individual, ele atende a algumas importantes funções que não podem ser ignoradas (CAPPELLETTI; GARTH, 2002, p. 58-59).

Inovações no campo processual são bem-vindas, assim como as novas maneiras de pensar e fazer o Direito ser entregue a quem detém essa titularidade, por meio de um processo adequado, necessário e útil à tutela específica pretendida. É o caso do processo estrutural, que vem

---

[51] "Nosso Direito é frequentemente complicado e, se não em todas, pelo menos na maior parte das áreas, ainda permanecerá assim. Precisamos reconhecer, porém, que ainda subsistem amplos setores nos quais a simplificação é tanto desejável quanto possível. Se a lei é mais compreensível, ela se torna mais acessível às pessoas comuns. No contexto do movimento de acesso à justiça, a simplificação também diz respeito à tentativa de tornar mais fácil que as pessoas satisfaçam as exigências para a utilização de determinado remédio jurídico" (CAPPELLETTI; GARTH, 2002, p. 56).

se difundindo através de ações, visando a resolução de demandas por meios alternativos não previstos nos procedimentos existentes, mas sem se afastar da garantia constitucional ao devido processo legal coletivo.

1.5 Interesse metaindividual: direitos difusos, coletivos e individuais homogêneos

Entender os interesses social (público primário ou secundário), metaindividual, transindividual é essencial para se ter a compreensão do que venha a ser o interesse e os direitos difuso, coletivo e individual homogêneo. Antes de analisar os conceitos dos direitos e interesses metaindividuais, é preciso compreender o que vem a ser direito e interesse.

Para Aloísio Mendes (2010, p. 207) "[...] o interesse público distingue-se do interesse privado. Costuma-se falar, assim, dos chamados interesses sociais, que estariam numa posição intermediária entre o público e o privado". Esse jurista comunga do entendimento de Kazuo Watanabe de que os "[...] termos 'interesses' e 'direitos' foram utilizados como sinônimos" (MENDES, 2010, p. 210).

Para Teori Zavascki (2005, p. 39), o "[...] interesse social tem âmbito de abrangência necessariamente maior que o interesse que se limita à esfera individual", que também não se confunde com interesse público, nem com o interesse do ente público.

A classificação doutrinária dos interesses público primário e secundário entende que o primeiro é o interesse social da coletividade. Já o segundo é o interesse da esfera interna do ente público. Com isso, deixa claro que o interesse social não se confunde com o do ente público, mas pode a tutela do interesse social significar a tutela do interesse do ente público. Arremata, ainda, concluindo que:

> [...] tratando-se de *interesses tutelados juridicamente*, aptos inclusive a serem defendidos em juízo, eles, na verdade, se revestem da condição de genuínos *direitos*. E por se tratar de direitos que pertencem não exclusivamente a um patrimônio jurídico determinado, mas ao da sociedade como um todo, é apropriado incluí-los na categoria de direitos transindividuais (coletivos *lato sensu*) (ZAVASCKI, 2005, p. 41, grifo do autor).

A distinção entre interesse legítimo e direito subjetivo, cunhada pela doutrina italiana, é de serventia histórica para se entender o significado dos dois no ordenamento brasileiro. É que, na Itália, jurisdição dúplice, o direito subjetivo é julgado pela justiça civil (relação jurídica entre particulares) e os interesses legítimos são levados à justiça administrativa (relação entre particulares e a Administração Pública ou de interesse social relevante).

No Brasil, "[...] os conceitos de interesse legítimo e direito subjetivo se reduzem à categoria por nós conhecida como direitos subjetivos (que aqui podem ser público ou privados, individuais ou coletivos)" (DIDIER JÚNIOR; ZANETI JÚNIOR, 2022, p. 107-108). Por fim, o direito subjetivo e o interesse legítimo são direitos, os direitos subjetivos coletivos, como denominam Didier Júnior e Zaneti Júnior (2022).

A legislação consumerista[52] trouxe o conceito básico sobre esses interesses, de modo a viabilizar o bom uso na descrição de uma pretensão de tutela coletiva. Essa definição legal, trazida pelo CDC, não se aplica apenas às relações de consumo, mas a qualquer outra relação jurídica de interesse metaindividual, por se tratar de norma aplicável a toda a legislação integrante do microssistema do processo coletivo.

A defesa dos interesses e direitos de caracterização metaindividual poderá ser exercida individualmente ou a título coletivo. Individualmente, cada interessado poderá propor sua demanda perante o juízo competente, para defender direito seu, em nome próprio, sem que isso implique a litispendência, obstaculização, da propositura de uma demanda coletiva, quando esse mesmo direito se caracterizar como difuso, coletivo ou individual homogêneo.

As peculiaridades da divisão dos interesses coletivos passam pelo direito positivo nacional, permitindo a defesa da tutela coletiva de direitos individuais, em dimensão coletiva, por homogeneidade padronizada das relações jurídicas causadoras de lesões sobre um conjunto determinado ou não de sujeitos.

A coletivização da pretensão é capaz de ampliar o acesso à justiça, de modo a alcançar os mais variados tipos de indivíduos. Nesse

---

[52] O CDC prescreve que: "Art. 81. A defesa dos interesses e direitos dos consumidores e das vítimas poderá ser exercida em juízo individualmente, ou a título coletivo. Parágrafo único. A defesa coletiva será exercida quando se tratar de: I - interesses ou direitos difusos, assim entendidos, para efeitos deste Código, os transindividuais, de natureza indivisível, de que sejam titulares pessoas indeterminadas e ligadas por circunstâncias de fato; II - interesses ou direitos coletivos, assim entendidos, para efeitos deste Código, os transindividuais de natureza indivisível de que seja titular grupo, categoria ou classe de pessoas ligadas entre si ou com a parte contrária por uma relação jurídica-base; III - interesses ou direitos individuais homogêneos, assim entendidos os decorrentes de origem comum" (BRASIL, 1990).

sentido, o processo coletivo visa a proteção da coletividade, cujos direitos individuais se interseccionam, possibilitando uma só defesa em juízo. É importante a previsão do que venham a ser interesses difusos, coletivos e individuais homogêneos, para permitir ao sujeito pretender, em juízo, direito alheio em nome próprio.

O CDC se utiliza de três critérios básicos para definir e distinguir os direitos difusos, coletivos e individuais homogêneos: subjetivo (titularidade do direito material), objetivo (divisibilidade do direito material) e de origem (origem do direito material) (GIDI, 1995, p. 23). Os direitos difusos e coletivos são transindividuais, de natureza indivisível. O critério objetivo de indivisibilidade do direito material torna esses direitos puramente coletivos. Quanto ao critério subjetivo, o primeiro tem como titulares pessoas indeterminadas e ligadas por circunstâncias de fato. Já no segundo, o titular é grupo, categoria ou classe de pessoas ligadas entre si ou com a parte contrária por uma relação jurídica-base. Esse critério subjetivo diz respeito à titularidade do direito material e caracteriza os direitos difuso e coletivo como, essencialmente, coletivos em sua origem, sem necessariamente haver uma molecularização de demandas para sua formação.

A determinabilidade diferencia os direitos difusos dos coletivos, sendo importante, para fins de delimitação da pretensão, a apuração da extensão da lesão e dos titulares do direito, bem como com a finalidade de liquidação no momento de se utilizar da decisão definitiva proferida pelo juízo coletivo. O processo de liquidação é tratado como uma pretensão originária do titular do direito defendido no processo coletivo, com cognição mais aprofundada que o normalmente previsto em outros processos, por não ter o sujeito participado, diretamente, do processo de origem.

Na tutela coletiva, os interesses ou direitos individuais homogêneos têm sua dimensão coletiva estabelecida em razão da origem comum, não sendo essencialmente coletivos, mas a coletivização do processo seria um acidente.[53] O legitimado a suscitar a molecularização da demanda de massa atomizada provocará o juízo quando entender ser mais seguro, econômico, efetivo e célere reunir os processos, possibilitando que uma decisão padrão venha a resolver o processo piloto e os demais a ele relacionados.

---

[53] "Já os direitos individuais homogêneos são, simplesmente, direitos subjetivos individuais. A qualificação de *homogêneos* não altera e nem pode desvirtuar essa sua natureza" (ZAVASCKI, 2005, p. 27).

CAPÍTULO 2

MICROSSISTEMA DA TUTELA COLETIVA

Não há uma codificação que verse sobre o processo coletivo, mas um microssistema da tutela coletiva, com normas voltadas a disciplinar os direitos material e processual. As normas sobre processo coletivo, no Direito brasileiro, foram inspiradas no Direito europeu e norte-americano. Para Zaneti Júnior (2014), os modelos de processo coletivo podem ser divididos em três: o alemão, o norte americano e o brasileiro. Esses modelos, em especial o das *class action*, do Direito norte-americano, influenciaram o Código Modelo de Processos Coletivos para Ibero-América, que, por sua vez, influencia os Códigos de Processo Coletivo na América Latina.

No Brasil, o legislador vem tentando aprovar uma codificação de processo coletivo, como o PL nº 1.641/2021, de autoria do Deputado Paulo Teixeira, que se encontra apensado como substitutivo ao PL nº 4.441/2020 e ao PL do CNJ. Ao contrário desse movimento, na maioria dos países, a disciplina do processo coletivo "[...] situa-se no corpo do próprio Código de Processo Civil ou estatuto equivalente, no âmbito federal ou estadual, como nos Estados Unidos, na Inglaterra, no Canadá, na Austrália, em Israel, na China, na Espanha e em Portugal" (MENDES, 2010, p. 183-184).

Os projetos de lei vêm tratando de normatizar a doutrina e jurisprudência mais moderna sobre o tema, de modo a editar uma norma atual e capaz de dar a resposta eficaz. O que não se viu nos projetos foi a previsão do uso de novas tecnologias a favor do processo coletivo, como ferramenta de elaboração do procedimento judicial, aplicando a inteligência artificial, a *blockchain*, os *samart contracts*, a *machine learning* e os robôs. O legislador que pretender acrescentar novas leis ao microssistema do processo coletivo ou instituir uma codificação específica sobre este, não pode deixar de prever dispositivos adequados ao uso dessas novas tecnologias, adequando à sistemática do processo tecnológico. Enquanto os projetos de lei não são apreciados e votados, o que se tem é a pulverização da legislação sobre a tutela coletiva, retalhando as regras acerca do procedimento judicial coletivo. A utilização de regras do CDC, numa ação civil pública de defesa do meio ambiente, pode ser estranha, mas, na ausência do procedimento próprio, esse tipo de adaptação procedimental se torna razoável e compatível com o texto constitucional.[54] É, portanto, um diálogo saudável entre as fontes do Direito Processual coletivo para promover a maior amplitude da defesa do interesse metaindividual em juízo.

A LAP é considerada, por muitos, como o marco inicial de procedimento para a defesa da tutela coletiva.[55] A legitimidade extraordinária e a formação de coisa julgada *erga omnes* foram prestigiadas pela lei supramencionada, ao contrário das regras contidas no CPC/73. O liberalismo vigente na época da edição do CPC/73 influenciou na ausência de previsão procedimental da defesa do interesse metaindividual (ARGENTA; ROSADO, 2017, p. 241). A tônica era o interesse individual, sob a perspectiva do patrimonialismo e patriarcado, quando o litisconsórcio era a maior expressão de uma tutela coletiva disposta no código de ritos.

Não havia, nesse sentido, previsão de legitimidade extraordinária. A tutela perseguida no procedimento era a individual, em nome próprio, defendendo interesse próprio. Apenas a representação processual estava disciplinada, visando determinar quem possuía capacidade processual e postulatória. Por outro lado, se não participasse do processo, o indivíduo titular do direito coletivo não integrante da fase de cognição não poderia aproveitar a coisa julgada a seu favor para fins de liquidação e cumprimento de sentença.

---

[54] "[...] 1. "O Direito deve ser compreendido, em metáfora às ciências da natureza, como um sistema de vasos comunicantes, ou de diálogo das fontes (Erik Jayme), que permita a sua interpretação de forma holística. Deve-se buscar, sempre, evitar antinomias, ofensivas que são aos princípios da isonomia e da segurança jurídica, bem como ao próprio ideal humano de Justiça [...]" (AgRg-REsp nº 1483780/PE) (BRASIL, 2015).

[55] "Uma guinada inicial em desvio a esse modelo tradicional liberal pode ser identificada com a edição da Lei de Ação Popular (Lei nº 4.717/65), a qual, na linha histórica do direito processual coletivo no cenário nacional, avulta como marco legislativo inaugural da tutela processual coletiva, ao sistematizar e instrumentalizar a tutela coletiva do patrimônio público" (ARGENTA; ROSADO, 2017, p. 240).

O pensamento histórico enraizado na doutrina processualista brasileira mereceu revisão para se abrir aos novos conceitos de legitimidade e de representação(ARGENTA; ROSADO, 2017, p. 243), possibilitando também o estudo da formação do julgamento em tutela coletiva, de modo a se adequar à pretensão mais próxima da satisfação do interesse metaindividual.

A maior reflexão sobre a tutela coletiva passou a se apresentar com a Lei da Política Nacional do Meio Ambiente (Lei nº 6.938/81), onde a substituição processual, por meio da legitimidade extraordinária do Ministério Público, passou a ser mais evidente. Com essa previsão, o processo passou a ter importância transindividual, bastando apenas a propositura de uma ação coletiva de reparação de dano ambiental para que o indivíduo lesado fosse albergado pela coisa julgada.

Desnecessária se mostra a propositura de ações individuais para declarar o direito. O título judicial coletivo é exigível, competindo ao titular do direito coletivo provar, em liquidação de sentença, sua legitimidade para iniciar o cumprimento de sentença e exigir o cumprimento das obrigações que lhe favorecem. O título é exigível diante da sentença coletiva transitada em julgado, mas cabe ao indivíduo demonstrar a certeza e liquidez. Após a liquidação, a fase de cumprimento de sentença se inicia e a pretensão coletiva ganha destinatário.

Posteriormente, o estudo ganha força com a publicação da LACP e do CDC. Assim, o conjunto de normas, até então vigentes, fez surgir o microssistema do processo coletivo.[56] As normatizações do direito material coletivo e transindividual passaram a ser "[...] caracterizadas por se situarem em domínio jurídico, não de uma pessoa ou de pessoas determinadas, mas sim de uma coletividade" (ZAVASCKI, 2005, p. 23).

Essa normatização passou a ter previsão expressa no Texto Constitucional de 1988. Sob a nova perspectiva pós-constitucional, não se apresenta o processo apenas a respeito do seu ser (segundo as regras do Código de Processo e legislação processual), mas também ao seu dever ser – a legislação positiva processual deve se conformar às normas constitucionais para validar o exercício da atividade jurisdicional.

---

[56] "[...] os arts. 21 da Lei da Ação Civil Pública e 90 do CDC, como normas de envio, possibilitaram o surgimento do denominado Microssistema ou Minissistema de proteção dos interesses ou direitos coletivos amplo senso, no qual se comunicam outras normas, como o Estatuto do Idoso e o da Criança e do Adolescente, a Lei da Ação Popular, a Lei de Improbidade Administrativa e outras que visam tutelar direitos dessa natureza, de forma que os instrumentos e institutos podem ser utilizados com o escopo de 'propiciar sua adequada e efetiva tutela' (art. 83 do CDC)" (REsp nº 695.396) (BRASIL, 2011, p. 333).

Passou-se, então, a analisar o tema com base na "jurisdicionalidade constitucional do processo", defendendo-se o "poder constitucional do processo civil". Isso, a partir das características gerais do processo estudados na Itália:

a) Expansividade: consistente na sua idoneidade de condicionar a fisionomia de qualquer procedimento jurisdicional introduzido pelo Legislador ordinário, exigindo que ele seja compatível com o modelo constitucional.
b) Variabilidade: indicando a sua capacidade de assumir formas diversas permitindo adequamento ao modelo constitucional das figuras processuais concretamente existentes, variando de modalidade em vista a busca de seus objetivos particulares.
c) Aperfeiçoabilidade: designo a sua idoneidade de ser aperfeiçoado pela legislação infraconstitucional, a qual pode construir procedimentos jurisdicionais caracterizados por garantias e institutos desconhecidos ao modelo constitucional, como forma de torná-lo ainda mais efetivo (ANDOLINA; VIGNERA, 1997, p. 9-10).

Com o constitucionalismo processual de 1948 na Itália, o processo passou a ser uma entidade de "modelo único" e de "tipologia plúrima": "[...] existe apenas um paradigma constitucional de processo, existe ao mesmo tempo uma pluralidade de procedimentos jurisdicionais no Ordenamento" (ANDOLINA; VIGNERA, 1997, p. 11).[57]

Já no Brasil, a defesa da supremacia das normas constitucionais incide sobre todo o ordenamento infraconstitucional, incluindo o Direito Processual. As garantias constitucionais não se restringem ao devido processo legal, dele decorrem outras premissas bem delineadas por Baracho (2008, p. 11):

a) a Constituição pressupõe existência de um processo, como garantia da pessoa humana;
b) a lei, no desenvolvimento normativo hierárquico desses preceitos, deve instruir esse processo;

---

[57] No original: "[...] se esiste um solo paradigma constitucionale di processo, esiste (*recte*: puòesistere) altresí nell´ordinamento uma pluralità di procedimenti giurisdizionali".

c) a lei não pode conceber formas que tornem ilusórias a concepção de processo, consagrada na Constituição;
d) a lei instituidora de uma forma de processo não pode privar o indivíduo de razoável oportunidade de fazer valer seu direito, sob pena de ser acoimada de inconstitucional;
e) nessas condições, devem estar em jogo os meios de impugnação que a ordem jurídica local institui, para fazer efetivo o controle de constitucionalidade das leis.

O processo constitucional garante às partes a igualdade de agir em todas as fases processuais, com produção de provas, manifestações e outros meios previstos no procedimento legal. O processo coletivo deve conter, em seu microssistema, coerência em garantir um juiz imparcial e independente, o direito de defesa para análise da situação jurídica das partes pelo juiz e as formalidades essenciais do procedimento (BARACHO, 2008).

O juiz natural, a imparcialidade e o exercício independente de sua função jurisdicional são concepções constitucionais de observância obrigatória pelo processo coletivo, como meio de isenção perante a tutela coletiva proposta em face do Poder Público. "A neutralidade ideológica consolida-se no dever do juiz à tutela de todos os cidadãos (*doreve del giudice*), não se tratando apenas de uma garantia do órgão jurisdicional" (BARACHO, 2008, p. 16). Dessa forma, para que o juiz seja imparcial, é necessário tratar igualmente os sujeitos do processo, tanto as partes legitimamente apresentadas no processo quanto os indivíduos beneficiários do provimento final.

O direito ao processo coletivo é efetivo quando se entrega uma decisão de mérito possível de satisfação pelo réu. Assim, o microssistema da tutela coletiva deve promover a construção dessa decisão de mérito dialogada entre os sujeitos, para chegar o mais próximo possível da pretensão idealizada no início da lide. Para isso, o tratamento paritário entre as partes é imprescindível, além da simetria de oportunidade e a paridade de armas nas participações, sendo um prestígio ao princípio constitucional do contraditório mútuo.

O resultado do provimento judicial deve ser público, de forma a garantir que todos os indivíduos beneficiados pela sentença coletiva possam ter acesso ao título executivo judicial, assegurando a faculdade de promover a fase de liquidação e o cumprimento de sentença.

No microssistema do processo coletivo, a CF/88 é a norma matriz, submetendo o processo ao seu modelo. Seis elementos compõem o processo constitucional brasileiro: contraditório, ampla defesa, imparcialidade, publicidade, fundamentação das decisões e duração razoável.[58] Eles estão dispostos no Texto Constitucional e devem ser observados pelo legislador ordinário, respeitando a competência legislativa constitucional.

A compreensão da competência legislativa em razão da pessoa (iniciativa) ou do ente (União, Estados, Distrito Federal e Municípios) é importante para evitar abusos do Estado sobre o cidadão ao arrepio do modelo de processo constitucional democrático. Tem-se como exemplo a previsão constitucional do tipo de lei regulamentadora do procedimento de desapropriação: "Art. 184. [...] §3º. Cabe à lei complementar estabelecer procedimento contraditório especial, de rito sumário, para o processo judicial de desapropriação" (BRASIL, 1988).

Desde sua origem, o Direito Processual Constitucional é democrático. Ademais, o Direito Processual não é matéria passível de alterações por meio de medida provisória (art. 62, §1º, I, "b"). A previsão constitucional demonstra a preocupação do constituinte com as garantias fundamentais do cidadão e com o não retrocesso social de deixar nas mãos de uma pessoa o poder de legislar sobre processo, ainda que temporariamente.

O modelo constitucional de processo influenciou na elaboração do CPC/15 – é o que se depreende na leitura do art. 1º: "O processo civil será ordenado, disciplinado e interpretado conforme os valores e as normas fundamentais estabelecidos na Constituição da República Federativa do Brasil, observando-se as disposições deste Código" (BRASIL, 2015).

O CPC/15 trouxe regra expressa acerca da aplicação subsidiária do procedimento comum aos demais casos especiais e ao processo de execução (art. 318, parágrafo único). Dentre a legislação especial, encontram-se as regulamentadoras do procedimento da tutela coletiva,

---

[58] "Exatamente para buscar uma compatibilidade entre o processo e o Estado Democrático de Direito é que se promoverá uma substituição da matriz teórica da Escola Instrumentalista (fundada na ideia de processo como relação jurídica), passando-se a adotar como marco teórico o modelo constitucional de processo de Ítalo Andolina e Giuseppe Vignera (1997); segundo tal marco, os direitos fundamentais processuais (contraditório; ampla defesa/ argumentação; imparcialidade; fundamentação das decisões; e duração razoável) formam uma base principiológica harmônica e uníssona que vincula o legislador em sua tarefa de configurar os procedimentos" (MARDEN, 2015, e-book).

reforçando o entendimento de microssistema e da incidência do diálogo das fontes, quando o objeto da lide for a defesa dos direitos coletivos. "Não está de costas para o microssistema da tutela coletiva: o CPC o abraça e o envolve, sendo a ponte entre o processo coletivo e a Constituição" (DIDIER JÚNIOR; ZANETI JÚNIOR, 2022, p. 87). Essa legislação especial dialógica é formada por um compêndio de normas insertas na LAP; LACP; Defesa das pessoas portadoras de deficiência (Lei nº 7.853/89); Defesa dos investidores no mercado de valores mobiliários (Lei nº 7.913/89); Defesa da criança e do adolescente (Lei nº 8.069/90); Improbidade Administrativa; Defesa da ordem econômica e livre concorrência (Lei nº 8.884/94); Defesa da ordem urbanística (Lei nº 10.257/01); Defesa do idoso (Lei nº 10.741/03); Estatuto de Defesa do Torcedor (Lei nº 10.671/03); Estatuto do jovem (Lei nº 12.852/13); Métodos extrajudiciais de resolução de conflitos; negócios processuais; cooperação judicial, entre outros.[59]

Aquele que pretende defender uma tutela coletiva em juízo o faz por meio da utilização do microssistema, sem haver exclusividade de um ou de outro procedimento,[60] salvo quando houver conflito aparente de normas e os seus critérios de resolução de antinomias determinarem qual regra é a aplicável ao caso concreto.[61] Nesse sentido, a flexibilização do procedimento possui limites, e são eles que diferenciam o

---

[59] "Esse microssistema é composto pelo CDC, a Lei de Ação Civil Pública, a Lei de Ação Popular, no seu núcleo, e a Lei do Mandado de Segurança e outras leis avulsas, na sua periferia. A única leitura possível deste microssistema atualmente será aquela que o articula, em um diálogo de fontes, com a Constituição e o CPC" (DIDIER JÚNIOR; ZANETI JÚNIOR, 2022, p. 91).

[60] "Nessa ordem de ideias, é possível identificar o microssistema do processo coletivo, em paralelo à codificação processual, composto por um conjunto de leis especiais que tratam, com regras e princípios próprios, da tutela processual coletiva" (ARGENDA; ROSADO, 2017, p. 251).

[61] "[...] II- Este Tribunal Superior consolidou a orientação segundo a qual a isenção prevista no art. 18 da Lei nº 7.347/85, em relação aos honorários periciais, não pode obrigar o perito a exercer seu ofício gratuitamente, devendo ser aplicada, por analogia, a Súmula nº 232 desta Corte, de modo a determinar que a pessoa política, à qual o Ministério Público esteja vinculado, arque com o adiantamento das despesas periciais. Precedentes. III- Por tratar-se de Ação Civil Pública, não se aplica a disposição do art. 91 do Código de Processo Civil de 2015, norma geral, diante do critério da especialidade constante do microssistema processual coletivo. IV- Não apresentação de argumentos suficientes para desconstituir a decisão recorrida. V- Em regra, descabe a imposição da multa, prevista no art. 1.021, §4º, do Código de Processo Civil de 2015, em razão do mero improvimento do Agravo Interno em votação unânime, sendo necessária a configuração da manifesta inadmissibilidade ou improcedência do recurso a autorizar sua aplicação, o que não ocorreu no caso. VI- Agravo Interno improvido" (AGInt-MS nº 64654/PR) (BRASIL, 2021).

protagonismo do ativismo judicial – caso sejam ultrapassados os limites, estar-se-á diante deste último.

Os limites normativos devem ser compreendidos segundo o Texto Constitucional, não podendo impedir a defesa de interesse individual homogêneo por meio de ACP, somente por haver no texto da LACP a defesa de interesse coletivo ou difuso. Não há qualquer obstáculo diante da intersecção entre os procedimentos do processo coletivo para viabilizar a entrega da tutela coletiva, sendo o entendimento contrário violador do processo constitucional coletivo.[62]

Na ACP proposta em razão de prática de ato de improbidade administrativa, as regras integrativas ao procedimento, previsto na Lei de Improbidade Administrativa, são as previstas na Lei da Ação Civil Pública,[63] demonstrando a inexistência de interpretação isolada das normas, para alcançar a satisfação de um interesse difuso, coletivo ou individual homogêneo. A pretensão de tutelar a moralidade pública é do interesse de todos, por isso, ao cidadão, também é garantida constitucionalmente a legitimidade para propor ação popular nesse sentido.[64]

O microssistema do processo coletivo não se restringe ao processo civil. É possível, por meio da ação constitucional do *habeas corpus*, defender a tutela coletiva dos presos, como no caso do período da pandemia

---

[62] É o caso da propaganda enganosa, ou vício no dever de informação do fornecedor de produto ou serviço. Nesses casos, a tutela de interesses coletivos pode recair sobre o difuso, o coletivo ou o individual homogêneo, sendo permitido ao juízo se utilizar de procedimento híbrido para garantir a tutela coletiva: "[...] 12- Assim, o acórdão recorrido está alinhado à jurisprudência do STJ no sentido do cabimento de indenização por dano moral coletivo em Ação Civil Pública, sobretudo quando há clara violação do direito de informação previsto no CDC, diante de oferta e anúncios publicitários, não se exigindo, para tanto, dolo ou culpa na conduta, consoante a índole do microssistema. Precedentes: AgInt no AREsp 1.074.382/RJ, Rel. Ministro Luis Felipe Salomão, Rel. p/ Acórdão Ministra Maria Isabel Gallotti, Quarta Turma, DJe de 24.10.2018; REsp 1.487.046/MT, Rel. Ministro Luis Felipe Salomão, Quarta Turma, DJe 16.5.2017; AgRg no AgRg no REsp 1.261.824/SP, Rel. Ministro Herman Benjamin, Segunda Turma, DJe de 9.5.2013. 13- Recursos Especiais não providos" (REsp nº 1.828.620/RO) (BRASIL, 2020).

[63] "[...] F) Assim, a norma autorizada a suprir a lacuna deixada pela Lei 8.429/1992 é o art. 18 da Lei de Ação Civil Pública, e não o art. 85 do novo Código de Processo Civil" (AC nº 00142782320134058100) (BRASIL, 2021).

[64] "[...] 7. 'O influxo do princípio da moralidade administrativa, consagrado no art. 37 da Constituição Federal, traduz-se como fundamento autônomo para o exercício da Ação Popular, não obstante estar implícito no art. 5º, LXXIII, da Lex Magna. Aliás, o atual microssistema de tutela dos interesses difusos, hoje compostos pela Lei da Ação Civil Pública, a Lei da Ação Popular, o Mandado de Segurança Coletivo, o Código de Defesa do Consumidor e o Estatuto da Criança e do Adolescente, revela normas que se interpenetram, nada justificando que a moralidade administrativa não possa ser veiculada por meio de Ação Popular' (REsp 474.475/SP, Rel. Min. Luiz Fux, 1ª T., DJ 25.02.2004, p. 102) [...]" (REsp nº 1084525/SP) (BRASIL, 2019).

da covid-19, em que aqueles em regime fechado puderam cumprir pena em regime domiciliar, em razão de doença grave ou maternidade.[65] Importante para a identificação do processo coletivo puro ou da possibilidade de coletivização do processo é a pretensão. Formulado o pedido pelo autor, o Poder Judiciário sai da sua inércia para desenvolver o procedimento, segundo as regras preestabelecidas e o exercício do contraditório mútuo entre as partes. A atividade jurisdicional promove a modernização legislativa, continuamente, com base nas pretensões inicial e resistida, como no caso dos projetos de lei que visavam a codificação do processo coletivo – várias regras propostas decorrem de decisões judiciais pautadas nas pretensões das partes no processo coletivo, bem como da análise doutrinária do processo coletivo no caso concreto.

A defesa da liberdade na atividade jurisdicional não autoriza a invasão do Poder Judiciário nas outras atividades típicas de Estado, como a de legislar e administrar. É esse o motivo de existir um código de processo, seja administrativo, eleitoral, trabalhista, militar, penal e outros especializados. A dinâmica do procedimento depende da pretensão para flexibilizar o rito segundo a convenção das partes e/ ou a transação. O meio de satisfazer essa pretensão também pode ser adequado pelas partes, inovação do CPC/15, pelo negócio processual.

O processo dialógico permite a interpretação da lei para integrar lacunas maléficas à organização do processo coletivo, com o fim de satisfação do direito do titular da tutela coletiva. Desse exercício hermenêutico, surge um precedente judicial com caráter de fonte do direito, aplicável aos casos subsequentes e que passa a integrar o microssistema da tutela coletiva.

2.1 Projeto de Lei nº 1.641/2021: uma proposta de codificação da ação coletiva

Os especialistas em Direito Processual vêm ajudando o Poder Legislativo a compilar normas específicas do microssistema do processo

---

[65] "[...] 2. Inicialmente, os arts. 580 e 654, §2º, do Código de Processo Penal, dão azo à permissibilidade do writ coletivo no sistema processual penal brasileiro. Ademais, o microssistema de normas de direito coletivo como a Lei da Ação Civil Pública, o Código de Defesa do Consumidor, a Lei do Mandado de Segurança, a Lei do Mandado de Injunção, entre outras, autoriza a impetração do writ na modalidade coletiva [...]" (HC nº 568.693/ ES) (BRASIL, 2020).

coletivo em um só código – ao contrário dos projetos anteriores,[66] verifica-se a mobilização da comunidade jurídica nesse objetivo. O CNJ apresentou sua proposta por meio do PL nº 4.778, de 2020.[67] Ademais, são projetos apresentados ao Congresso Nacional o PL nº 4.441, de 2020, de autoria do Deputado Marcos Pereira, apresentado dia 1º de outubro de 2020; o substitutivo, apresentado pelo Deputado Paulo Teixeira, nominado de PL nº 1.641, de 2021, e o PL nº 4.778, de 2020, apresentado pelo CNJ.

Ao PL nº 4.441/2020 estão apensados outros dois projetos, para fins de tramitação conjunta. Entretanto, o PL nº 1.641/2021 foi construído por uma comissão de juristas que analisaram os outros dois e buscaram aprimorar, para que um texto compilado fosse apreciado pelo Congresso.[68] Em razão disso, a análise da codificação que pode fazer parte do microssistema do processo coletivo foi realizada sobre ele.

Nesse PL há uma consolidação de regras, versando, em especial, sobre o acesso à justiça, a litigância de massa e a autocomposição. Esses dois últimos temas são aprofundados nos tópicos que se seguem, quando da abordagem dos casos repetitivos, ao tratar das demandas de massa e do processo estrutural, tratando da construção da sentença coletiva por meios alternativos de solução (mediação, transação, conciliação e arbitragem) com o Poder Público. Já o primeiro foi abordado no primeiro tópico do estudo.

A reflexão desses três temas no microssistema do processo coletivo é imperiosa quando se busca a evolução dos meios de solução da tutela coletiva. Nesse sentido, o objetivo da codificação é resolver conflitos coletivos de maneira eficaz. No primeiro art. do PL nº 1.641/2021,

---

[66] "Caso do Projeto de Lei da Ação Civil Pública (PL nº 5.139, substitutivo de 15.09.2009), que visa disciplinar a ação civil pública para a tutela dos direitos e interesses difusos, coletivos ou individuais homogêneos, e dá outras providências" (MENDES, 2010, p. 349).

[67] Esse projeto de lei vem sofrendo críticas, dentre elas a do professor Antônio Gidi: "O Projeto CNJ é um presente para os bancos, para as grandes empresas e para o Estado. Parece que só eles foram representados perante o CNJ: é como se os grandes litigantes repetitivos tivessem feito uma listinha com os seus mais recônditos desejos e algum estagiário do CNJ publicou essa lista por engano, em vez do projeto verdadeiro" (GIDI, 2020, p. 27).

[68] Na justificativa do PL nº 1.641/2021, apensado ao PL nº 4.441/2020, há uma introdução, alertando sobre o estudo realizado sobre os projetos de lei já existentes: "O Projeto de Lei é ora apresentado em homenagem à jurista Ada Pellegrini Grinover, que muito contribuiu para a evolução da tutela dos direitos transindividuais no país, e foi elaborado a partir de comissão de juristas constituída por membros do Instituto Brasileiro de Direito Processual (www.direitoprocessual.org.br) com o objetivo de contribuir para o aperfeiçoamento dos Projetos de Lei nº 4441/2020 e nº 4778/2020, em andamento na Câmara dos Deputados" (BRASIL, 2021).

verifica-se a consciência do legislador sobre a necessidade de manutenção do microssistema da tutela coletiva:

> Art. 1º. Esta lei disciplina o procedimento da Nova Lei de Ação Civil Pública.
> §1º As técnicas processuais previstas nesta lei aplicam-se aos procedimentos especiais da tutela coletiva, desde que com eles sejam compatíveis e adequadas.
> §2º As técnicas processuais especiais previstas nos procedimentos da tutela coletiva podem ser incorporadas ao procedimento da ação civil pública, desde que com ele sejam compatíveis e adequadas.
> §3º O Código de Processo civil aplica-se aos procedimentos para a tutela coletiva, desde que com eles seja compatível e adequado (BRASIL, 2021).

Manter essa intersecção entre os procedimentos e a legislação da tutela coletiva garante um maior acesso à justiça aos titulares do direito coletivo. Além disso, os interesses metaindividuais poderão ser processados pelo código e demais normas da legislação especial.

O atual modelo de processo coletivo prestigia a participação do Ministério Público, Defensoria Pública e demais legitimados extraordinários, todos perante o Poder Judiciário. É uma escolha política e histórica que vem a ser debatida nos projetos de lei em tramitação, aproveitando-se da evolução do conceito de acesso à justiça com a inserção da eficiência, razoável duração, resolução eficaz das demandas e outras garantias processuais de envergadura constitucional aplicáveis ao processo e a todos os procedimentos.

O art. 7º do PL nº 1.641/2021 acrescentou alguns legitimados e previu o controle de representação adequada com mais profundidade que as demais normas vigentes. O controle proposto no projeto ainda não é o esperado, como já explicado, a adequação deve ser aferida sobre a atuação de todos os legitimados a substituírem os titulares do direito coletivo.

A perspectiva do processo coletivo sob a visão redistributiva do acesso à justiça, possibilitando o acesso a quem não tem, deve ser perseguida pela legislação disciplinadora das regras da tutela coletiva.[69] Essa é uma das medidas que legitima a existência da substituição

---

[69] Quanto mais amplo o acesso à justiça, por meio dos procedimentos postos à disposição dos interessados, maior a capacidade de se formar uma resolução ampla sobre determinado tema. Muito embora o CPC/15 venha trabalhando com teses, o precedente firmado na resolução de processo coletivo deve ser eficaz e eficiente a ponto de se aproveitar ao máximo

processual nesse tipo de demanda, sendo o controle da representação adequada um mecanismo de evitar que os titulares do direito sejam alijados de uma boa prestação jurisdicional.[70] Representação essa que não pode ser suprimida ou ameaçada por meio de normas capazes de intimidar os legitimados a proporem ações coletivas.

Para o professor Antônio Gidi (2021), o PL do CNJ (nº 4.778/2020) intimida o legitimado extraordinário, ao prever a condenação em honorários de sucumbência dos autores da demanda coletiva quando, por decisão unânime, a ação for manifestamente infundada.[71] Essa norma é desmotivadora para quem deseja propor uma ação coletiva contra um grande litigante, se sua atuação resultasse em prejuízo, decorrente de uma interpretação do que seria uma ação manifestamente infundada.

A legislação deve ser um meio de promoção do acesso à justiça, evoluindo sempre nesse caminho, logo, retrocessos não podem ser admitidos, como no caso da exclusão da Advocacia Pública como legitimada a propor ação civil de improbidade administrativa, previsto na Lei nº 14.230/21. Esse retrocesso foi corrigido por decisão do STF, no julgamento das ADIs nº 7.042 e nº 7.043.

---

os indivíduos titulares do direito sem necessidade de ajuizamento de nova demanda. O PL nº 1.641/2021 deu amplitude ao microssistema do processo coletivo: "Art. 5º. Para a defesa dos direitos difusos, coletivos ou individuais homogêneos, são admissíveis todas as espécies de tutela jurisdicional e procedimentos capazes de propiciar sua adequada e efetiva tutela" (BRASIL, 2021).

[70] Os indivíduos são detentores de direitos difusos, coletivos e individuais homogêneos, segundo o PL nº 1.641/2021: "Art. 3º. A tutela coletiva compreende a defesa em juízo dos direitos difusos, coletivos e individuais homogêneos. §1º Consideram-se: I - direitos difusos os transindividuais, de natureza indivisível, de que seja titular a coletividade local, regional ou nacional, ou pessoas indeterminadas e ligadas por circunstâncias de fato; II – direitos coletivos os transindividuais, de natureza indivisível, de que seja titular grupo, classe ou categoria de pessoas ligadas entre si ou com a parte contrária por uma relação jurídica base; III – direitos individuais homogêneos, assim considerados os direitos individuais que recomendem ou exijam proteção conjunta em razão de características tais como a predominância das questões comuns sobre as particulares, a necessidade de preservar a isonomia e a restituição integral, a facilitação de acesso à prova, a garantia de acesso à justiça, a melhor gestão do serviço judiciário ou a repercussão de cada pretensão individual sobre as demais. §2º É admissível a tutela meramente declaratória para proteção de direitos difusos, coletivos e individuais homogêneos, ainda que tenha ocorrido a violação do direito. §3º Na tutela coletiva presume-se o interesse público e a repercussão geral de qualquer questão constitucional" (BRASIL, 2021).

[71] "Ao alterar as normas de sucumbência, o Projeto CNJ intimida as instituições mais ativas na propositura das ações coletivas e limita o acesso à Justiça dos grupos sociais. Trata-se de um ataque frontal às associações, ao Ministério Público e às Defensorias Públicas. É uma ameaça velada, disfarçada em forma de dispositivo legal" (GIDI, 2021, p. 72).

2.1.1 O estímulo à autocomposição e a necessária representação adequada como mecanismos de eficácia e eficiência da solução do processo coletivo

Quando os titulares do direito coletivo não detêm a informação necessária para subsidiar a defesa de seu direito em juízo, sua pretensão inicial pode gerar um julgado prejudicial aos demais titulares. Nas causas repetitivas, nas demandas de massa, nos processos coletivos ou estruturais o efetivo acesso à justiça está ligado à adequada representação e à organização procedimental voltada para o diálogo, a transação, o negócio processual, a cooperação entre as partes e a cooperação judicial.

Satisfazer uma tutela coletiva reconhecida pelo Judiciário não é tarefa fácil, ainda mais quando há complexidade na construção da decisão pelo juízo. Reconhecer o direito coletivo em favor dos interessados é tarefa sem maiores problemas na escrita do relatório, fundamentação e dispositivo de uma sentença, o problema surge no momento de se entregar o que está escrito aos titulares do direito.

Efetividade na execução, provisória ou definitiva, depende da cooperação entre credor e devedor, assim, não adianta existir uma sentença transitada em julgado com previsão de condenação em diversas obrigações se o Poder Público não possui meios de cumpri-la. O dever de lealdade processual tem limites na realidade. Se o juízo não apura a realidade das partes (necessidade e possibilidade) na fase de cognição, deverá ser apurada na fase de execução, o que se entende como um momento impróprio.

A cooperação judicial nacional, os acordos coletivos, os compromissos de ajustamento de conduta, os negócios processuais, as convenções coletivas, os meios de transação e negócios processuais devem ser priorizados no Brasil para se garantir maior efetividade à decisão judicial. É necessário mudar a cultura do litígio e substituir pela resolução dialógica. Nessa perspectiva, no processo coletivo norte-americano, os processos coletivos seguem o procedimento da resolução via acordo judicial, modelo que deve ser motivo de reflexão na edição de normas processuais brasileiras.

Os acordos coletivos estão previstos no PL nº 1.641/2021, com regras mais específicas que as leis integrantes do microssistema do processo coletivo. Caso aprovado, traçará diretrizes para a regulamentação do tema por normas infralegais, como as previstas na Resolução nº 02/2011 do CNJ, que "[...] institui os cadastros nacionais de informações de ações coletivas, inquéritos e termos de ajustamento de conduta, e dá outras providências" (BRASIL, 2011), e na Resolução nº 179/2017 do Conselho Nacional do Ministério Público (CNMP), que "[...] regulamenta o §6º do art. 5º da Lei nº 7.347/1985, disciplinando, no âmbito do Ministério Público, a tomada do compromisso de ajustamento de conduta" (BRASIL, 2017).

A autocomposição deve ser pautada nos princípios da transparência; da melhor tutela para o interesse público difuso, coletivo ou individual homogêneo; participação, sempre que possível, do grupo social titular da pretensão coletiva e dos demais legitimados processuais; representatividade adequada e informação suficiente sobre os melhores termos para a tutela coletiva; preservação de todos os interesses envolvidos, permitindo-se, se for o caso, a segmentação do grupo em subgrupos, com representantes adequados que possam tutelar os respectivos interesses; boa-fé objetiva na previsão dos termos do acordo e na sua implementação; a observância à ordem pública, aos bons costumes e aos direitos fundamentais; preservação da justiça, imparcialidade, proporcionalidade e razoabilidade na resolução da controvérsia por autocomposição; a isonomia e a segurança jurídica.[72]

Para se chegar a um bom acordo, é preciso que os interessados estejam bem representados, pois o controle de representatividade serve ao papel de evitar prejuízos na construção da solução da demanda coletiva. O protagonismo do magistrado já é importante na apresentação das propostas do acordo. Reconhecer um processo coletivo ocultado numa pretensão individual também faz parte da decisão do magistrado, inclusive, caso reconheça, alterar o legitimado. Tema que fez parte do projeto do CPC/15, no art. 333, devidamente comentado em tópico anterior, foi "ressuscitado" pelo art. 50 do PL nº 1.641/2021.

A coletivização dos processos de massa é uma preocupação do PL nº 1.641/2021 e deve ser observada pelos parlamentares que apreciarão os projetos em conjunto. É que o direito individual homogêneo não tem histórico de proteção efetiva em tutela coletiva, oportunizando o desvirtuamento de entendimentos em favor dos "grandes litigantes". A análise coletiva dos processos apenas em causas repetitivas (IRDR e recursos repetitivos) não é próxima do ideal que se espera da

---

[72] Princípios extraídos do texto do PL nº 1.641/2021, art. 37.

coletivização do processo individual, cuja tutela é de direitos difusos, coletivos ou individuais homogêneos.

Ao conceituar direito individual homogêneo, deve-se ampliar o acesso à justiça e não o restringir com determinações não previstas em lei. Como no caso da "relevância social objetiva do bem tutelado",[73] cuja indeterminação pode levar ao indeferimento da conversão de processos individuais repetitivos em coletivo.

O PL nº 1.641/2021 considera os direitos individuais homogêneos como aqueles:

> [...] que recomendem ou exijam proteção conjunta em razão de características, tais como a predominância das questões comuns sobre as particulares, a necessidade de preservar a isonomia e a restituição integral, a facilitação de acesso à prova, a garantia de acesso à justiça, a melhor gestão do serviço judiciário ou a repercussão de cada pretensão individual sobre as demais (BRASIL, 2021).

Nas causas repetitivas, há uma necessidade de reflexão acerca da legitimidade para firmar o acordo coletivo, por ser o PL nº 1.641/2021 restritivo quanto aos legitimados, por apresentar entes e órgãos públicos como atores principais, sendo coadjuvantes os entes privados, como associações e sindicatos (art. 38, §1º).[74]

É o caso de servidores públicos que litigam contra o Poder Público e a associação de classe pretende propor acordo, após intervir como *amicus curiae*. Restringir essa possibilidade é um retrocesso, não havendo necessidade de integrar, em qualquer dos polos, um representante do Ministério Público ou da Defensoria Pública. A associação

---

[73] "[...]. 7. O interesse individual homogêneo é um direito individual que acidentalmente se torna coletivo e, pois, indisponível, quando transcender a esfera de interesses puramente particulares, envolvendo bens, institutos ou valores jurídicos superiores, cuja preservação importa à comunidade como um todo. 8. Quando constatada a relevância social objetiva do bem jurídico tutelado, o órgão público, mesmo se desprovido de personalidade jurídica própria, está legitimado a promover Ação Civil Pública para a defesa de direitos individuais homogêneos, por disposição expressa do art. 82, III, do CDC. Precedente. [...]" (REsp nº 1.658.568) (BRASIL, 2018, p. 1365). Embora o aresto trate do art. 81, III, do CDC, esse requisito da "relevância social objetiva do bem tutelado" não se encontra na regra legal, uma vez que são "interesses ou direitos individuais homogêneos, assim entendidos os decorrentes de origem comum" (BRASIL, 1990).

[74] "A legitimidade para a autocomposição em direitos difusos e coletivos é dos entes públicos, podendo ser firmado em conjunto por órgãos de ramos diversos do Ministério Público e da Defensoria Pública, ou por estes e outros órgãos públicos legitimados, bem como contar com a participação de associação civil, sindicatos, entes ou grupos representantes ou interessados" (art. 38, §1º, do PL nº 1.641/2021) (BRASIL, 2021).

não pode ser um coadjuvante, até por possuir um maior conhecimento da causa repetitiva do que os órgãos públicos citados no Projeto. Há, assim, uma necessidade de reflexão sobre o tema, para possibilitar a ampla participação dos interessados, legitimados formais e materiais.

O PL nº 1.641/2021 deve prestigiar a tutela coletiva e blindar o entendimento que possa existir na doutrina e na jurisprudência acerca de restringir o acesso dos titulares do direito à prestação jurisdicional efetiva. Nos Estados Unidos da América, com a composição conservadora dos ministros da Suprema Corte, vem se politizando o entendimento sobre as *class action* e a *Rule 23*.[75]

A politização negativa da tutela coletiva não pode ser admitida, e um PL feito por juristas de reconhecida capacitação no Direito Processual pode trazer tranquilidade aos que estudam a tutela coletiva – as ações coletivas, o processo coletivo, processo estrutural e as causas repetitivas. A politização é positiva quando o Poder Público ganha apoio do agente político na construção da decisão e no seu cumprimento, quando aquele toma todas as medidas necessárias para satisfazer o direito coletivo reconhecido em juízo.

Deve-se perseguir a entrega da prestação jurisdicional de maneira rápida e com qualidade, pois a razoável duração do processo requer a reunião desses requisitos, e não a escolha de uma deles.[76] É o caso de demandas repetitivas em que os recursos passam a chegar aos Tribunais Superiores e os ministros agem, automaticamente, no sentido de proferir decisões terminativas, baseadas em precedentes diferentes. O *distinguishing* não é tarefa apenas da parte, mas também do julgador, assim como o enquadramento do precedente à causa.[77]

---

[75] "A recuperação do prestígio da corte, no entanto, depende do essencial: suas decisões atualmente são vistas como 'partidárias', especialmente nos casos que impactam a opinião pública e que frequentemente têm sido decididos em linhas claramente ideológicas, com seis juízes indicados por republicanos de um lado e três juízes indicados por democratas de outro. E no que depender da pauta de casos já admitidos, a turbulência vai continuar e a imagem de 'politização' tende apenas a se aprofundar" (CASAGRANDE, 2022, p. 1).

[76] A celeridade já consta no PL nº 1.641/2021: "Art. 6º. A ação civil pública tem prioridade no processamento e julgamento, em todos os graus de jurisdição, ressalvado o habeas corpus com réu preso. Parágrafo único. A ação coletiva presume-se representativa da controvérsia, devendo ser escolhida, se necessário conjuntamente com outras ações individuais, para a definição destes e no julgamento de casos repetitivos" (BRASIL, 2021). No momento de aplicação do Projeto da ACP, compete aos sujeitos do processo buscar pela qualidade na construção da sentença coletiva.

[77] É o que determina o CPC/15: "Art. 489. São elementos essenciais da sentença: [...] §1º Não se considera fundamentada qualquer decisão judicial, seja ela interlocutória, sentença ou acórdão, que: [...] III - invocar motivos que se prestariam a justificar qualquer outra decisão;

Para garantir a eficácia da decisão, alguns mecanismos estão dispostos no PL nº 1.641/2021: controle de representatividade adequada (art. 7º); litisconsórcio (§9º do art. 7º); intervenção de terceiros (art. 20); audiências públicas (art. 37, §1º). Dessa forma, deve o interessado bater à porta do Ministério Público, da Defensoria Pública e de todos os legitimados aptos a proporem a demanda coletiva, com o fim de relatar seu caso específico não previsto no debate.

A multiplicidade de fatos e fundamentos trazidos pelos sujeitos enriquece o conteúdo do(a) acordo/decisão. A eficácia e a eficiência da solução do processo coletivo dependem de: haver uma ampla publicidade do debate sobre determinada tutela coletiva; angariar o maior número possível de interessados; estimular a autocomposição; controlar a representação adequada.

2.1.2 Uma breve introdução sobre a construção da sentença coletiva por meio do cumprimento da tutela antecipada dialógica

Os capítulos da sentença devem ser bem construídos para possibilitar o acesso, pelos titulares, do direito coletivo a uma liquidação e execução compatível com o interesse que possuem. Assim, não basta a sentença reproduzir os pedidos formulados na petição inicial se o Poder Público não está capacitado a cumprir com a decisão.

A construção da decisão interlocutória de cumprimento imediato ou sucessivo é resultado de pedido de tutela provisória dialógica. A decisão de cumprimento imediato pode ser proferida incidentalmente ou em sentença, já a de cumprimento progressivo é proferida antes da sentença, após diálogo entre as partes para delimitar a necessidade do titular do direito coletivo e a possibilidade de o Poder Público cumprir as obrigações perseguidas.

Desde o primeiro momento de manifestação do réu que o procedimento deve se amoldar à pretensão inicial e à resistida, segundo a fixação dos pontos controvertidos. O momento mais propício para proferir a decisão é no saneamento do processo. Assim, essa fase no

---

[...] V - se limitar a invocar precedente ou enunciado de súmula, sem identificar seus fundamentos determinantes nem demonstrar que o caso sob julgamento se ajusta àqueles fundamentos; VI - deixar de seguir enunciado de súmula, jurisprudência ou precedente invocado pela parte, sem demonstrar a existência de distinção no caso em julgamento ou a superação do entendimento" (BRASIL, 2015).

processo coletivo é imprescindível, seja em que grau de complexidade for o litígio coletivo, pois, sem o saneamento, a sentença é nula.

Nesse momento processual, o juízo tem acesso a todos os pedidos dos sujeitos e pode reunir todos aqueles capazes de solucionar ou auxiliar na resolução do processo. É no saneamento que o processo constitucional democrático se materializa. Se nesse momento o procedimento é malconduzido, haverá reflexos de ineficácia do provimento em sentença.

O PL nº 1.641/2021 traz essa possibilidade de decidir no saneamento a forma de cumprimento provisório dos pontos dialogados. Antes do saneamento, o juízo deve verificar se o processo não se encontra apto para julgamento antecipado e já deve ter proferido as tutelas de urgência necessárias à preservação do bem tutelado. Superados esses atos processuais, haverá audiência de saneamento com a organização procedimental e a decisão de saneamento.

> Art. 22. Estando presentes os pressupostos de processamento da demanda coletiva, não sendo o caso de julgamento antecipado e sem prejuízo da deliberação sobre tutelas de urgência, o juiz proferirá decisão de saneamento, preferencialmente em audiência de saneamento compartilhado, na qual poderá estabelecer calendário processual.
> §1º Na decisão de saneamento e organização do processo, o juiz deverá, sem prejuízo de outras medidas necessárias de acordo com as circunstâncias do caso concreto:
> I - quando possível, identificar o grupo titular do direito objeto do processo ou os critérios para que alguém seja considerado membro do grupo, a partir dos contornos da postulação;
> II - controlar a adequação da legitimação do autor e a necessidade de ampliação do rol de autores, no caso de haver muitos grupos ou subgrupos;
> III - identificar as principais questões de fato e de direito a serem discutidas no processo;
> IV - definir os poderes do *amicus curiae* e de eventuais terceiros na decisão que solicitar ou admitir a sua intervenção, bem como a necessidade de realização de audiência ou consulta públicas, fixando-lhes as respectivas regras;
> V - definir as regras sobre participação dos membros do grupo como terceiros intervenientes em audiências públicas ou mesmo durante os demais atos processuais.
> §2º Antes, durante ou depois da audiência de saneamento o juiz deverá estimular a autocomposição.

§3º A autocomposição coletiva pode envolver sujeito estranho ao processo e versar sobre relação jurídica que não tenha sido deduzida em juízo. §4º A requerimento das partes ou de ofício, quando se afigurar adequado, o juiz poderá designar audiência para tentativa de solução consensual do conflito coletivo, a ser realizada pelos Centros Judiciários de Solução Consensual de Conflitos ou por entidade extrajudicial ou por profissional qualificado, reputados adequados pelas partes (BRASIL, 2021).

Muito pertinente é o *caput* do dispositivo citado, ao dispor que o saneamento dar-se-á: "[...] preferencialmente em audiência de saneamento compartilhado, na qual poderá estabelecer calendário processual" (BRASIL, 2021). Esse é um negócio processual entabulado pelas partes para organizar os momentos de manifestação das partes e fixar datas para isso. Elimina-se o tempo morto e se dá um prestígio à vontade das partes na condução do processo como meio de construção da decisão de saneamento.

Após o saneamento, os atos subsequentes se organizariam como fase de cumprimento provisório. "A lei atribui às partes a prerrogativa de adaptar as formas do processo executivo, o que pode representar um ganho procedimental em termos de efetividade" (DIDIER JÚNIOR; CABRAL, 2018, p. 143). À medida que o procedimento de execução fosse se desenrolando, as partes comunicariam ao juízo a satisfação do objeto da decisão progressivamente.

A participação das partes e interessados faz com que a organização do procedimento de cumprimento da tutela coletiva em debate passe a compor os próximos atos do procedimento de conhecimento. É nesse momento que o juiz pode proferir uma decisão interlocutória, em sede de tutela provisória, cujo cumprimento será progressivo e com possibilidade de ajustes, por meio de novo pedido de tutela provisória sucessiva às demais já cumpridas.

O exemplo que se pode dar é o de uma obrigação imposta judicialmente ao Poder Público de construir um hospital no município X. O problema coletivo já foi apurado em sede de inquérito civil, onde se aferiu a suficiente previsão orçamentária e a organização administrativa para a contratação pública devidamente precedida de planejamento. Os agentes públicos responsáveis pela obra foram identificados no inquérito, restando ao Ministério Público aguardar a execução da obra para pôr fim ao procedimento administrativo.

Diante da omissão dos gestores quanto à execução dessa obra, sem justificativa apresentada, o Ministério Público propõe a ACP para compelir o município X a cumprir suas obrigações. Apresentada a pretensão inicial, citados os réus,[78] estes responderão com suas pretensões resistidas. Após a réplica, o saneamento do processo é imprescindível, pois nele o juiz averiguará se o estado de fato e de direito em que se encontra o processo é o mesmo da época em que finalizado o inquérito civil, fixará os pontos controvertidos e, em especial, possibilitará às partes dizerem como pretendem exigir (autor) e cumprir (réu) as obrigações previstas na pretensão inicial.

Chegando-se ao acordo parcial, os demais pontos controversos serão decididos pelo juiz, para fins de cumprimento, levando em consideração as necessidades reais do titular do direito coletivo e a possibilidade do Poder Público em dar cumprimento à pretensão. Esse diálogo entre necessidade e possibilidade pode resultar na alteração do pedido inicial, mesmo sem anuência do réu.

O PL nº 1.641/2021 prevê que:

> Art. 13. Admite-se a cumulação, em um mesmo processo, de pedido de tutela de direitos difusos, coletivos e individuais homogêneos.
> Parágrafo único. Até o julgamento da demanda, admite-se a alteração do pedido ou da causa de pedir, em razão de circunstâncias ou fatos supervenientes, independentemente da anuência do demandado, devendo ser assegurado o contraditório, mediante possibilidade de manifestação do réu no prazo mínimo de 15 (quinze) dias, facultada a produção de prova complementar (BRASIL, 2021).

Nada impede que, com a suspensão do processo individual em decorrência do saneamento e organização do processo coletivo, seja requerido pedido de tutela provisória de urgência. Podendo, assim, beneficiar-se da decisão coletiva, por permanecer o processo individual suspenso, mas com satisfação de pretensão incidental de urgência nele deduzida (art. 23 do PL nº 1.641/2021).

Entre os dispositivos dos arts. 22 e 26 do PL nº 1.641/2021, ou melhor, entre o saneamento e a sentença, poder-se-ia tratar do diálogo entre as partes para a construção da sentença, por meio de decisões interlocutórias sucessivas de cumprimento progressivo. Não só proferidas dentro dos autos do processo coletivo, mas conjugando, através

---

[78] Importante compor o polo passivo da demanda o município X e os gestores responsáveis pela execução da pretensão. Dessa forma, haverá legalidade para o juízo aplicar multa contra aquele que não der cumprimento às suas ordens judiciais.

da cooperação judicial nacional, outras decisões interlocutórias proferidas em processos individuais proferidos em outros juízos, versando sobre o mesmo tema.

Como exemplo, complementando o já apresentado neste tópico nas linhas anteriores, é o caso do município Y, próximo ao município X, já ter construído um centro de tratamento de pacientes com câncer, em razão de decisão judicial. Nesse caso, havendo pedido específico no processo coletivo para que o município X construa, dentro do hospital, um setor para pacientes com câncer, pode o juiz indeferir o pedido com base nesse fato informado na cooperação judicial.

Uma decisão coletiva proferida com qualidade, cuja construção se deu com a efetiva participação dos sujeitos do processo, será favorável ou contra o autor. A improcedência dessa tutela coletiva deve gerar uma decisão paradigma para outras demandas coletivas, cujo direito tutelado se assemelha ao já debatido e discutido na ação anterior.

Os efeitos da decisão no processo coletivo são: *pro et contra, secundum eventum probationis* ou *secundum eventum litis*. O PL nº 1.641/2021 previu aplicação diferente do atual modelo brasileiro de processo coletivo:

> Art. 32. A sentença de mérito de procedência ou improcedência da demanda faz coisa julgada erga omnes em todo o território nacional.
> §1º No caso de procedência da demanda a sentença faz coisa julgada *ultrapartes*, para beneficiar todos os atingidos, bastando a comprovação da condição de membro do grupo e a extensão dos danos, sendo desnecessário ser filiado à associação ou ao sindicato autor, quando por estes proposta em substituição processual.
> §2º A coisa julgada no plano coletivo também se forma quando a improcedência decorrer da insuficiência de provas e qualquer legitimado poderá repropor a ação coletiva, fundada em prova não considerada no julgamento anterior, que tenha aptidão para, isoladamente, reverter o resultado da decisão.
> §3º Os membros do grupo titulares de direito individual não serão prejudicados pela coisa julgada coletiva, mas podem dela beneficiar-se quando procedente o pedido.
> §4º Em caso de procedência dos pedidos para a tutela de direitos difusos e coletivos, a sentença de procedência transitada em julgado será título executivo em favor das vítimas e seus sucessores, que poderão proceder à liquidação e execução de seus direitos.
> §4º No caso do §3º, o membro do grupo poderá promover diretamente, inclusive em seu domicílio, a liquidação e a execução do seu direito, observado o prazo prescricional, a ser contado do trânsito em julgado da decisão coletiva.

§5º A superveniência da coisa julgada coletiva favorável converte o correspondente processo individual em processo de liquidação e execução.
§6º A coisa julgada penal condenatória, no caso de reconhecimento de crime que tutela bem jurídico de natureza coletiva, torna certa a obrigação de indenizar o grupo e os respectivos membros.
§7º O juiz, de ofício ou a requerimento das partes e observado o contraditório prévio, poderá adequar o modo de proteção do bem jurídico na fase de cumprimento ou no processo de execução, ajustando-a às peculiaridades do caso concreto e às alterações fáticas supervenientes, inclusive na hipótese de o ente público ou seu delegatário promover políticas públicas que se afigurem mais adequadas do que as determinadas na decisão, ou se esta se revelar inadequada ou ineficaz par ao atendimento do direito.
§8º O disposto neste artigo estende-se, no que couber, à decisão sobre tutela provisória coletiva (BRASIL, 2021).

A força da tutela provisória, em sede de tutela coletiva, evidencia-se no §8º do dispositivo supracitado. Os mesmos efeitos da decisão definitiva são aplicáveis à decisão interlocutória resultante de pedido de tutela provisória coletiva.

O *caput* do artigo citado dispõe que a procedência ou improcedência do pedido em ação coletiva faz coisa julgada *pro et contra* e *erga omnes*. Assim, é um avanço sobre a coisa julgada no processo coletivo atual, pois a "[...] sua proteção não pode ser negada ao réu, deixando-lhe desprovido de aspectos como a estabilidade e a segurança jurídica. E no atual modelo a presença desses riscos é flagrante" (ARENHART; OSNA, 2021, p. 232).

A proposta de uniformização dos efeitos da procedência ou improcedência da pretensão na coisa julgada em processo coletivo reforça a necessidade de se dar mais atenção aos pedidos de tutela provisória, ao diálogo entre as partes e à construção de uma decisão interlocutória de cumprimento progressivo. Reforça ainda o cuidado que o juízo deve ter ao julgar antecipadamente a lide coletiva, pois deixar de aplicar o método de construção de uma decisão dialógica fere o devido processo constitucional democrático.

Mesmo antes da aprovação do PL nº 1.641/2021, a interpretação do CPC/15 leva à conclusão de haver coisa julgada de procedência ou improcedência em favor ou contra os indivíduos titulares do direito coletivo. É o caso da aplicação da teoria dos precedentes vinculantes em ações de controle concentrado de constitucionalidade (processo coletivo especial), causas repetitivas (Incidente de Assunção de Competência, IRDR e recursos repetitivos), súmulas e jurisprudência oriunda de plenário ou órgão especial do tribunal.[79]

O precedente firmado num determinado processo coletivo vinculará, seja favorável ou não ao titular de direito coletivo, os demais processos que versem sobre o mesmo tema, cuja tese jurídica incida. A formação desse tema deve preceder de um controle de representatividade adequada sobre todos os legitimados para a propositura da ação coletiva.[80] Incidentalmente, deve o tribunal responsável pela formação do precedente conhecer de pedidos de tutela provisória de urgência, caso esteja pendente de julgamento com suspensão dos processos afetados.

Nas causas repetitivas, há necessidade de possibilitar que a causa piloto seja acompanhada de interessados comprometidos com o tema debatido, especialista na matéria sob análise e cujo representante trabalhe na tese a ser construída em todas as fases do julgamento da causa repetitiva – a coisa julgada *pro et contra* depende, fundamentalmente, disso.

O debate sobre esse tema é de grande importância, diante das dificuldades na execução definitiva de sentença coletiva.

2.2 Direitos acidentalmente coletivos: demandas repetitivas e a coletivização do processo

O sistema de resolução de casos repetitivos vem sendo adotado pelos Tribunais Superiores como meio de dar coerência, integridade e segurança aos julgados do Poder Judiciário. As demandas de massa requerem um maior grau de dispêndio de dinheiro e pessoal para execução do trabalho, quando o direito debatido se encontra pulverizado entre vários órgãos do Poder Judiciário – algumas vezes, estes proferem decisões divergentes e acabam por inviabilizar o efetivo acesso à justiça.

O processo brasileiro de resolução de demandas de massa tem uma inspiração no sistema processual norte-americano, as *class actions*

---

[79] "A partir do CPC/15, convivem no processo coletivo brasileiro duas formas de vinculação dos indivíduos: extensão *secundum eventum litis* do resultado favorável da ação coletiva, apenas para beneficiar os titulares dos direitos individuais, e a vinculação *pro et contra* da tese de julgamento de casos repetitivos, para os casos atuais (art. 985, I, do CPC), e dos precedentes, para os casos futuros (arts. 926, 927 e 985, II, CPC)" (DIDIER JÚNIOR; ZANETI JÚNIOR, 2022, p. 517).

[80] Caso do Tema 698, reconhecido em repercussão geral pelo STF, que versa sobre demandas coletivas contra o Poder Público que imponham obrigação de contratação de pessoal e realização de obra.

for damages.[81] Esse meio processual de solução de demandas de massa (repetitivas) vem se mostrando eficiente naquele país, por propiciar ao juízo o exercício do controle judicial da representatividade adequada mais efetivo, diante do mapeamento de ações individuais existentes.

No caso das demandas de massa, o interesse é individual de repercussão coletiva, convolando-se em direito individual homogêneo.[82] "Na essência e por natureza, os direitos individuais homogêneos, embora tuteláveis coletivamente, não deixam de ser o que realmente são: genuínos direitos subjetivos individuais" (ZAVASCKI, 2005, p. 42).

Os direitos individuais homogêneos possuem como aspecto subjetivo a determinabilidade dos titulares e a origem comum. É o caso do direito decorrente de um vazamento de óleo por navio cargueiro no porto de um município cuja pesca é a atividade econômica preponderante. Existe o direito individual homogêneo dos pescadores de se verem ressarcidos pelos danos que vierem a sofrer em decorrência desse vazamento.

No direito à reparação do dano ambiental *lato sensu*, os legitimados extraordinários defendem o meio ambiente, com o fim de mantê-lo ecologicamente equilibrado para as futuras gerações. Essa pretensão, respaldada no direito difuso, será mais abrangente e produzirá efeitos mais extensíveis aos causadores do dano do que o ressarcimento de valores por perdas e danos ao indivíduo.

Quanto ao aspecto objetivo, sua característica se encontra na divisibilidade do objeto, pois a "[...] falta da indivisibilidade é a principal característica dos interesses individuais homogêneos" (MENDES, 2010, p. 225). Cada pescador é ligado pela origem comum, derramamento de óleo no porto, mas o direito à percepção de valores do causador do dano é divisível, segundo a demonstração do dano sofrido e a quantificação

---

[81] "O conhecimento das *class actions* do direito norte-americano requer o estudo da Regra 23 (*Rule 23*), instituída em 1966, foi alterada por diversas vezes e dividida em alíneas para prever os requisitos de admissibilidade; ônus do autor na demonstração dos pressupostos processuais e condições da ação; os *Types of Class Actions*; procedimento e efeitos da coisa julgada; os poderes do juiz; sistema recursal; disposições sobre os advogados; e, fixação dos honorários advocatícios" (MENDES, 2010, p. 68).

[82] A técnica processual de tratamento de direitos individuais homogêneos pode se dar de forma atomizada, em regime de litisconsórcio, empregando técnica de aglutinação, ou por meio de técnicas de coletivização. No caso da demanda repetitiva, já existem demandas pulverizadas, tratando do mesmo tema, cuja tese jurídica ainda não foi uniformizada pelo Poder Judiciário e vem sendo dita por cada juízo. Identificado isso, cabe entender que "[...] ao investigar o que os 'direitos individuais homogêneos' *são* se está, na realidade, indagando em quais situações a aglutinação será cabível" (ARENHART; OSNA, 2021, p. 421).

dele. Não terá direito a ser ressarcido de dano o pescador que se encontrava recebendo benefício previdenciário, afastado de suas atividades laborais, desde quando ocorrido o acidente até o dia em que foi descontaminado o local degradado.

O grau de dano sofrido pelo indivíduo é relevante para delimitar a pretensão da demanda de reparação de danos no caso citado no parágrafo anterior, bem como o valor a ser auferido, em razão do número de barcos que o pescador possui, a frequência com que ia ao mar pescar, espécies de peixe afetadas com o derramamento e outros fatos jurídicos relevantes para a determinação do *quantum*.

Na ação coletiva, a defesa do direito difuso tem pretensão ampliada com pedidos de obrigação de fazer (reparar o casco do navio), não fazer (deixar de derramar, imediatamente, o óleo) e entregar coisa (entregar às autoridades produtos químicos e equipamentos capazes de auxiliar na limpeza da água). O fato comum é o elo entre os indivíduos, qualificado pela homogeneidade, ao requerer solução jurídica idêntica entre os casos apreciados.

2.2.1 As causas repetitivas e o seu procedimento

As demandas de massa ou repetitivas são acidentalmente coletivas porque decorrem de um processo coletivo ou da coletivização do processo. No primeiro caso, os indivíduos podem propor suas ações individuais, que: a) ficarão suspensas, aguardando a declaração do direito no processo coletivo; ou b) prosseguirão, sem que se aproveite do resultado da demanda coletiva. No segundo, o Poder Judiciário identifica uma multiplicidade de processos com a mesma causa de pedir e pedido, seleciona dois ou mais como pilotos para julgamento e suspende os demais processos afetados ao tema debatido no Tribunal.

O processo coletivo comum, o IRDR, os recursos especial e extraordinário repetitivos[83] se interseccionam por meio da complementariedade existente no microssistema do processo coletivo.[84] A aglutinação

---

[83] CPC/15: "Art. 928. Para os fins deste Código, considera-se julgamento de casos repetitivos a decisão proferida em: I - incidente de resolução de demandas repetitivas; II - recursos especial e extraordinário repetitivos. Parágrafo único. O julgamento de casos repetitivos tem por objeto questão de direito material ou processual" (BRASIL, 2015).

[84] CPC/15: "Art. 318. Aplica-se a todas as causas o procedimento comum, salvo disposição em contrário deste Código ou de lei. Parágrafo único. O procedimento comum aplica-se subsidiariamente aos demais procedimentos especiais e ao processo de execução" (BRASIL, 2015).

das demandas repetitivas de origem comum é feita, em regra, através da conexão, continência e outros meios processuais de reunir diversos litisconsortes com pretensões de mesma causa de pedir e pedido em um mesmo juízo.[85]

A sistemática de resolução de causas repetitivas tem inspiração no Direito alemão, expressamente apontado na Exposição de Motivos do CPC/15, tendo em conta que "[...] a *class action* acabou por excluir do tratamento coletivo situações individuais que, embora não sejam idênticas, têm certa semelhança" (ARENHART; OSNA, 2021, p. 424). O modelo inglês de *Group Litigation Order* (GLO) e a estrutura alemã de julgamentos de casos-piloto tratam do tema excluído pela *class action*.

Nem sempre a reunião de processos se faz possível, por impeditivos de fato e de direito. Em função disso, o Direito Processual previu o instituto dos recursos repetitivos e o IRDR, instrumentos de julgamento aplicáveis ao direito individual homogêneo pulverizado em diversas ações, cuja origem é comum a todos os litigantes.

Pressupostos de desenvolvimento do processo coletivo foram observados no IRDR e nos recursos repetitivos, com a finalidade de economia processual e diminuição da duração dos processos individuais com a fixação da tese jurídica. Para isso, o CPC/15 deu prioridade ao julgamento dos repetitivos;[86] promoveu o controle judicial da representação adequada, inclusive com a participação ativa do *amicus curiae*;[87] possibilitou às partes o direito a uma sustentação oral com prazo maior;[88] atribuiu poder ao juiz de coletivizar os processos individuais, por meio

---

[85] Arts. 54 ao 63 do CPC/15.

[86] CPC/15: "Art. 12. Os juízes e os tribunais atenderão, preferencialmente, à ordem cronológica de conclusão para proferir sentença ou acórdão. [...] §2º Estão excluídos da regra do caput: [...]III - o julgamento de recursos repetitivos ou de incidente de resolução de demandas repetitivas; [...]" (BRASIL, 2015).

[87] CPC/15: "Art. 138. O juiz ou o relator, considerando a relevância da matéria, a especificidade do tema objeto da demanda ou a repercussão social da controvérsia, poderá, por decisão irrecorrível, de ofício ou a requerimento das partes ou de quem pretenda manifestar-se, solicitar ou admitir a participação de pessoa natural ou jurídica, órgão ou entidade especializada, com representatividade adequada, no prazo de 15 (quinze) dias de sua intimação. [...] §3º O *amicus curiae* pode recorrer da decisão que julgar o incidente de resolução de demandas repetitivas" (BRASIL, 2015).

[88] CPC/15: "Art. 937. Na sessão de julgamento, depois da exposição da causa pelo relator, o presidente dará a palavra, sucessivamente, ao recorrente, ao recorrido e, nos casos de sua intervenção, ao membro do Ministério Público, pelo prazo improrrogável de 15 (quinze) minutos para cada um, a fim de sustentarem suas razões, nas seguintes hipóteses, nos termos da parte final do caput do art. 1.021: [...] §1º A sustentação oral no incidente de resolução de demandas repetitivas observará o disposto no art. 984, no que couber." Segundo o art. 984 do CPC/2015, o prazo para sustentação oral é de 30 (trinta) minutos (BRASIL, 2015).

de legitimação extraordinária;[89] previu a suspensão dos processos de massa até julgamento do repetitivo;[90] tornou vinculante a tese firmada em processo repetitivo;[91] autorizou o juiz a decidir liminarmente a causa;[92] criou a causa impeditiva de reexame necessário;[93] conferiu ao precedente do acórdão dos repetitivos a força vinculante do julgado;[94] impossibilitou a aplicação de técnica de extensão de julgamento;[95] previu

---

[89] CPC/15: "Art. 139. O juiz dirigirá o processo conforme as disposições deste Código, incumbindo-lhe: [...] X - quando se deparar com diversas demandas individuais repetitivas, oficiar o Ministério Público, a Defensoria Pública e, na medida do possível, outros legitimados a que se referem o art. 5º da Lei nº 7.347, de 24 de julho de 1985, e o art. 82 da Lei nº 8.078, de 11 de setembro de 1990, para, se for o caso, promover a propositura da ação coletiva respectiva" (BRASIL, 2015).

[90] CPC/15: "Art. 313. Suspende-se o processo: [...] IV - pela admissão de incidente de resolução de demandas repetitivas; [...] Art. 1.029. [...] §4º Quando, por ocasião do processamento do incidente de resolução de demandas repetitivas, o presidente do Supremo Tribunal Federal ou do Superior Tribunal de Justiça receber requerimento de suspensão de processos em que se discuta questão federal constitucional ou infraconstitucional, poderá, considerando razões de segurança jurídica ou de excepcional interesse social, estender a suspensão a todo o território nacional, até ulterior decisão do recurso extraordinário ou do recurso especial a ser interposto" (BRASIL, 2015).

[91] CPC/15: "Art. 332. Nas causas que dispensem a fase instrutória, o juiz, independentemente da citação do réu, julgará liminarmente improcedente o pedido que contrariar: [...]. III - entendimento firmado em incidente de resolução de demandas repetitivas ou de assunção de competência; [...]" (BRASIL, 2015).

[92] CPC/15: "Art. 932. Incumbe ao relator: [...] IV - negar provimento a recurso que for contrário a: [...] c) entendimento firmado em incidente de resolução de demandas repetitivas ou de assunção de competência; V - depois de facultada a apresentação de contrarrazões, dar provimento ao recurso se a decisão recorrida for contrária a: [...] c) entendimento firmado em incidente de resolução de demandas repetitivas ou de assunção de competência; [...]" (BRASIL, 2015).

[93] CPC/15: "Art. 496. Está sujeita ao duplo grau de jurisdição, não produzindo efeito senão depois de confirmada pelo tribunal, a sentença: [...] §4º Também não se aplica o disposto neste artigo quando a sentença estiver fundada em: [...] III - entendimento firmado em incidente de resolução de demandas repetitivas ou de assunção de competência; [...]" (BRASIL, 2015).

[94] CPC/15: "Art. 926. Os tribunais devem uniformizar sua jurisprudência e mantê-la estável, íntegra e coerente. §1º Na forma estabelecida e segundo os pressupostos fixados no regimento interno, os tribunais editarão enunciados de súmula correspondentes a sua jurisprudência dominante. §2º Ao editar enunciados de súmula, os tribunais devem ater-se às circunstâncias fáticas dos precedentes que motivaram sua criação. Art. 927. Os juízes e os tribunais observarão: [...]. III - os acórdãos em incidente de assunção de competência ou de resolução de demandas repetitivas e em julgamento de recursos extraordinário e especial repetitivos; [...]. §1º Os juízes e os tribunais observarão o disposto no art. 10 e no art. 489, §1º, quando decidirem com fundamento neste artigo" (BRASIL, 2015).

[95] CPC/15: "Art. 942. Quando o resultado da apelação for não unânime, o julgamento terá prosseguimento em sessão a ser designada com a presença de outros julgadores, que serão convocados nos termos previamente definidos no regimento interno, em número suficiente para garantir a possibilidade de inversão do resultado inicial, assegurado às partes e a eventuais terceiros o direito de sustentar oralmente suas razões perante os novos julgadores. [...] §4º Não se aplica o disposto neste artigo ao julgamento: I - do incidente de assunção de competência e ao de resolução de demandas repetitivas; [...]" (BRASIL, 2015).

a reclamação ao tribunal, em caso de descumprimento da tese firmada;[96] os casos repetitivos já julgados podem servir de fundamento para o requerimento de tutela de evidência, sem necessária oitiva da parte contrária;[97] dispensou a garantia da caução em execução provisória de decisão fundamentada na tese do repetitivo;[98] permitiu a rescisão de decisão transitada em julgado, em que o magistrado deixou de distinguir o caso concreto e a aplicação da tese jurídica do repetitivo;[99] ampla publicidade;[100] transcendência do direito individual sobre o direito coletivo debatido nas causas repetitivas;[101] considerou como omissa a decisão sem manifestação sobre casos repetitivos.[102] Essas previsões especiais no processamento dos repetitivos integram o microssistema do processo coletivo e instrumentalizam o juízo para resolver processos de massa com mais qualidade e em menor tempo.

Os recursos repetitivos e o incidente de demandas repetitivas têm como objetivo firmar uma tese jurídica aplicável a todos os processos afetados, cuja matéria pode ser de Direito Processual ou Material.

---

[96] CPC/15: "Art. 988. Caberá reclamação da parte interessada ou do Ministério Público para: [...] IV - garantir a observância de acórdão proferido em julgamento de incidente de resolução de demandas repetitivas ou de incidente de assunção de competência; [...]" (BRASIL, 2015).

[97] CPC/15: "Art. 311. A tutela da evidência será concedida, independentemente da demonstração de perigo de dano ou de risco ao resultado útil do processo, quando: [...] II - as alegações de fato puderem ser comprovadas apenas documentalmente e houver tese firmada em julgamento de casos repetitivos ou em súmula vinculante; [...]. Parágrafo único. Nas hipóteses dos incisos II e III, o juiz poderá decidir liminarmente" (BRASIL, 2015).

[98] CPC/15: "Art. 521. A caução prevista no inciso IV do art. 520 poderá ser dispensada nos casos em que: [...] IV - a sentença a ser provisoriamente cumprida estiver em consonância com súmula da jurisprudência do Supremo Tribunal Federal ou do Superior Tribunal de Justiça ou em conformidade com acórdão proferido no julgamento de casos repetitivos" (BRASIL, 2015).

[99] CPC/15: "Art. 966. [...] §5º Cabe ação rescisória, com fundamento no inciso V do caput deste artigo, contra decisão baseada em enunciado de súmula ou acórdão proferido em julgamento de casos repetitivos que não tenha considerado a existência de distinção entre a questão discutida no processo e o padrão decisório que lhe deu fundamento" (BRASIL, 2015).

[100] CPC/15: "Art. 979. A instauração e o julgamento do incidente serão sucedidos da mais ampla e específica divulgação e publicidade, por meio de registro eletrônico no Conselho Nacional de Justiça. [...] §3º Aplica-se o disposto neste artigo ao julgamento de recursos repetitivos e da repercussão geral em recurso extraordinário" (BRASIL, 2015).

[101] CPC/15: "Art. 998. O recorrente poderá, a qualquer tempo, sem a anuência do recorrido ou dos litisconsortes, desistir do recurso. Parágrafo único. A desistência do recurso não impede a análise de questão, cuja repercussão geral já tenha sido reconhecida e daquele objeto de julgamento de recursos extraordinários ou especiais repetitivos" (BRASIL, 2015).

[102] CPC/15: "Art. 1022. Cabem embargos de declaração contra qualquer decisão judicial para: Parágrafo único. Considera-se omissa a decisão que: I - deixe se de manifestar sobre tese firmada em julgamento de casos repetitivos ou em incidente de assunção de competência aplicável ao caso sob julgamento; [...]" (BRASIL, 2015).

Quanto ao Direito Material, é importante deixar claro que o julgamento do repetitivo deve apresentar a questão jurídica, formando um verdadeiro precedente de onde se pode extrair a *ratio decidendi* e o *obter dictum*. Dessa forma, o resultado do julgamento dos repetitivos não é só a tese jurídica, podendo dele se extrair os fundamentos determinantes da decisão e os dispositivos normativos relacionados.[103]

A comunicação entre os órgãos do Poder Judiciário[104] é necessária para construir a tese jurídica e, depois de editada, estabelecer o mútuo respeito aos precedentes firmados nos recursos repetitivos e nos IRDR. A prática dos atos concertados entre os juízes cooperantes pode resultar na centralização de processos repetitivos e coordenar a aplicação do precedente da maneira mais compatível com a satisfação coletiva dos processos em curso, incidindo sobre cada demanda individual afetada.

Com a integração entre os órgãos do Poder Judiciário na resolução das causas repetitivas, torna-se mais racional a coletivização dos efeitos da decisão no processo piloto, podendo dele se extrair a resolução das demais demandas individuais afetadas ao seu julgamento. Por isso, é importante que o acórdão traga as questões de direito debatidas e os fundamentos determinantes e, com isso, o juiz poderá aplicar diretamente ao caso que se encontra sob sua análise ou fazer a distinção para a não aplicação.

Essa técnica processual está em conformidade com o processo coletivo, diferindo na fase processual, em que são entregues as decisões paradigmas para aplicação em favor do indivíduo. O titular do direito pode: no processo coletivo, liquidar a sentença coletiva e, depois, executá-la; nas demandas repetitivas, suscitar em juízo a tese firmada e pedir pelo julgamento da lide com vinculação ao precedente firmado.

O método de resolução das causas repetitivas, seja por via recursal, seja incidental, ampara os direitos acidentalmente coletivos, cuja questão jurídica se encontra em debate no bojo de "centenas" de processos. A

---

[103] "O legislador demonstrou preocupação com esta questão, positivando no §2.º do art. 979 a regra de que o registro das teses deverá conter os fundamentos determinantes da decisão e os dispositivos normativos relacionados. O objetivo da norma é possibilitar a identificação da questão jurídica apreciada no incidente, com o precedente formado, tanto para fins de aplicação ou distinção em relação aos processos pendentes e futuros, como para fins de eventual superação da tese firmada" (MENDES; TEMER, 2015, p. 296).

[104] CPC/15: "Art. 67. Aos órgãos do Poder Judiciário, estadual ou federal, especializado ou comum, em todas as instâncias e graus de jurisdição, inclusive aos tribunais superiores, incumbe o dever de recíproca cooperação, por meio de seus magistrados e servidores" (BRASIL, 2015).

redução dos custos dos processos individualmente considerados é um estímulo para a aplicação dessa sistemática de julgamento, com ganhos para o orçamento do Poder Judiciário. Outro ganho é o hermenêutico, por importar na uniformização das decisões sobre as mesmas questões jurídicas, com aplicação da mesma tese em vários processos e com o mesmo resultado.

Antes dessa sistemática,[105] as demandas individuais sofriam avaliações diferentes e com resultados diversos, ainda que estivessem sendo discutidas as mesmas matérias, como resultado, o processo se tornava dispendioso e inseguro para as partes. Época em que o momento da distribuição do processo era fator decisivo para o autor da demanda, pois já se sabia qual o entendimento do juízo – favorável ou não à pretensão.

Enquanto nos recursos repetitivos o Poder Judiciário possui competência para selecionar os processos[106] e afetá-los para julgamento, quando houver uma multiplicidade, no IRDR, compete ao juiz, ao relator no Tribunal, ao Ministério Público, à Defensoria Pública ou qualquer das partes suscitar o incidente para pacificar uma controvérsia jurídica que atinge o direito de uma universalidade de outros processos.

Nas demandas repetitivas, os processos ficam suspensos até deliberação final do Tribunal sobre a fixação de tese jurídica, com aplicação extensiva a todos os feitos afetados, que devem se identificar precisamente com a questão a ser submetida a julgamento.

É bom ter cuidado com violações à representatividade adequada na resolução de causas repetitivas, tendo em vista que a seleção do processo piloto é feita por membro do Poder Judiciário, sendo possível que o recurso tenha partes hipossuficientes e com representação processual não especializada. O compromisso e a técnica são importantes para a construção da decisão coletiva, fixação da tese jurídica e formação do precedente vinculante. A simples chamada de outros interessados para apresentar manifestação não supre o vício de representatividade adequada, por haver necessidade de preenchimento dos requisitos de

---

[105] Período anterior à Lei nº 11.418, de 19 de dezembro de 2006, que inseriu o art. 543-B no CPC/73.
[106] CPC/15: "Art. 1.036. [...] §1º O presidente ou o vice-presidente de tribunal de justiça ou de tribunal regional federal selecionará 2 (dois) ou mais recursos representativos da controvérsia, que serão encaminhados ao Supremo Tribunal Federal ou ao Superior Tribunal de Justiça para fins de afetação, determinando a suspensão do trâmite de todos os processos pendentes, individuais ou coletivos, que tramitem no Estado ou na região, conforme o caso" (BRASIL, 2015).

compromisso e especialização técnica na matéria – sem eles, a representação continuará defeituosa.

No IRDR, há uma ampliação da legitimidade para suscitar o incidente, abrindo-se oportunidade para outras partes intervirem no feito, prestigiando a ampla participação dos interessados na fixação da tese jurídica. Esse procedimento deve ser aplicado aos recursos repetitivos, por integrar o microssistema dos processos coletivos.

Para a sistemática de julgamento dos recursos repetitivos, "[...] sempre que houver multiplicidade de recursos extraordinários ou especiais com fundamento em idêntica questão de direito, haverá afetação para julgamento" (art. 1.036 do CPC/15) (BRASIL, 2015), conjunto com a previsão de suspensão dos processos afetados, segundo as disposições do CPC/15, do Regimento Interno do STF e do Regimento Interno de Superior Tribunal de Justiça (STJ).[107] Ademais, exige-se que a questão de direito esteja em processamento no tribunal superior.

No caso do IRDR, a questão de direito é resolvida antes da chegada do tema aos Tribunais Superiores, possibilitando ao tribunal local proferir seu entendimento uniformizado sobre a questão e elaborar sua própria tese jurídica, com posterior análise pelos Tribunais Superiores, respeitando-se os requisitos de admissibilidade do REsp e RE.

As causas repetitivas devem possuir similaridade de questões de direito. Primeiro porque, em sede de recurso repetitivo, apenas questão de direito é apreciada pelas cortes superiores, ante o obstáculo da Súmula nº 7 do STJ e da Súmula nº 279 do STF. O mesmo ocorre com o IRDR, por não se debater os fatos discutidos individualmente na causa-piloto.

A questão de direito decidida resulta em tese paradigma para a resolução de outros processos afetados ao mesmo tema. Esse é um aspecto importante para se tratar, diante da forma de incorporação dos modelos estrangeiros ao sistema brasileiro. No Direito inglês, a *Group Litigation Order* é definida pela *Rule 19:10* do *Civil Procedure Rules* (CPR), com a previsão de "[...] um gerenciamento (*case management*) coletivo de demandas que versam sobre questões comuns ou relacionadas, de

---

[107] Os recursos repetitivos nos Tribunais Superiores divergem quanto aos efeitos da suspensão dos processos afetados, do REsp ou RE interposto contra o acórdão que julgou IRDR. Nesse caso, a suspensão dos processos, realizada pelo relator, ao admitir o incidente, só cessará com o julgamento dos referidos recursos, não sendo necessário, entretanto, aguardar o trânsito em julgado. Já os recursos repetitivos podem ter efeito suspensivo, mas não é automático como no IRDR. Isso porque, nas instâncias superiores, apenas podem ser objeto de embargos de declaração quando cabíveis e de RE, contudo, este, sem efeito suspensivo automático (REsp nº 1.869.867/SC) (BRASIL, 2021).

fato e de direito, denominadas 'questões de ordem de litígio em grupo' (*GLO issues*)" (CAVALCANTI; 2016, p. 87). O legislador brasileiro, ao excluir as questões de fato para apreciação das causas repetitivas, aproximou os institutos dos recursos repetitivos e do IRDR ao processo coletivo. A abstrativização do tema debatido resulta numa tese jurídica de alcance mais amplo sobre os processos individuais. Essa questão de direito pode ser material ou processual, ressaltando que, no Direito alemão, "[...] esse procedimento é reservado, em geral, para a obtenção de ordens de fazer e não fazer, não sendo aplicável para a indenização coletiva de prejuízos individuais" (ARENHART; OSNA, 2021, p. 429).

No Direito brasileiro, as causas repetitivas podem ser julgadas coletivamente, quando houver uma repetição de processos que contenham controvérsia sobre a mesma questão, unicamente de direito, e risco de ofensa à isonomia e à segurança jurídica. Com o fim de evitar decisões dissonantes entre o tribunal local e os Tribunais Superiores, a lei vedou a instauração de IRDR quando "[...] um dos tribunais superiores, no âmbito de sua respectiva competência, já tiver afetado recurso para definição de tese sobre questão de direito material ou processual repetitiva" (art. 976, §4º, do CPC/15) (BRASIL, 2015). Essa é uma medida racional e econômica, mas, por outro lado, pode limitar a representatividade do titular do direito coletivo para se manifestar no julgamento do recurso repetitivo. Assim, é necessário que haja publicidade dos temas debatidos nos Tribunais Superiores, em sede de recursos repetitivos, para oportunizar os interessados a se manifestarem.

Nas causas repetitivas, o relator deve ouvir todos os sujeitos do processo que demonstrem interesse, oportunizando a juntada de documentos essenciais à integração da redação da tese jurídica a ser fixada. A insatisfação das partes é apreciada pelo relator do IRDR ou do recurso excepcional repetitivo,[108] que poderá indicar especialistas

---

[108] Tanto no IRDR quanto nos recursos repetitivos, compete ao relator providenciar a realização de diligências e oitiva de interessados. No sistema de causas repetitivas, a instrução processual bem-feita é fundamental para propiciar o maior alcance possível de beneficiários da tese jurídica fixada. Essa conduta se encontra no CPC/15: "Art. 983. O relator ouvirá as partes e os demais interessados, inclusive pessoas, órgãos e entidades com interesse na controvérsia, que, no prazo comum de 15 (quinze) dias, poderão requerer a juntada de documentos, bem como as diligências necessárias para a elucidação da questão de direito controvertida, e, em seguida, manifestar-se-á o Ministério Público, no mesmo prazo. [...] Art. 1.038. O relator poderá: I - solicitar ou admitir manifestação de pessoas, órgãos ou entidades com interesse na controvérsia, considerando a relevância da matéria e consoante dispuser o regimento interno; II - fixar data para, em audiência pública, ouvir depoimentos de pessoas com

na matéria em debate e promover uma audiência pública com ampla participação.[109]

A chamada do maior número de sujeitos interessados e a produção do maior número de diligências, com informações substanciais ao deslinde da causa repetitiva, são práticas processuais consentâneas com a teoria de Fazzalari (2006), pautada na democratização da participação efetiva dos interessados na eficácia do provimento coletivo resultante da apreciação de causas repetitivas.[110]

Satisfeitas as manifestações dos interessados e cumpridas as diligências, o relator marcará data para julgamento, com preferência sobre os demais feitos, ressalvados os que envolvam réu preso e os pedidos de *habeas corpus*. A celeridade na tramitação do julgamento das causas repetitivas está diretamente relacionada ao cronômetro do período de suspensão dos processos afetados, por requerer do relator uma decisão fundamentada quanto à prorrogação do prazo de suspensão por tempo superior ao previsto na lei.

A celeridade mencionada deve vir combinada com a razoável duração do processo, garantia constitucional de significado mais complexo que o entendimento de resolução de uma demanda em curto espaço de tempo. O provimento deve ter qualidade e, para isso, é preciso que haja uma boa instrução do processo, com ampla participação dos sujeitos. Se o prazo de um ano se mostrar insuficiente para se chegar a um provimento final com qualidade, cabe ao relator prorrogar seu percurso, eliminando, ao máximo, o "tempo morto", para fixar uma

---

experiência e conhecimento na matéria, com a finalidade de instruir o procedimento; III - requisitar informações aos tribunais inferiores a respeito da controvérsia e, cumprida a diligência, intimará o Ministério Público para manifestar-se [...]" (BRASIL, 2015).

[109] "O microssistema de aplicação e formação dos precedentes deverá respeitar as técnicas de ampliação do contraditório para amadurecimento da tese, como a realização de audiências públicas prévias e participação de *amicus curiae*" (Enunciado 460 do Fórum Permanente de Processualistas Civis. Grupo: Precedentes, IRDR, Recursos Repetitivos e Assunção de competência).

[110] As causas repetitivas representam inúmeros indivíduos ansiosos por uma definição da questão de direito debatida pelos tribunais, em razão disso, é importante lembrar que "[...] o 'processo' é um procedimento do qual participam (são habilitados a participar) aqueles em cuja esfera jurídica o ato final é destinado a desenvolver efeitos: contraditório, e de modo que o autor do ato não possa obliterar as suas atividades" (FALLAZARI, 2006, p. 118-119). Essa é uma garantia constitucional incidente sobre qualquer processo, pois "[...] onde é ausente o contraditório – isto é, onde inexista a possibilidade, prevista pela norma, de que ele se realize – não existe processo" (FALLAZARI, 2006, p. 121).

tese jurídica em causa repetitiva com brevidade razoável a concluir o debate.[111]

A qualidade do provimento no processo coletivo, diante de sua repercussão irradiada em outros processos afetados ao piloto, requer a análise dos argumentos dos sujeitos do processo, tanto os legitimados formais quanto os materiais,[112] para que, no acórdão resolutivo da demanda, contenha fundamentos capazes de formar um precedente orientador dos magistrados na solução dos demais processos, quer seja de modo favorável ou contrário à pretensão inicial.

A tese jurídica espelha o resumo do entendimento do Poder Judiciário sobre o tema analisado, tendo a coletivização do processo repetitivo proporcionado a apreciação de diferentes vieses sobre o mesmo tema, mas que comportam resultados similares, na medida de suas similitudes.[113]

Aplicar a tese jurídica definida pelo Tribunal não significa impor seu texto a todos os casos repetitivos afetados e os demais que venham a ser ajuizados. A redação do art. 985 do CPC/15 deve ser interpretada de maneira que a tese jurídica será aplicada: "I - a todos os processos individuais ou coletivos que versem sobre idêntica questão de direito e que tramitem na área de jurisdição do respectivo tribunal, inclusive àqueles que tramitem nos juizados especiais do respectivo Estado ou região" (BRASIL, 2015). Entende-se como "idêntica questão de direito" a *ratio decidendi*, prevista no acórdão que julgou o processo piloto e orientou a redação da tese jurídica. Assim, alcançar a uniformidade jurisprudencial por meio da manutenção da estabilidade, integração e coerência dos precedentes não se resume à tese jurídica.

---

[111] "Tem-se, então, que o tempo morto está à livre disposição do legislador, enquanto o tempo processual, apesar de não ser intocável, tem menor margem de maleabilidade, na medida em que deve sempre existir em quantidade mínima, de forma a possibilitar o efetivo exercício dos direitos fundamentais processuais. Em outras palavras, pode-se dizer que a busca da duração razoável do processo deve se fazer mediante a redução do tempo morto ao mínimo possível, caso não seja possível mesmo a sua eliminação. Quanto ao tempo processual, se for preciso adotar medidas que repercutam diretamente no tempo para a prática dos atos processuais, deve haver absoluto respeito para que se preserve uma duração mínima essencial para o efetivo exercício dos direitos fundamentais processuais" (MARDEN, 2015, *e-book*).

[112] "[...] a participação desses sujeitos, obviamente, há de ser feita à luz da ideia de representatividade adequada [...]" (ARENHART; OSNA, 2021, p. 431).

[113] CPC/15: Art. 984, §2º - "O conteúdo do acórdão abrangerá a análise de todos os fundamentos suscitados concernentes à tese jurídica discutida, sejam favoráveis ou contrários" (BRASIL, 2015).

Em todos os processos, inclusive os afetados, há necessidade de se ouvir os sujeitos do processo (art. 10 do CPC/15).[114] A obrigatoriedade de observância do precedente pelos órgãos do Poder Judiciário não é absoluta, cabendo ao magistrado analisar cada caso concreto, segundo o ponto de partida fixado pelo precedente. A causa concreta possui sua singularidade e ao magistrado é dado o poder de distinguir do precedente similar ou superar o entendimento firmado, em caso de nova lei incompatível com a fundamentadora da tese jurídica.[115]

As questões de fato não são analisadas pelos processos de causas repetitivas, apenas as questões de direito. Em razão disso, a aplicação da tese jurídica se dá "[...] II - aos casos futuros que versem idêntica questão de direito e que venham a tramitar no território de competência do tribunal" (art. 985 do CPC/15) (BRASIL, 2015). A questão de fato autoriza o magistrado a distinguir o precedente de uma situação fática diferente da do caso concreto. Se, ainda em curso, o processo individual prestes a sofrer com a dinâmica da aplicação da causa repetitiva e houver fatores históricos, econômicos, culturais, sociais e outros, subjacentes, contrários à tese fixada, pode haver superação do precedente.

A coletivização de processos individuais requer cuidado dos julgadores, mas não importa dizer que não devem seguir o precedente firmado pelo Tribunal nos casos repetitivos. As observações feitas nos parágrafos anteriores se dão em razão do necessário entendimento do que significa precedente para o IRDR, segundo o CPC/15.[116]

---

[114] "Para a aplicação, de ofício, de precedente vinculante, o órgão julgador deve intimar previamente as partes para que se manifestem sobre ele" (Enunciado 458 do Fórum Permanente de Processualistas Civis. Grupo: Precedentes, IRDR, Recursos Repetitivos e Assunção de competência, disponível em: https://alice.jusbrasil.com.br/noticias/241278799/ enunciados-do-forum-permanente-de-processualistas-civis-carta-de-vitoria).

[115] Acerca do assunto, Cavalcanti (2016) é claro em sua doutrina acerca da importação equivocada da teoria dos precedentes, sistema do *stare decisis* do *common law*, pelo CPC/15, atacando com a seguinte crítica: "Assim, o modo como o NCPC tenta importar o sistema do *stare decisis* do *common law* é absolutamente inadequado. O precedente judicial nos países de tradição *anglo-saxônica* funciona como *ponto de partida* para a discussão e resolução da lide, função que, nos países do *civil law*, é desempenhada pela própria legislação. Sua aplicação exige intensa interpretação e realização do contraditório entre as partes. Segundo Lenio Streck, também nos EUA – e não poderia ser diferente – texto e norma não são a mesma coisa" (CAVALCANTI, 2016, p. 337-338).

[116] "Uma das dimensões do dever de integridade previsto no caput do art. 926 consiste na observância das técnicas de distinção e superação dos precedentes, sempre que necessário para adequar esse entendimento à interpretação contemporânea do ordenamento jurídico" (Enunciado 457 do Fórum Permanente de Processualistas Civis. Grupo: Precedentes, IRDR, Recursos Repetitivos e Assunção de competência, disponível em: https://alice.jusbrasil.com. br/noticias/241278799/enunciados-do-forum-permanente-de-processualistas-civis-carta-de-vitoria).

É possível a revisão da tese jurídica firmada nas causas repetitivas.[117] Essa revisão dos casos repetitivos já julgados e com tese definida não possui uma legitimidade ampla para proposição, sendo feita pelo mesmo Tribunal que a fixou de ofício – em alguns casos, admite-se o requerimento do Ministério Público e da Defensoria Pública. Esse obstáculo normativo não impede que os interessados requeiram dos legitimados formais, administrativamente, que instaurem o procedimento de revisão.[118]

O requerimento deve conter argumentos fáticos e jurídicos capazes de fundamentar a revisão do precedente firmado para a fixação da tese jurídica. Por exemplo, a revogação da norma que fundamentou o precedente ou alteração econômica, cultura, social ou política. Assim, aceitando o pedido de revisão, pode o Tribunal modular os efeitos da decisão por motivo de interesse social e preservação da segurança jurídica.

2.2.2 A importância da "causa julgada" e da tese jurídica

As causas repetitivas julgadas no âmbito do STF e do STJ decorrem da seleção de dois ou mais recursos representativos da controvérsia com a mesma questão de direito, para fins de uniformização de entendimento sobre um tema.

Decidida a causa repetitiva pelo STF, haverá a estabilização do tema controverso e contra a decisão só é cabível a revisão de ofício pelo próprio Tribunal. No caso do STJ, cabe RE, caso haja matéria constitucional[119] e, após o julgamento do recurso, há a fixação da tese jurídica. Assim, é importante que a seleção dos recursos "[...] contenham

---

[117] Seja em relação ao IRDR (art. 986 do CPC/15) ou aos recursos excepcionais repetitivos (Seção V do RISTJ – art. 256-S e seguintes – e art. 103 do RISTF), é possível a revisão da tese jurídica firmada, de ofício ou mediante requerimento dos legitimados.

[118] Enunciado 473 do Fórum Permanente de Processualistas Civis: "A possibilidade de o tribunal revisar de ofício a tese jurídica do incidente de resolução de demandas autoriza a parte requerê-la" (Informação disponível em: https://alice.jusbrasil.com.br/noticias/241278799/enunciados-do-forum-permanente-de-processualistas-civis-carta-de-vitoria).

[119] O STF se encontra apreciando, até o fechamento deste texto, se o rol de procedimentos e eventos estabelecido pela Agência Nacional de Saúde (ANS) é taxativo. Por outro lado, em sede de recursos repetitivos, o STJ já havia definido que o rol de procedimentos e eventos em saúde suplementar é, em regra, taxativo (item 1 da tese jurídica fixada). Os processos selecionados e decididos foram: EREsp nº 1886929 e EREsp nº 1889704. Essa tese jurídica pode ser revista, em razão do julgamento do RE que se encontra no STF, podendo ainda sofrer revisão, com base na recente alteração legislativa promovida pelo Congresso e

abrangente argumentação e discussão a respeito da questão a ser decidida" (art. 1.036, §6º, do CPC/15) (BRASIL, 2015). A lei dá relevância à causa a ser decidida.

No caso do IRDR, o Tribunal também decide a causa e fixa a tese. Entretanto, havendo matéria constitucional ou envolvendo lei federal, cabe, do julgamento de mérito, RE ou Resp, e sua interposição já garante ao recorrente, automaticamente, o efeito suspensivo e presunção de repercussão geral.

Julgado o recurso excepcional no IRDR, a eficácia da tese jurídica se estenderá a todo o território nacional, sendo aplicável "[...] a todos os processos individuais ou coletivos que versem sobre idêntica questão de direito" (art. 987, §2º, do CPC/15) (BRASIL, 2015). Dessa forma, o importante nas causas repetitivas é a formação do precedente, sendo a tese jurídica informativa. O precedente é composto de questão de fato e de direito, já a tese, apenas por questão de direito. Sendo assim, os pedidos de revisão e os recursos excepcionais interpostos contra a decisão proferida em recursos repetitivos no STJ ou IRDR nos Tribunais de segunda instância devem ter a causa decidida apreciada.

O texto constitucional dispõe sobre os requisitos de admissibilidade do REsp e RE.[120] O pedido é de reforma do julgamento da causa piloto, e não de revisão da tese fixada. Se o pedido no recurso excepcional for de revisão de tese, será inadmitido, pois não há REsp ou RE de tese jurídica em abstrato. É o caso de REsp interposto contra acórdão de Tribunal que negou pedido de revisão de tese jurídica, como o pedido de revisão aprecia apenas a questão de direito, não cabe REsp contra o resultado desse acórdão, pois nele não há "causa decidida".

É irrecorrível a decisão que fixa a tese jurídica em recursos repetitivos ou IRDR. A existência de seleção das causas repetitivas para fins de afetação de julgamento dos repetitivos e IRDR, a fixação da tese devolve ao juízo originário a competência para julgar o recurso afetado

---

Presidente da República, ao sancionar o PL nº 2.033/2022, em resposta ao julgamento do STJ, para eliminar o rol taxativo de procedimentos da ANS.

[120] CF/88: "Art. 102. Compete ao Supremo Tribunal Federal, precipuamente, a guarda da Constituição, cabendo-lhe: [...] III - julgar, mediante recurso extraordinário, as causas decididas em única ou última instância, quando a decisão recorrida: a) contrariar dispositivo desta Constituição; [...]. Art. 105. Compete ao Superior Tribunal de Justiça: [...] III - julgar, em recurso especial, as causas decididas, em única ou última instância, pelos Tribunais Regionais Federais ou pelos tribunais dos Estados, do Distrito Federal e Territórios, quando a decisão recorrida: a) contrariar tratado ou lei federal, ou negar-lhes vigência" (BRASIL, 1988).

e, uma vez decidido, contra essa decisão caberá o recurso excepcional envolvendo as questões de fato e de direito.

Nessa ideia, primeiro o Tribunal fixa a tese jurídica e, após, julga as causas piloto. O REsp ou RE será interposto em face da decisão que julga a causa. É inconstitucional a interpretação que se der ao art. 987 do CPC/15, no sentido de permitir recursos excepcionais em face da decisão que fixa a tese jurídica, por se tratar de conteúdo abstrato e incompatível como texto constitucional pertinente aos requisitos de cabimento dos recursos excepcionais. "Assim, aplicada a tese jurídica ao caso concreto paradigma, ou seja, tendo o tribunal *decidido a causa*, aí sim serão cabíveis os recursos especial e extraordinário" (CAVALCANTI, 2016, p. 397).

O STJ seguiu esse entendimento no REsp nº 1.798.374/DF, onde foi Relator o Ministro Mauro Campbell Marques. O recurso foi julgado pela Corte Especial em 18.05.2022 (BRASIL, 2022). Por outro lado, em sentido diametralmente oposto, em decisão monocrática, o Ministro Humberto Martins deixou de seguir a orientação jurisprudencial da Corte Especial do STJ, ao não aplicar a orientação da necessária análise da "causa julgada" no REsp interposto contra o acórdão proferido no IRDR nº 0000177-08.2020.8.03.0000, originário do Amapá.

A questão de direito debatida no IRDR está relacionada ao direito do militar processado, disciplinarmente, a participar de sessão secreta do Conselho de Disciplina ou de Justificação. Após amplo debate no Tribunal de Justiça do Estado do Amapá, fixou-se a tese jurídica:

> A não previsão de intimação do processado ou do seu advogado para o ato de elaboração de relatório pelo Conselho de Disciplina da Polícia Militar do Estado do Amapá, de que trata o art. 12 da Lei nº 6.804/1980, por ser esse relatório de natureza informativa, não resulta em nenhum tipo de violação aos princípios do contraditório e da ampla defesa, não consubstanciando em motivo para a decretação de nulidade da exclusão do militar das fileiras da Corporação (BRASIL, 2022).

Essa tese se baseou nas decisões mais recentes da 1ª Turma do STJ, que serviram de fundamento para o argumento do colegiado da Corte de Justiça estadual. O entendimento firmado sobre a "causa julgada" faz parte da *ratio decidendi* e deixou de ser apreciado pelo Ministro Relator Humberto Martins. Em decisão monocrática simples, ele reformou a decisão proferida no IRDR sem sequer submeter à Corte Especial ou ao Plenário do Tribunal da Cidadania.[121]

Consta na decisão monocrática que, "Nessa conjuntura, verifica-se que a Corte *a quo* se manifestou em sentido contrário à jurisprudência do Superior Tribunal de Justiça, o que enseja a reforma do acórdão recorrido". Mas que jurisprudência? A da 2ª Turma do STJ? Nos processos em que ele participou?

O entendimento do Tribunal Superior não está pacificado, sendo utilizado para fundamentar a decisão monocrática extraída da Segunda Turma. Ocorre que a Primeira Turma vem entendendo de maneira diametralmente oposta,[122] o que merecia o cuidado do Ministro Relator, ao proferir uma decisão monocrática de repercussão em dezenas de processos. E, ainda, o Superior Tribunal Militar, órgão do Poder Judiciário especializado na matéria, tem sólida jurisprudência no sentido da constitucionalidade da "sessão secreta".[123]

A coletivização dos processos individuais, por meio acidental, corre o risco de causar mais insegurança, quando tratada dessa maneira. Sequer houve o cuidado de levar à Primeira Sessão do STJ, em razão da divergência entre as duas turmas, órgão jurisdicional adequado para debater a "causa piloto" orientadora da fixação da tese jurídica.

O processo ainda se encontra em julgamento, com pendência de análise do recurso interposto pela Procuradoria do Estado do Amapá, com o fim de levar ao conhecimento dos demais integrantes da Segunda Turma e, a depender do resultado, opor embargos de divergência para ver o caso julgado pela Primeira Sessão.

Os limites da competência do STJ devem estar bem delineados no seu regimento interno, para evitar que decisões monocráticas desestabilizem o entendimento consolidado de um tribunal. O CPC/15 definiu como competente para processar e julgar o IRDR, seja pelo Tribunal de Justiça (TJ) ou pelo Tribunal Regional Federal (TRF). Assim, apenas é

---

[121] Decisão proferida no AREsp nº 2084336/AP (2022/0062582-0), interposto contra o acórdão que resolveu o IRDR.

[122] "[...] 1. A falta de intimação do acusado ou do seu advogado para participarem da sessão secreta do Conselho de Disciplina não é, só por si, causa de nulidade do processo administrativo. Precedente: RMS 57.703/PI, Rel. Ministro SÉRGIO KUKINA, PRIMEIRA TURMA, DJe 10/12/2018. [...]" (RMS nº 60.913/PI) (BRASIL, 2019).

[123] "[...] 6- A denominada 'sessão secreta' encontra fundamento nos arts. 9º, §1º, e 12, da Lei nº 5.836/1972, que estão em consonância com a Constituição Federal de 1988 e a legislação infralegal que dispõe sobre a matéria. A deliberação pelos membros do Conselho tem caráter opinativo, com a finalidade de subsidiar a decisão do Comandante da" (CJust 7000349-90.2020.7.00.0000) (BRASIL, 2021, p. 16).

possível ser instaurado um IRDR diretamente no STJ quando se tratar de competência recursal ordinária (art. 105, II, da CF/88) ou de competência originária (art. 105, I, da CF/88).[124]

No caso relatado linhas atrás, o Ministro Relator não só contrariou a jurisprudência da Primeira Turma do STJ, mas o entendimento consolidado pela Corte Especial acerca da impossibilidade de interposição de REsp contra a tese jurídica.

Havia divergência entre a 2ª Seção do STJ e a 1ª, entendendo a 2ª Seção que é cabível o REsp contra o acórdão que fixa a tese, em abstrato (REsp nº 1.818.564/DF). Em contrapartida, a 1ª Seção do STJ não admitia o processamento de REsp contra acórdão que apenas fixa tese de IRDR em abstrato (REsp nº 1.881.272/RS), sendo necessária a interposição contra a causa base, a causa piloto julgada.

Dessa forma, não poderia haver julgamento de revisão da tese firmada pelo Tribunal local sem a análise, pelo STJ, do caso concreto.[125] Não basta apenas compatibilizar um enunciado de um julgado com a tese firmada pelo Tribunal de origem para concluir sobre a compatibilidade ou não com a jurisprudência do Tribunal Superior. E mais, apenas precedentes vinculantes, com força normativa, poderiam ensejar esse tipo de julgamento monocrático, o que não se viu no caso citado anteriormente. A tutela de direito acidentalmente coletivo deve ser recheada com as mesmas garantias do processo coletivo, cujas normas se fundamentam na CF/88 e no microssistema do processo coletivo.

A decisão da "causa julgada" é relevante para o estudo em razão de autorizar o pedido de tutela provisória em processos afetados e suspensos para organizar o procedimento nas demandas de massa e/ou incluir fatos novos na fixação da tese jurídica. Se fosse analisada apenas esta, não comportaria a rediscussão do tema posto sob o crivo do Tribunal para julgar o IRDR, tema este desenvolvido no tópico que trata da aplicação da tutela provisória dialógica nas demandas de massa.

---

[124] O microssistema do processo coletivo deve ser integrado ao microssistema para o julgamento de demandas repetitivas, com a definição clara das competências dos tribunais ordinários e excepcionais, a fim de assegurar o tratamento isonômico das questões comuns e, assim, conferir maior estabilidade à jurisprudência, além de efetividade e celeridade à prestação jurisdicional. A competência do STJ para apreciar IRDR, originariamente, surgiu de interpretação dada pela própria Corte (AgInt na Pet nº11.838/MS) (BRASIL, 2019). O respeito às decisões do próprio Poder Judiciário, seja de que instância for, deve ser um dever do magistrado. Não importa se a decisão impugnada é de primeiro grau, o prolator dela é membro do órgão e representa a justiça.

[125] Entendimento consolidado pela Corte Especial do STJ, no julgamento do REsp nº 1.798.374/DF (BRASIL, 2022).

2.3 Processo estrutural

Estudar o processo estrutural é de grande importância para entender como se constrói uma decisão em processo coletivo complexo. Não basta uma petição inicial indicando a pretensão desejada pelo substituto processual em nome da coletividade para que, com uma decisão, provisória ou de mérito, chegue-se ao provimento do processo com eficácia e eficiência. O procedimento comum não se presta a resolver um litígio estrutural.[126]

A complexidade da tutela coletiva é identificada a partir do litígio estrutural em debate:

> Litígios estruturais são litígios coletivos decorrentes do modo como uma estrutura burocrática, pública ou privada, de significativa penetração social, opera. O funcionamento da estrutura é que causa, permite ou perpetua a violação que dá origem ao litígio coletivo. Assim, se a violação for apenas removida, o problema poderá ser resolvido de modo aparente, sem resultados empiricamente significativos, ou momentaneamente, voltando a se repetir no futuro (VITORELLI, 2022, p. 60).

Identificado o litígio estrutural como uma tutela coletiva qualificada pelas características descritas, o processo estrutural pode visar uma mudança de comportamento de estruturas privadas ou públicas, recaindo sobre a organização de uma instituição, um conjunto de instituições, uma política ou um programa público (VITORELLI, 2022, p. 60). Afirma Vitorelli (2022, p. 64) que: "Ainda que nem todo litígio coletivo irradiado seja estrutural, todo litígio estrutural é um litígio coletivo irradiado".

A definição de litígio estrutural é complexa, tal qual o desenvolvimento do processo em que se encontra o debate sobre a tutela coletiva nele identificada. A complexidade do litígio coletivo é um alerta da necessidade de intervir, judicialmente, na estrutura de um ente público ou privado, com o fim de alterar modos de agir (omissivo ou comissivo) que vêm se mostrando violadores das normas vigentes.

---

[126] "Os litígios enfrentados nesse tipo de processo não se conformam nos limites da lógica processual bipolar e nem são superados por meio de uma tutela pontual e específica. Têm por elemento marcante, nesse sentido, a garantia de direitos por meio de uma reforma estrutural, levada a cabo através de comandos judiciais experimentais e prospectivos, sempre com a finalidade de fazer valer direitos fundamentais reputados relevantes na operacionalização da burocracia de organizações públicas ou privadas" (CASIMIRO; FRANÇA; NÓBREGA, 2022, p. 110).

Não há um momento fixo para se identificar que um problema e o litígio são estruturais. O primeiro pode ser identificado no inquérito civil ou na apuração de provas para instruir a petição inicial de ação coletiva. Se não identificado antes da propositura da ação, o problema se convola em litígio, e sua qualificação como demanda estrutural pode ser identificada após a resposta do réu em juízo.

Identificado o litígio estrutural, o interesse coletivo é de todos os sujeitos do processo, não cabendo mais contestar o que já identificado como atividade contrária ao ordenamento de maneira reiterada, estrutural e histórica. O Poder Público deve se subsidiar de agentes compromissados e investidos de técnica especializada na matéria debatida.

Os advogados públicos devem se utilizar de técnicas de autocomposição quando o problema estrutural é identificado e reconhecido pelo Poder Público. Para isso, é necessário existir autorização legal e norma interna, disciplinando o procedimento a ser seguido para transigir com os interessados na solução do problema ou litígio estrutural.

Já o processo estrutural é um meio de construir uma solução para o litígio, através da flexibilização dos procedimentos existentes no microssistema do processo coletivo e o diálogo entre os sujeitos do processo. As decisões interferem na atividade administrativa da estrutura, pública ou privada, ao (re)estruturar seu modo de agir, em conformidade com o ordenamento jurídico. Esse tipo de processo não surgiu no Brasil, tendo sua base histórica calcada em processos estruturantes decididos por Cortes de Justiça sob a regência do *common law*.

Para boa parcela da doutrina, o processo estrutural nasceu nos Estados Unidos da América, com uma necessidade prática em *Brown v. Board of Education*. Tratava-se de uma pretensão dos alunos negros de passarem a frequentar qualquer escola pública disponível no local onde viviam. Havia nos Estados Unidos uma norma autorizando a segregação racial, ao impedir que negros frequentassem as escolas públicas onde o "branco" estudava. Esse tipo de norma contrariava a Constituição Americana, e foi preciso o Poder Judiciário afastá-la por afronta à Quarta Emenda à Constituição – o direito à igualdade.

Diante da complexidade do processo coletivo, não há como a Suprema Corte Americana resolver todos os litígios em todos os estados norte-americanos sobre o tema decidido. Dessa forma, a tese jurídica foi fixada e o precedente vinculante deveria ser seguido pelas Cortes de instância inferiores. A Suprema Corte:

[...] devolveu os casos pendentes aos juízos de origem para 'adotar providências compatíveis com esse julgamento, expedindo as ordens para tanto necessárias, de modo a fazer com que as partes ingressem em escolas públicas não segregadas com base em raça, com a máxima urgência' (VITORELLI, 2022, p. 81-82).

Nesse sentido, não houve uma decisão concreta, dando solução ao caso, logo, não houve alteração significativa na política educacional. Uma decisão abordando a pretensão dos autores importaria na mudança do sistema educacional de diversos estados, afetando milhares de crianças no país.

Assim, a solução apresentada no caso citado fez com que os juízes de jurisdição ordinária criassem, ao seu modo, a solução para os casos postos em questão, por meio da *injunctions*, "[...] ordens judiciais que estabelecem obrigações de fazer ou não fazer" (VITORELLI, 2022, p. 82). Foram os juízes de primeiro grau, através de decisões específicas, que passaram a dar cumprimento a uma obrigação constitucionalmente assegurada ao povo americano, o direito à igualdade, e passaram a ordenar a correção nas escolas das imposições segregacionistas da política pública educacional local.

Esse é um exemplo de tutela provisória dialogada entre as partes que possibilitou a organização procedimental, visando dar cumprimento eficaz à decisão da Suprema Corte. Cada juízo com processo em curso teve de ser protagonista para reunir os sujeitos do processo, de modo a, dialogicamente, decidir progressivamente acerca da reestruturação do ensino em escolas de brancos e negros.

Foram as decisões dialogadas que fizeram a Suprema Corte decidir, pela segunda vez, acerca do tema. Alguns estados não cumpriram o objetivo da decisão, seguindo apenas a tese jurídica quando, em verdade, é o precedente que vincula. Na aplicação do precedente, houve estados que reuniram negros e brancos nas mesmas escolas e salas, proporcionalmente, atendendo à *ratio decidendi*; outros colocaram negros e brancos na mesma escola, só que em turnos diferentes; e outros estados foram dando soluções, seguindo o tema, mas sem atender os fundamentos do precedente.

O protagonismo do juiz de primeiro grau no processo coletivo, não só o estrutural, é de extrema relevância para solucionar casos complexos. Por meio de decisões interlocutórias dialógicas de cumprimento progressivo, o direito coletivo tutelado se amolda ao processo, na busca pela solução mais próxima da ideal. A mutabilidade do pedido e da causa de pedir, por meio de decisão em tutela provisória dialogada, não se origina do juiz, mas de todos os sujeitos do processo, na medida de suas capacidades institucionais de propor uma adequada solução ao caso.

Se o litígio estrutural for identificado no curso do processo, a tutela provisória com pedido sucessivo é um meio de adequar a pretensão de maneira a atender os titulares do direito coletivo. No exemplo norte-americano, foram as decisões em tutelas provisórias que moldaram o precedente vinculante a ser seguido pelos estados no momento do cumprimento progressivo da decisão. "O caso *Brown*, portanto, não é um exemplo de processo estrutural. Foi a sua implementação que, em algumas localidades e por iniciativa dos juízes locais, adquiriu, gradativamente, essa característica" (VITORELLI, 2022, p. 82).

A decisão da Suprema Corte norte-americana não trouxe solução estrutural ao processo, foram as respostas construídas nos juízos de primeiro grau que deram essa qualificação ao processo coletivo originalmente proposto. As decisões de cumprimento progressivo permitem "[...] a realização de uma alteração estrutural em uma organização, com o objetivo de potencializar o comportamento desejado no futuro" (VITORELLI, 2022, p. 83). São as *structural injunctions*, provimento estrutural utilizado pelos tribunais norte-americanos "[...] como um instrumento maleável – e, até mesmo, dialogado – de solução das controvérsias" (ARENHART; OSNA, 2022, p. 142).

Para Didier Júnior e Zaneti Júnior (2022, p. 581), o processo estrutural pressupõe um problema estrutural,[127] expressão criticada por Vitorelli (2022, p. 68), por entender que não há, no Direito, uma conceituação para o que venha a ser problema estrutural, "[...] não é uma categoria processual". Não há atecnia nas expressões de litígio estrutural ou de problema estrutural, de qualquer forma as duas denominações não existiam antes da introdução do tema no Brasil. O mais importante é identificar o objeto e sua extensão para, então, construir uma decisão mais consentânea com a pretensão coletiva.

---

[127] "O *problema estrutural* se define pela existência de um estado de desconformidade estruturada – uma situação de ilicitude contínua e permanente ou uma situação de desconformidade, ainda que não propriamente ilícita, no sentido de ser uma situação que não corresponde ao estado de coisas considerado ideal. Como quer que seja, o problema estrutural se configura a partir de um estado de coisas que necessita de reorganização (ou de reestruturação)" (DIDIER JÚNIOR; ZANETI JÚNIOR, 2022, p. 582, grifo do autor).

Didier Júnior e Zaneti Júnior (2022, p. 585, grifo do autor) utilizam as duas expressões ao afirmar que o "[...] *processo estrutural* é aquele em que se veicula um litígio estrutural, pautado num problema estrutural, e em que se pretende alterar esse estado de desconformidade, substituindo-o por um estado de coisas ideal".

No processo estrutural, os sujeitos utilizam os meios alternativos de solução dos litígios, sendo o caminho mais rápido e econômico para se chegar a uma solução. Entretanto, como nem tudo é transigível, ao juiz cabe intervir, por meio de decisões interlocutórias, para fazer cumprir a Constituição e as leis. Os sucessivos pedidos de tutela provisória dos interessados na resolução do litígio resultarão em decisões interlocutórias progressivas, de cumprimento imediato, embora provisório, capazes de moldar o provimento final de forma mais efetiva e eficaz. Assim, essa construção deve ser promovida pelos sujeitos do processo, não só pelo autor.

A decisão no processo estrutural deve ser construída por mais de uma "mão". O magistrado, sozinho, não detém capacidade técnica para construir uma decisão resolutiva de mérito de um processo coletivo. O litígio estrutural identificado na má gestão da *res publica*, refletindo uma herança de uma sucessão de agentes políticos incompetentes, não será solucionado através de uma sentença reprodutora dos pedidos formulados na petição inicial, que apenas elencam o problema estrutural já apurado em inquérito civil ou outro meio de auditoria idôneo – essa seria a decisão no "mundo ideal".

Os agentes políticos que se deparam com um litígio estrutural, ao saberem que ele existe e do seu potencial lesivo para seus súditos, em razão da complexidade do litígio, não podem deixá-lo em último plano de atuação da sua gestão. Se isto ocorrer, o próximo gestor receberá o problema estrutural e as alternativas de: a) tentar resolver; ou b) manter a mesma conduta dos agentes políticos predecessores. Os titulares do direito coletivo dependerão das preferências pessoais de cada gestor e não de uma política de Estado.

O processo estrutural precisa de uma decisão de conteúdo compatível com a realidade. Além de construir a decisão, é necessário identificar os sujeitos capazes de dar cumprimento aos seus dispositivos. Quando um agente público faz parte do litígio coletivo, há um maior controle do cumprimento da ordem judicial, e o descumprimento pode levar o juízo a cominar multa e outras medidas coercitivas.

O problema estrutural de ineficiência na promoção de políticas públicas não é resolvido por meio de uma sentença transitada em julgado. Na fase de cumprimento de sentença, o modo de agir dos gestores deve ter sido afetado pelas decisões interlocutórias deferidas no curso do processo estrutural. A decisão construída na fase de cognição deve ter se transformado em planejamento de Estado, com o fim de não sofrer com a descontinuidade de governo.

A participação de agentes públicos, como parte no processo estrutural, é imprescindível para dar eficácia ao provimento judicial.[128] Nem sempre o agente público mantém o mesmo cargo até o fim do processo. O cumprimento progressivo de tutela provisória sucessiva comporta a alteração do polo passivo com a sucessão dos agentes públicos nos cargos indicados para apresentarem a solução ao litígio. A substituição do polo passivo, nesse caso, é perfeitamente admitida.[129]

A contrariedade ao direito coletivo é requisito para se caracterizar o processo coletivo, mas qualificá-lo como estrutural requer a existência de um direito coletivo historicamente violado pelo Estado, cuja solução requer o debate sobre a efetivação de direitos estruturadores de políticas, programas ou instituições públicas.[130] Alguns serviços do

---

[128] "[...] 3 - Em tendo a ação sido proposta somente contra a entidade pública, não encontra respaldo jurígeno arbitramento de multa cominatória a pessoa dos gestores - Governador e Secretários de Estado, que não fazem parte da relação processual. [...] 5- Agravo conhecido e parcialmente provido, para extirpar da decisão a majoração do valor verba de custeio de alimentação - VCAM, e, ainda, para extirpar a multa aplicada às pessoas dos gestores - Governador e Secretários de Estado" (AI nº 11564/2011) (BRASIL, 2012, p. 8). A alternância de gestores pode ser solucionada através de pedido de tutela provisória sucessiva, para que uma nova decisão no curso do processo seja gerada em desfavor do novo gestor, sob pena de multa.

[129] A ilegitimidade superveniente comporta substituição: CPC/15 - Art. 339. "Quando alegar sua ilegitimidade, incumbe ao réu indicar o sujeito passivo da relação jurídica discutida sempre que tiver conhecimento, sob pena de arcar com as despesas processuais e de indenizar o autor pelos prejuízos decorrentes da falta de indicação" (BRASIL, 2015). Essa tarefa não será difícil, bastando indicar qual o gestor se encontra como titular da pasta responsável pela obrigação firmada em juízo. Essa informação é do conhecimento do sucedido e, até mesmo, do público, por serem as nomeações dos cargos precedidas de publicação no Diário Oficial.

[130] "Portanto, neste artigo, a expressão processo estrutural sempre fará referência aos processos coletivos estruturais de interesse público, os quais podem ser compreendidos como um conjunto ordenado de atos jurídicos destinados a obter uma tutela judicial coletiva, capaz de transformar, gradualmente, um estado de coisas A, violador de direitos fundamentais, em um estado de coisas B, apto a promover os direitos que dele dependem. O interesse público desses processos decorre do fato de que a coletividade pleiteia a efetivação de direitos em face do Estado, o que costuma implicar em uma reestruturação de políticas, programas ou instituições públicas" (FRANÇA; SERAFIM; ALBUQUERQUE, 2021, p. 37).

Estado não comportam reestruturação, pois nunca existiram, serão, então, estruturados.

Se o agir da Administração é incompatível com o ordenamento em determinado setor, adequá-lo à lei significa estruturar o Poder Público na forma das prescrições dela. Essa não é uma tarefa do Poder Judiciário, nem mesmo dos autores, o dever é da Administração em estruturar seus órgãos por meio, por exemplo, de normas internas, distribuição de pessoal e sua capacitação.

Satisfazer uma pretensão estrutural pode requerer a admissão de servidor público, a afetação de prédio público a determinado serviço ou a elaboração de projeto de lei. Esses procedimentos administrativos requerem tempo para a instauração de processo seletivo de concurso público, licitação para contratação de obra, produtos e serviços ou submeter ao Poder Legislativo um PL estruturador do serviço a ser desempenhado.

Dar efetividade a uma decisão complexa, como a de estruturação de determinado setor do Poder Público, requer o esforço de vários sujeitos para construir uma solução capaz de satisfazer a pretensão dos titulares do direito coletivo. Os sujeitos do processo devem ser convocados por meio de audiência pública ou aceitos por intervenção de terceiro.

O instrumento de compromisso de ajustamento de conduta subscrito pelo agente político responsável pela concretização da tutela coletiva perseguida é uma maneira eficiente de monitorar o cumprimento da decisão progressivamente. Apresentado o planejamento, sua execução requer a juntada de informações periódicas pelo responsável.

O amadurecimento do processo brasileiro para adaptar as *strutural injunctions* só depende de seus aplicadores, tendo em vista que o próprio CPC/15 traz as ferramentas para possibilitar a cooperação entre as partes na concretização da tutela coletiva, por meio dos negócios processuais, eliminando atos processuais sem relevância e prestigiando o cumprimento progressivo da decisão construída através do diálogo.

2.3.1 A construção da solução: a transação com o Poder Público

A transação é um meio de solução de conflitos alternativo ao litígio judicial. Por meio da transação, as partes dialogam com o fim único de chegar a um consenso. Nesse procedimento, há concessões mútuas, um tipo de "perde e ganha" de ambas as partes. Em razão da disponibilidade do bem em disputa é que se questiona acerca da possibilidade do Poder Público transacionar com particulares para resolver seus litígios.

Os princípios da supremacia do interesse público e da indisponibilidade do bem público devem ser interpretados de maneira a permitir que o Poder Público venha a transigir com o interesse público e com o patrimônio envolvido para chegar à melhor solução possível.

No processo coletivo o interesse metaindividual a ser satisfeito pelo Poder Público se confunde com o interesse público a ser resguardado em juízo. Nessa linha de entendimento, o obstáculo principiológico é afastado para dar lugar à ponderação entre os bens em disputa e a razoabilidade da decisão, postulados imprescindíveis para o emprego da técnica de composição com o Poder Público. No uso da ponderação, o julgador será protagonista da avaliação entre a necessidade do titular do direito coletivo e a possibilidade do Poder Público em satisfazer a pretensão inicial. Assim, o diálogo é o alicerce da decisão construída e subsidia o juízo na elaboração das obrigações e da forma de cumprimento.

O emprego da transação não afronta o princípio do interesse público, tendo em vista que a "justiça multiportas", como denomina o CNJ, autoriza a realização de transação, mediação, conciliação e arbitragem por entes públicos e privados. Com isso, promove-se a economia processual, reduzindo custos para o Judiciário, para as partes, e é um prestígio à disposição do interesse público pelos legitimados materiais.

No processo estrutural, é perfeitamente aplicável o acordo judicial, para fins de solucionar a tutela coletiva complexa de impacto nas políticas e instituições do Poder Público. Nos Estados Unidos, país mais tradicional no uso desse tipo de processo, predomina a "[...] forma de acordos judicialmente supervisionados, denominados *consert decress*" (VITORELLI, 2022, p. 83).

Esses acordos supervisionados podem gerar a alteração do procedimento tradicionalmente empregado no processo coletivo para se ajustar à forma de cumprimento do acordo. Já no Direito brasileiro, a previsão no CPC/15 de celebração de negócio jurídico processual, por meio da cooperação,[131] autorizou o acordo sobre o procedimento,

---

[131] Segundo o CPC/15, as partes devem cooperar para se obter uma solução eficaz e eficiente: "Art. 6º. Todos os sujeitos do processo devem cooperar entre si para que se obtenha, em

possibilitando, por exemplo, que haja um cumprimento de uma obrigação de fazer pela Fazenda Pública de maneira diversa da prevista no procedimento, sendo necessário que as partes disponham sobre ela.
Outra questão a ser enfrentada é a dicotomia entre Direito público e privado. Esse tema vem perdendo força para a hermenêutica empregada pelo modelo constitucional de processo democrático. Aplicar as formas alternativas de solução de conflitos, no âmbito do Poder Público, é prestigiar o princípio do autorregramento da vontade, ainda não integrado ao rol das normas fundamentais do processo civil, mas que já vem ganhando força pela doutrina especializada no Brasil (DIDIER JÚNIOR, 2021, p. 19).

O texto constitucional confere ao Poder Judiciário o poder de apreciar ameaça ou lesão a direito, individual ou coletivo (art. 5º, XXXV). O princípio da inafastabilidade da jurisdição não é absoluto, comporta exceções e, entre elas, a transação por meio da arbitragem, mediação, conciliação ou qualquer outra forma consensual de solução dos conflitos.[132]

Para o Poder Público não é diferente, deve sempre buscar o meio mais eficaz e eficiente de solucionar seus problemas. Se uma gratificação, prevista em lei, é pleiteada por um servidor que preencheu os requisitos para a concessão, o não pagamento gera despesa para o Poder Judiciário e o Poder Público. Assim, a transação é a melhor solução e o interesse público é resguardado, no momento em que se evita o pagamento exorbitante de honorários sucumbenciais, juros, correção sobre o principal, e pode fazer parte da negociação a redução do valor referente ao retroativo devido ao servidor pelos meses que não recebeu.

Essa mesma demanda supracitada pode ser molecularizada em uma ação coletiva proposta pelo sindicato da carreira. A transação,

---

tempo razoável, decisão de mérito justa e efetiva" (BRASIL, 2015). Essa cooperação pode se dar por meio dos negócios processuais típicos, já previstos em lei, ou os atípicos: "Art. 190. Versando o processo sobre direitos que admitam autocomposição, é lícito às partes plenamente capazes estipular mudanças no procedimento para ajustá-lo às especificidades da causa e convencionar sobre os seus ônus, poderes, faculdades e deveres processuais, antes ou durante o processo. Parágrafo único. De ofício ou a requerimento, o juiz controlará a validade das convenções previstas neste artigo, recusando-lhes aplicação somente nos casos de nulidade ou de inserção abusiva em contrato de adesão ou em que alguma parte se encontre em manifesta situação de vulnerabilidade" (BRASIL, 2015).

[132] CPC/15: "Art. 3º Não se excluirá da apreciação jurisdicional ameaça ou lesão a direito. §1º É permitida a arbitragem, na forma da lei. §2º O Estado promoverá, sempre que possível, a solução consensual dos conflitos. §3º A conciliação, a mediação e outros métodos de solução consensual de conflitos deverão ser estimulados por juízes, advogados, defensores públicos e membros do Ministério Público, inclusive no curso do processo judicial" (BRASIL, 2015).

nesse caso, será ainda mais benéfica ao Poder Público, por resolver, de maneira uniforme, a situação de uma gama de servidores detentores do mesmo direito individual homogêneo.

Com o processo estrutural não é diferente. Caso a estrutura da rede de saúde pública seja precária em determinado município, com ausência de equipamentos, servidores em número insuficiente, salas de cirurgia sem equipamentos e outras situações que impossibilitem o bom desempenho do serviço público, os servidores da saúde podem exigir a melhoria de condições de trabalho, de modo a possibilitar a efetiva prestação do serviço público.

O direito fundamental em debate é indisponível pelo Poder Público, dessa forma, não está este transigindo sobre o interesse público ou dispondo de bem público, mas materializando ambos em favor de seus destinatários. O acordo pode ser celebrado pela câmara de mediação e conciliação,[133] que resolve problemas coletivos e estruturais dentro da própria Administração Pública.

Caso não sejam resolvidos imediatamente os problemas apresentados, tanto os servidores quanto os titulares do direito coletivo podem firmar termo de ajustamento de conduta a ser proposto pelo legitimado extraordinário. O planejamento da execução do programa de estruturação da rede de saúde pública local pode estar bem determinado nesse documento. Se o problema é estrutural, significa que o hospital não presta o serviço público, violando o dever constitucional do Estado perante os usuários do serviço público.

A autotutela administrativa é o meio mais eficaz e eficiente de resolução do problema estrutural. Reconhecer que, historicamente, o Poder Público negligencia a garantia de um direito fundamental é um grande passo para a correção dos erros, em busca do aprimoramento da prestação do serviço público. Com isso, ganha-se credibilidade frente os credores do serviço e dos legitimados extraordinários, que ficam monitorando o cumprimento da obrigação.

O ajuizamento da ação coletiva seria a *ultima ratio* na defesa da tutela coletiva e, sendo infrutífera a tentativa de resolução extrajudicial

---

[133] CPC/15: "Art. 174. A União, os Estados, o Distrito Federal e os Municípios criarão câmaras de mediação e conciliação, com atribuições relacionadas à solução consensual de conflitos no âmbito administrativo, tais como: I - dirimir conflitos envolvendo órgãos e entidades da administração pública; II - avaliar a admissibilidade dos pedidos de resolução de conflitos, por meio de conciliação, no âmbito da administração pública; III - promover, quando couber, a celebração de termo de ajustamento de conduta" (BRASIL, 2015).

do conflito, compete ao juízo se utilizar dos instrumentos de composição amigável de litígio envolvendo o Poder Público, superando os entraves da indisponibilidade de interesse público por aplicação da técnica de ponderação deste princípio com o do interesse metaindividual.

Parece ser "inconcebível falar em transação quando o assunto é a tutela de interesses metaindividuais" (SOUZA, 2011, p. 113). O certo é que o microssistema do processo coletivo previu a possibilidade de transação por meio de compromisso de ajustamento de conduta e os interesses podem ser ponderados no momento da celebração, sem prejuízo para o Poder Público (§6º do art. 5º da LACP): "Os órgãos públicos legitimados poderão tomar dos interessados compromisso de ajustamento de sua conduta às exigências legais, mediante cominações, que terá eficácia de título executivo extrajudicial" (BRASIL, 1985).

A concepção clássica de inexistência de natureza transacional no compromisso de ajustamento de conduta[134] deve ser afastada para dar lugar ao entendimento de que a solução de litígios, mesmo envolvendo a Fazenda Pública, requer a necessária celebração de acordos onde há possibilidade desta ceder parte de seu interesse para se chegar à resolução mais próxima do ideal.

O interesse relacionado é o secundário, aquele onde há margem de discricionariedade do gestor de executar políticas públicas em nome de seus administrados. É o caso, por exemplo, da escolha da cor da escola e a qualidade da tinta a ser empregada nela.

A satisfação do interesse público primário, previsto na CF/88, é inegociável, mas o modo de satisfação desses interesses pode comportar a transação ante os limites e deveres impostos ao Poder Público. Prestar atendimento de saúde por meio de um hospital estruturado não pode ser negociado, esse objeto da demanda deve ser atendido, mas o número de especialidades e o porte do hospital é que podem ser objeto de transação, segundo o interesse público (possibilidade do Poder Público) e o interesse metaindividual (necessidade do titular do direito coletivo).

O interesse público indisponível debatido no processo coletivo é o mesmo perseguido na tutela coletiva, logo, não pode o gestor querer relativizá-lo através da transação se a CF/88 ou a lei não o autorizou. Esse interesse é indisponível, mas deve ser defendido pelo Estado. A

---

[134] "Em outras palavras, não há, na hipótese, autêntica e genuína transação, tal como prevista pelo Código Civil" (SOUZA, 2011, p. 115).

defesa do interesse público pode se dar por meio da transação desde que permitido por lei. "Interesse público é aquele devidamente positivado na ordem jurídica, a ser perseguido e protegido pelo Poder Público" (FREIRE, 2017, p. 59).

A construção de uma decisão estrutural se aperfeiçoa com a ponderação entre o interesse público indisponível e o metaindividual perseguido. Há uma confusão entre os interesses, por se tratar o interesse metaindividual de um direito fundamental. No processo coletivo sem complexidade, o mesmo ocorre, tendo em vista que o particular, ainda que sabedor do regime de precatórios, preferirá aguardar o recebimento do que é devido, a ter que se submeter a propostas "indecorosas". Essa construção de uma solução no processo coletivo requer a "[...] presença de deveres jurídicos ao Estado de atender a fins públicos" (FREIRE, 2017, p. 70, grifo do autor).

O interesse público é passível de transação na forma da lei, e o procedimento deve estar previsto em norma orientadora do Poder Público na forma de execução do cumprimento das obrigações firmadas. Como é exemplo a Lei nº 13.140/2015, que dispõe sobre a mediação entre particulares como meio de solução de controvérsias e sobre a autocomposição de conflitos, na Administração Pública. Nela, há a expressa previsão da possibilidade de instituição de Câmara de Conciliação no âmbito das Fazendas federal, estaduais e municipais: "Art. 43. Os órgãos e entidades da administração pública poderão criar câmaras para a resolução de conflitos entre particulares, que versem sobre atividades por eles reguladas ou supervisionadas" (BRASIL, 2013).

Mais recentemente, a Lei nº 13.988/2020 previu a resolução de demandas tributárias e não tributárias por meio da transação:

> Art. 1º Esta Lei estabelece os requisitos e as condições para que a União, as suas autarquias e fundações, e os devedores ou as partes adversas realizem transação resolutiva de litígio relativo à cobrança de créditos da Fazenda Pública, de natureza tributária ou não tributária (BRASIL, 2020).

Como já alertado, a concepção de impossibilidade de transação, por parte do Poder Público, em razão dos princípios da indisponibilidade do interesse público deve ser afastada, bastando que a legislação preveja como deve ser protegido o interesse público no momento da transação, impondo limites aos agentes públicos ao dispor desse interesse. Tanto a Fazenda Pública pode chamar os interessados para transacionarem como pode o interessado propor a transação:

> Art. 2º Para fins desta Lei, são modalidades de transação as realizadas:
> I - por proposta individual ou por adesão, na cobrança de créditos inscritos na dívida ativa da União, de suas autarquias e fundações públicas, ou na cobrança de créditos que seja competência da Procuradoria-Geral da União;
> II - por adesão, nos demais casos de contencioso judicial ou administrativo tributário; e
> III - por adesão, no contencioso tributário de pequeno valor.
> Parágrafo único. A transação por adesão implica aceitação pelo devedor de todas as condições fixadas no edital que a propõe (BRASIL, 2020).

No caso dessa lei, pressupõe-se a anterior celebração de um compromisso de ajustamento de conduta ou a imposição de um dever da Administração, por lei ou processo administrativo. Não há uma liberdade, tratando-se do direito material, para o Poder Público dispor sobre o interesse público.

No processo estrutural, os interesses não são contrapostos quanto ao objeto; promover a boa prestação do serviço de saúde, educação, segurança é interesse público primário indisponível e é um interesse metaindividual passível de exigência pelos titulares do direito coletivo. A condução das tratativas, nesse caso, deve ser promovida por representantes compromissados e providos de especialidade técnica compatível com o objeto da lide estrutural.

> Nessa perspectiva, as negociações podem ser guiadas por um *special master* ou por um mediador escolhido pelo tribunal, que ajudará as partes e os demais indivíduos interessados no processo a dialogarem de forma organizada, a partir de uma agenda que definirá a prioridade e a ordem dos assuntos que serão abordados nessas discussões (SABEL; SIMON, 2004, p. 1068). Esse procedimento ocorre por meio de um processo deliberativo, no qual os participantes devem, em tese, escutar uns aos outros de boa-fé e permanecer abertos ao aprendizado mútuo. Assim, para que o debate seja pautado em premissas realísticas, é necessário que os participantes forneçam informações relevantes e condizentes com as necessidades do caso em concreto (FRANÇA; SERAFIM; ALBUQUERQUE, 2021, p. 40).

Essa prática deve ser difundida e aplicada em todos os processos coletivos indistintamente. O interesse público demanda o estímulo da realização de transação, e não o contrário. Todos aqueles que tenham interesse em realizar transação podem se habilitar, nos termos da lei e dos regulamentos: "[...] o Poder Público se relaciona com todos os cidadãos indistintamente, devendo observar princípios como o da igualdade e da impessoalidade em tais relacionamentos" (MACHADO SEGUNDO, 2021, p. 200).

No processo estrutural, o Poder Judiciário age com impessoalidade, tendo em vista que a solução obtida por meio das negociações em processo estrutural visa o bem-estar de todos os envolvidos, através da oportunidade de participação. Importa ainda esclarecer que a solução alcançada não impõe medidas estáticas, sendo passível de alterações, por se tratar de situação incerta e suscetível de uma solução exata.

A mutação da pretensão se faz possível graças aos pedidos sucessivos de tutela provisória, de acordo com os fatos jurídicos novos. Os pedidos sucessivos serão executados por meio dos negócios processuais – tudo isso em atenção ao princípio da cooperação entre os sujeitos do processo. A negociação processual não precisa ser típica, podendo os sujeitos adequarem o procedimento à complexidade da pretensão de maneira a viabilizar o cumprimento da obrigação. "Um bom exemplo de negócio processual atípico celebrado pelas partes e pelo juiz é a execução negociada de sentença que determina a implantação de política pública" (DIDIER JÚNIOR, 2021, p. 34).

Como se pôde observar, a transação é celebrada pelo Poder Público para dispor de interesses públicos primário e secundário desde que previstos em lei. Já a realização de negócios processuais pode ser atípica desde que promova a forma mais adequada à satisfação da pretensão. Em qualquer dos casos, não se chegando ao denominador comum entre os sujeitos processuais, necessária será a imposição de solução através do julgamento da pretensão inicial para resolver o processo. A satisfação do objeto da demanda, até o momento da resolução do processo, deve ser levada em consideração para evitar sentenças de conteúdo exaurido.

Assim, não pode ser a sentença proveniente de processo tão célere que impeça a manifestação do Poder Público acerca da possibilidade de cumprimento de algumas obrigações de estruturação pretendidas no litígio estrutural. A solução do problema estrutural pode ser dada pelo Poder Público antes da sentença, sendo até mais salutar para o processo, deixando para a fase de cumprimento apenas aquilo que realmente se mostrou inexequível para o Poder Público ou que não se chegou a um acordo.

A resolução do processo por intermédio do diálogo é perfeitamente possível, quer no Direito Material, quer no Processual, quando se tratar o processo de pretensão de interesse metaindividual.

2.3.2 Arbitragem e o Poder Público

A arbitragem pode ser utilizada pela Administração Pública mesmo antes de haver previsão legal, assim, seja na Lei de Arbitragem, seja na Nova Lei de Licitações e Contratos, a jurisprudência já admitia a estipulação de cláusula em contrato administrativo prevendo a arbitragem. O STJ ratificou o entendimento doutrinário e julgou favorável a utilização da arbitragem pela Administração Pública:

ARBITRAGEM EM LICITAÇÃO – VINCULAÇÃO AO INSTRUMENTO CONVOCATÓRIO – CLÁUSULA ARBITRAL – NÃO PREVISÃO EM EDITAL – ESTIPULAÇÃO POSTERIOR – ADMISSIBILIDADE – "Processo civil. Recurso especial. Licitação. Arbitragem. Vinculação ao edital. Cláusula de foro. Compromisso arbitral. Equilíbrio econômico-financeiro do contrato. Possibilidade. 1. A fundamentação deficiente quanto à alegada violação de dispositivo legal impede o conhecimento do recurso. Incidência da Súmula nº 284/STF. 2. O reexame de fatos e provas em recurso especial é inadmissível. 3. A ausência de decisão sobre os dispositivos legais supostamente violados, não obstante a interposição de embargos de declaração, impede o conhecimento do recurso especial. Incidência da Súmula nº 211/STJ. 4. Não merece ser conhecido o recurso especial que deixa de impugnar fundamento suficiente, por si só, para manter a conclusão do julgado. Inteligência da Súmula nº 283 do STF. 5. Tanto a doutrina como a jurisprudência já sinalizaram no sentido de que não existe óbice legal na estipulação da arbitragem pelo Poder Público, notadamente pelas sociedades de economia mista, admitindo como válidas as cláusulas compromissórias previstas em editais convocatórios de licitação e contratos. 6. O fato de não haver previsão da arbitragem no edital de licitação ou no contrato celebrado entre as partes não invalida o compromisso arbitral firmado posteriormente. 7. A previsão do juízo arbitral, em vez do foro da sede da administração (jurisdição estatal), para a solução de determinada controvérsia, não vulnera o conteúdo ou as regras do certame. 8. A cláusula de eleição de foro não é incompatível com o juízo arbitral, pois o âmbito de abrangência pode ser distinto, havendo necessidade de atuação do Poder Judiciário, por exemplo, para a concessão de medidas de urgência; execução da sentença arbitral; instituição da arbitragem quando uma das partes não a aceita de forma amigável. 9. A controvérsia estabelecida entre as partes – manutenção do equilíbrio econômico-financeiro do contrato – é de caráter eminentemente patrimonial e disponível, tanto assim que as partes poderiam tê-la solucionado diretamente, sem intervenção tanto da jurisdição estatal, como do juízo arbitral. 10. A submissão da controvérsia ao juízo arbitral foi um ato voluntário da concessionária. Nesse contexto, sua atitude posterior, visando à impugnação desse ato, beira às raias da má-fé, além de ser prejudicial ao próprio interesse público de ver resolvido o litígio de maneira mais célere. 11. Firmado o compromisso, é o Tribunal arbitral que deve solucionar a controvérsia. 12. Recurso especial não provido (BRASIL, 2012).[135]

Após a leitura da ementa do julgado, é interessante trazer o teor da Lei nº 14.133/2021 (Lei Geral de Licitações e Contratos Administrativos) sobre os meios alternativos de resolução de controvérsias, reafirmando o entendimento do STJ, ao estabelecer sua aplicação em demandas "[...] relacionadas a direitos patrimoniais disponíveis, como as questões relacionadas ao restabelecimento do equilíbrio econômico-financeiro do contrato, ao inadimplemento de obrigações contratuais por quaisquer das partes e ao cálculo de indenizações" (BRASIL, 2012). Na íntegra, dispõe a Lei de Licitações que:

> CAPÍTULO XII
> DOS MEIOS ALTERNATIVOS DE RESOLUÇÃO DE CONTROVÉRSIAS
> Art. 151. Nas contratações regidas por esta Lei, poderão ser utilizados meios alternativos de prevenção e resolução de controvérsias, notadamente a conciliação, a mediação, o comitê de resolução de disputas e a arbitragem.
> Parágrafo único. Será aplicado o disposto no *caput* deste artigo às controvérsias relacionadas a direitos patrimoniais disponíveis, como as questões relacionadas ao restabelecimento do equilíbrio econômico-financeiro do contrato, ao inadimplemento de obrigações contratuais por quaisquer das partes e ao cálculo de indenizações.
> Art. 152. A arbitragem será sempre de direito e observará o princípio da publicidade.
> Art. 153. Os contratos poderão ser aditados para permitir a adoção dos meios alternativos de resolução de controvérsias.
> Art. 154. O processo de escolha dos árbitros, dos colegiados arbitrais e dos comitês de resolução de disputas observará critérios isonômicos, técnicos e transparentes (BRASIL, 2021).

---

[135] REsp nº 904.813/PR.

A arbitragem é de difícil aplicação na resolução de um problema estrutural ou coletivo, pois os meios procedimentais exigíveis para satisfazer o objeto da previsão não são encontrados na arbitragem. É o caso das audiências públicas, com a presença de todos os interessados, conduzidas por especialistas tecnicamente habilitados a propor a solução do problema estrutural.[136] Se houver adaptação da arbitragem ao procedimento judicial, será o mesmo que transferir as demandas do Poder Judiciário para as câmaras de arbitragem. Dessa forma, a complexidade do processo estrutural requer um procedimento flexível.

Por outro lado, se é possível a celebração de um compromisso de ajustamento de conduta ou de uma mediação em conflito estrutural,[137] por que não uma arbitragem?

O problema estrutural pode ser decorrente de relação jurídica entre o público e o privado, em contratação administrativa, cujo cumprimento vem se dando de maneira insuficiente, por parte do particular, e o Poder Público vem falhando em suas funções de governança e gestão de riscos – como no caso de falha habitual no fornecimento do serviço de transporte público.

É responsabilidade do Poder Público instituir a governança nas contratações públicas com a implementação de medidas de gestão de riscos e de competências, programas de integridade, alinhamento ao planejamento estratégico do órgão, plano de contratações anual, segregação de funções, tudo com o fito de promover eficiência, efetividade e eficácia às licitações.[138]

---

[136] "Para a consecução desse objetivo, instrumentos como as audiências públicas e o *amicus curiae* são fundamentais. Audiências que permitam a participação ampla da comunidade envolvida, embora não disciplinadas expressamente nem no CPC, nem na legislação básica a respeito do processo coletivo, são indispensáveis. Do mesmo modo, é fundamental que o processo seja capaz de absorver a experiência técnica de especialistas no tema objeto da demanda, em que possam contribuir tanto no dimensionamento adequado do problema a ser examinado, como em alternativas à solução da controvérsia" (ARENHART, 2015, p. 6).

[137] "Pode ser, no entanto, que a causa do litígio estrutural seja apenas uma desorganização gerencial do serviço, para a qual a abordagem mais apropriada não seja, propriamente, a celebração de um TAC, mas sim a atuação do Ministério Público como mediador do conflito entre as partes envolvidas. Esse é o caso em que a causa eficiente do problema não é a falta de recursos ou falta de vontade dos gestores, mas uma falha de organização do serviço" (VITORELLI, 2022, p. 215).

[138] Segundo a Lei nº 14.133/2021, em seu art. 11, parágrafo único: "A alta administração do órgão ou entidade é responsável pela governança das contratações e deve implementar processos e estruturas, inclusive de gestão de riscos e controles internos, para avaliar, direcionar e monitorar os processos licitatórios e os respectivos contratos, com o intuito de alcançar os objetivos estabelecidos no *caput* deste artigo, promover um ambiente íntegro e

O árbitro, diante do problema estrutural relacionado a negócio jurídico contratual, pode propor soluções para que o gestor adapte seus procedimentos internos e capacite seus agentes a fim de implementar medidas capazes de solucionar o problema. Sendo estas possíveis, até mesmo, por meio de uma contratação de serviço particular especializado na gestão e controle da aquisição de produtos, serviços e obras.

A Lei de Arbitragem (Lei nº 9.307/1996) afirma que: "Art. 1º. [...] §1º A administração pública direta e indireta poderá utilizar-se da arbitragem para dirimir conflitos relativos a direitos patrimoniais disponíveis" (BRASIL, 1996). A dicotomia entre público e privado, nas contratações públicas, é relativizada, diante da intersecção entre seus princípios e os constitucionais – sem se afastar do respeito às diferenças entre o direito público e o privado, a atividade pública e a privada, os bens disponíveis e os indisponíveis.

A rigidez de disponibilidade do bem público é que foi mitigada pela convencionalidade legal deferida pela Constituição. Enfim, a "[...] distinção entre direito público e direito privado é tão antiga quanto polêmica. Kelsen, por exemplo, afirmava que tal separação – enquanto princípio para uma sistematização do Direito – era inútil" (FREIRE, 2017, p. 42).

Direitos patrimoniais indisponíveis podem ser considerados os dispostos nos contratos administrativos desde que o interesse público não seja afetado e o gestor o defenda nos termos da lei. Os negócios jurídicos entabulados pelos particulares e agentes públicos visam gerir o patrimônio com maior eficiência, reduzindo despesas e aumentando a receita. O resultado dessa atividade é o lucro para o particular e o bem-estar social para o público. Com isso, alcançando o fim a que se destina o bom trato com a coisa pública, a arbitragem só tem a contribuir quando usada para solucionar problema estrutural decorrente de má gestão dos contratos administrativos para aquisição de produto, serviço ou obra.

Diante das regras da Lei nº 9.307/1996, a arbitragem de interesse da Administração Pública é sempre de direito, sendo a de equidade de competência do Poder Judiciário. Logo, a argumentação recai sobre

---

confiável, assegurar o alinhamento das contratações ao planejamento estratégico e às leis orçamentárias e promover eficiência, efetividade e eficácia em suas contratações" (BRASIL, 2021).

questões de direito e passíveis de definição objetiva de seus limites.[139] O debate da questão de direito não exclui a ponderação entre os princípios constitucionais envolvidos, quer sejam de direito privado ou de direito público. A intersecção entre os dois deve se preocupar em atender o titular do direito coletivo, pois "O interesse público deve ser entendido como interesse 'do público', daquele que é *usuário* do serviço público" (FERREIRA, 2018, p. 226, grifo do autor).

Solucionada a controvérsia pela arbitragem, pode o interessado, prejudicado com alguma ilegalidade, impugnar a decisão junto ao Poder Judiciário: "Art. 33. A parte interessada poderá pleitear ao órgão do Poder Judiciário competente a declaração de nulidade da sentença arbitral, nos casos previstos nesta Lei" (Lei nº 9.307/1996) (BRASIL, 1996), preservando-se o princípio da inafastabilidade do controle judicial.

Embora difícil a aplicação da arbitragem a um problema estrutural, não é impossível. A forma de contratação do serviço público de transporte pode ser objeto da arbitragem, entretanto, a intervenção na organização administrativa de instituições com a proposta de solução adequada não pode ser decidida por um árbitro. Muito embora a decisão arbitral tenha natureza jurisdicional, severas seriam as críticas sobre uma decisão em processo estrutural, intervindo nas atividades públicas típicas do Poder Executivo.

As técnicas de solução de um processo coletivo não podem seguir a tradicional processualística de contraditório e ampla defesa perante o juízo, por meio de peças processuais produzidas pelas partes no âmbito endoprocessual, tendo em vista que os efeitos da sentença serão extraprocessuais. O mais importante é oportunizar a todos os interessados a participação na arbitragem, quando cabível. Dessa forma, a construção da solução estruturante do serviço público prestado de modo ineficiente ou ilegal é a perseguição dos titulares do direito coletivo.

2.3.3 A vantagem da transação para a solução do processo coletivo complexo

A solução consensual de conflitos, por meio da transação, diminui a quantidade de demandas postas ao Poder Judiciário, entendendo que dividir a apreciação de problemas estruturais promove a celeridade na

---

[139] Lei nº 9.307/1996: "Art. 2º. A arbitragem poderá ser de direito ou de equidade, a critério das partes. [...] §3º A arbitragem que envolva a administração pública será sempre de direito e respeitará o princípio da publicidade" (BRASIL, 1996).

tramitação do procedimento extraprocessual ou endoprocessual, sendo vantagem processual.

No Direito material, a vantagem é de se chegar o mais próximo possível da solução ideal, construída através de pedidos de tutela provisória, onde as partes expõem suas pretensões, resultando em decisão proferida pelo juízo. Ainda que preveja todos os argumentos aduzidos pelas partes e interessados, não é o mesmo de uma decisão homologatória do consenso entre as partes.

A solução encontrada pelos interessados decorre de um diálogo sobre o Direito material. No caso do Poder Público, há que se observar o limite imposto pela lei e os deveres dos gestores na defesa da indisponibilidade do interesse público. Esses obstáculos fazem parte da defesa do ente para cumprir com as obrigações impostas por uma decisão judicial. Na transação, haverá apenas o monitoramento do cumprimento das obrigações preestabelecidas.

No processo estrutural, o magistrado busca a solução através da intervenção direta das partes, negociando um procedimento flexível, diante das incertezas da implementação da nova estrutura política, institucional, procedimental ou outra qualquer que se esteja em debate. Uma sentença proferida por um juiz é inflexível, certa e determinada – em regra –, tendo em conta isso, a transação em processo estrutural é a maneira mais vantajosa de se obter uma solução mais próxima da Justiça.[140]

Outra vantagem é a de alcance do maior número de beneficiários possível. Uma tutela provisória deferida em favor de um indivíduo, em contexto de problema estrutural, de estado inconstitucional de coisas, pode gerar mais malefícios que benefícios, uma vez que desconsidera a universalidade de interessados na solução mais abrangente possível e apta a ser executada por qualquer dos interessados.[141]

---

[140] "Assim, o processo estrutural deve ser todo dialogado e negociado pelas partes, a fim de que seja formulado um plano capaz de atender às especificidades do caso em questão. Esse diálogo e negociação, entretanto, dificilmente ocorreriam sem que houvesse o envolvimento do Poder Judiciário, que intervém para declarar a insustentabilidade e urgência do problema que se pretende superar (SABEL; SIMON, 2004, p. 1056)" (FRANÇA; SERAFIM; ALBUQUERQUE, 2021, p. 42).

[141] "Possíveis concessões de tutelas jurisdicionais, atendendo às demandas citadas a partir de uma visão individualista, poderiam ocasionar, pelo menos, quatro tipos de problemas: o primeiro deles envolve a violação da igualdade, uma vez que somente indivíduos que tiveram acesso à justiça poderiam ter seus pleitos atendidos; o segundo é que existe o risco do Poder Judiciário decidir de modo a infringir o entendimento dos Poderes Executivo e Legislativo em matérias de políticas públicas, o que é problemático, sobretudo, pelo fato de

As tutelas provisórias dialógicas podem advir da transação ou da exposição da possibilidade de celebração de acordo. Assim, mesmo sendo frustrada a transação, o juízo terá ferramentas, expostas pelas partes, para decidir, incidentalmente, sobre determinado pedido urgente ou de evidência, com possibilidade de cumprimento provisório eficaz. É que se já houve proposta do Poder Público de cumprimento da obrigação de determinada forma, se ao final das tratativas não assinar o termo de acordo, não impedirá que o juízo construa a decisão com base na proposta do Poder Público que exterioriza sua possibilidade de cumprimento.

A transação resulta em: primeiro, preservar a igualdade entre os indivíduos titulares da tutela coletiva; segundo, elaborar pedidos de tutela provisória, considerando a participação de especialistas, segundo suas capacidades institucionais. As tutelas dialogadas podem construir uma decisão final mais compatível com a pretensão coletiva. Para isso, é necessária a segregação de funções no cumprimento provisório das decisões interlocutórias, com o fim de promover sua eficiência, efetividade e eficácia; terceiro, julgar pedidos de tutelas provisórias individualizadas, prevendo o direito dos interessados segundo a urgência da satisfação de cada pretensão, assim, a molecularização do provimento coletivo se daria em sentença; quarto, regular o funcionamento de uma política pública já existente.

A transação é um meio alternativo de resolução de conflitos que, no processo coletivo, deve ganhar protagonismo, no âmbito extrajudicial ou judicial. Nesse sentido, a ineficiência dos provimentos em processo coletivo deve ser combatida com meios eficazes, que podem ser combinados para criar uma metodologia apta a resolver o problema ou litígio estrutural.[142]

---

que juízes não possuem suporte técnico para tanto; o terceiro é que a concessão atomizada de um direito que deve ser assegurado a todos funciona somente enquanto medida paliativa, gerando um falso sentimento de resolução do problema; o quarto, por fim, é que a decisão judicial pode interferir – em maior ou menor grau – no funcionamento de uma política pública já existente e em funcionamento, fazendo com que indivíduos que já aguardavam há mais tempo uma determinada prestação, demorem a recebê-la ou mesmo fiquem sem esta. O resultado é que o acesso à saúde se torna uma verdadeira corrida pela sobrevivência. Afinal, em situações assim, quem pede primeiro tem maiores chances de obter a tutela judicial pretendida" (FRANÇA; SERAFIM; ALBUQUERQUE, 2021, p. 45).

[142] "Conclui-se, portanto, que o processo coletivo brasileiro, embora adaptado para atender a algumas modalidades de interesses metaindividuais, ainda está longe de servir de palco adequado à tutela de interesses sociais. Porque mantém suas raízes no mesmo ideário do processo individual, carrega consigo os mesmos defeitos daquele e, portanto, não é capaz de servir de cenário para o debate de políticas públicas. Por outras palavras, porque o

Nesse tocante, utilizar-se de meios alternativos como via de solução de conflitos coletivos (individual homogêneo, coletivo ou difuso) é mais profícuo que deixar o magistrado limitado ao pedido formulado na inicial. A flexibilidade de um processual estrutural proporciona a adaptação do processo à mutabilidade do direito material apresentado em juízo. Outra vantagem pode ser observada na fiscalização da execução do acordo firmado, não sendo de competência exclusiva do magistrado, mas por meio de uma comissão especializada e organizada para este fim.

Nem todo direito material é passível de transação. Naquilo que for possível, segundo a lei, transigir, o direito material é mais bem debatido quando os interessados são os protagonistas. A solução consensual não retira a discricionariedade do gestor público, não importa ainda numa interferência inconstitucional do Poder Judiciário sobre o Executivo, mas sim a imposição de uma solução interativa da lide. Nessa perspectiva, a transação é uma forma vantajosa de pôr fim ao processo coletivo envolvendo políticas públicas. "Para tanto, o direito processual atual oferece ferramentas bastante úteis. Assim, a expansão do emprego de técnicas como a mediação e a conciliação, tal como preconizado pelo novo código de processo civil, é fundamental" (ARENHART, 2015).

---

processo coletivo brasileiro mantém-se arraigado à mesma racionalidade do processo individual, à sua dinâmica bipolar, à adstrição da sentença ao pedido, à disponibilidade do processo e a todas as consequências dessa lógica, os mesmos defeitos que se vê em um processo individual podem também ser vistos no processo coletivo" (ARENHART, 2015, p. 6).

CAPÍTULO 3

O PROTAGONISMO JUDICIAL NA EFETIVAÇÃO DA TUTELA COLETIVA

A flexibilização do procedimento da tutela coletiva é imprescindível para a aproximação dos sujeitos do processo na construção dialogada de uma decisão proporcional para o Poder Público e para o titular do direito coletivo, na medida da possibilidade e necessidade de cada um.

Essa decisão deve ser proferida, preferencialmente, em primeira instância, em fase de cognição e após o saneamento do processo. O juízo deve propor a transação e o negócio processual entre os sujeitos do processo e, desse diálogo conduzido pelo juiz, haverá uma homologação de acordo sobre as obrigações mútuas para a satisfação do interesse metaindividual ou, com as informações prestadas, subsidiará o pedido de tutela provisória dialogada com cominação de cumprimento de obrigações próximas da realidade.

Caso a tutela provisória requerida, após o diálogo entre as partes, continue com o mesmo teor da pretensão inicial, o protagonismo judicial permite ao juiz construir a decisão interlocutória, baseado nos argumentos levados ao processo por todos os sujeitos.

Nesse sentido, ponderar os argumentos em defesa dos interesses metaindividual e público é atividade necessária para estabelecer qual a necessidade do autor e a possibilidade do Poder Público, transformando-se no argumento do juízo para decidir a tutela provisória dialogada. Assim, nesse procedimento de desenvolvimento da revelação da realidade dos fatos, o protagonismo judicial é imprescindível. Sua atividade pode não gerar um acordo, mas subsidiará uma decisão mais próxima possível da idealizada pelo titular do direito coletivo.

Não se mostra produtivo o exercício dessa atividade no âmbito dos Tribunais Superiores, em razão dos limites à análise de provas. Relevante é o papel do Tribunal na fixação de tese e formação de um precedente sobre tema afeto ao processo coletivo. Diante de um precedente vinculante sobre matéria constitucional (STF), de lei federal (STJ) ou local (IRDR nos tribunais ordinários), cujo tema se aplica ao caso em discussão, permite um saneamento do processo mais produtivo, por ser voltado para a realidade dos fatos.

Exemplo disso foi a declaração, pelo STF, do "estado de coisas inconstitucional" do sistema penitenciário nacional, dado um "quadro de violação massiva e persistente de direitos fundamentais" das pessoas recolhidas ao cárcere, decorrente de falhas estruturais e de políticas públicas (BRASIL, 2015).[143] O cumprimento dessa decisão ficou a cargo do magistrado de primeira instância, estabelecendo sua importância no processo coletivo, por estar mais próximo dos fatos e com possibilidade de adequar o direito coletivo a cada indivíduo beneficiário da decisão.[144]

Os tribunais tomarão decisões em matéria de tutela coletiva, com o fim de eliminar debate jurídico sobre determinado tema envolvendo questão de direito. As questões de fato ficarão a cargo dos juízos de primeiro grau para ponderar os argumentos trazidos pelos sujeitos do processo. Nem sempre os casos parecidos são idênticos. A tese jurídica pode aparentar ser aplicável ao processo coletivo em curso, mas o precedente originário da tese não se amolda ao caso concreto. Assim, no exercício do direito de defesa, a parte pode pedir ao magistrado que analise a distinção (*distinguishing*) apresentada pelo Poder Público ou pelo titular do direito coletivo.

---

[143] ADPF nº 347 MC.
[144] "PENAL – PROCESSO PENAL – Habeas Corpus coletivo em favor de todos os presos que têm sob a sua única responsabilidade pessoas com deficiência e crianças. Substituição da prisão preventiva pela domiciliar. Art. 318, III e VI, do CPP. Ordem concedida. Pedidos de extensão. Matéria estranha ao feito ou não demonstração dos requisitos necessários à extensão da ordem. Fase de implementação do acórdão. Necessidade de realização de audiência pública. Baixa quantidade de informações remetidas pelos Tribunais em relação ao cumprimento da ordem coletiva. Relevância da questão diante da situação de superlotação carcerária e da existência de um estado de coisas inconstitucional (ECI) no sistema penitenciário brasileiro. Importância da audiência pública para tratar dessas questões, além de servir como instrumento para a obtenção de informações sobre o cumprimento desta ordem coletiva. Indispensável convocação dos Presidentes dos Tribunais e de representantes da sociedade civil para discutir essas questões. Voto pelo não conhecimento dos pedidos de extensão e pela realização de audiência pública para implementação da ordem coletiva" (HC nº 165704) (BRASIL, 2021).

Há também a possibilidade de superação do precedente, em razão de fato novo ou alteração legislativa superveniente apta a superar o precedente vinculante utilizado no julgamento paradigma (*overruling*). O art. 489 do CPC/15 autoriza o uso dessa técnica para afastar a questão de direito já fixada pelos tribunais.

O protagonismo do juízo de primeiro grau é importante para decidir esse tipo de situação, e outras que importam em dilação probatória mais aprofundada. Por não estar vinculado ao direito alegado, mas aos fatos provados, paira o dever de fundamentar o motivo de sua conclusão se assentar no direito que entendeu mais compatível com o caso sob análise. Nesse momento, o juiz não se afasta da pretensão, pois esta é o pedido, e não a causa de pedir. Não há protagonismo judicial, então, nessa atividade judicial, por ter agido na forma procedimental comum.

O protagonismo judicial respeita a legalidade ao se utilizar do seu poder de suprir uma lacuna usando da analogia, dos costumes e dos princípios gerais de Direito (art. 4º da LINDB). "Mesmo a legislação mais completa é incapaz de, por si mesma, completar a ordem jurídica" (BÜLOW, 1995). Nessa perspectiva, o procedimento comum é insuficiente para dispor sobre o rito do processo coletivo.

Na acomodação de um procedimento para solucionar uma tutela coletiva, o juízo pode firmar uma metodologia para a resolução de outros processos com igual questão de fato e de direito. Não se trata de um precedente judicial, mas também não pode ser desconsiderado, por outros órgãos do Poder Judiciário, o sucesso no emprego da metodologia – o uso desta é obrigatório, e não a técnica usada.

A teoria dos precedentes judiciais, no Brasil, adepto do *civil law*, teve de se adaptar à teoria importada dos países do *common law*. Os arts. 926 e 927 do CPC/15 trouxeram regras sobre a força do precedente firmado pelos tribunais. Entretanto, isso não quer dizer que o Brasil só forme precedentes segundo o rol de casos trazidos pela lei.[145]

As decisões interlocutórias proferidas pelo juízo construtor da decisão em tutela coletiva podem ter conteúdo e conclusão diferentes em outros processos. Por outro lado, a metodologia empregada para

---

[145] "Em verdade, toda e qualquer decisão judicial (acórdão, sentença ou interlocutória) é capaz de gerar um precedente, com maior ou menor intensidade e frequência, desde que – relembre-se o conceito defendido nesta obra – importe um ganho hermenêutico, pois é uma resposta institucional a um caso, na qual se faz a medição entre Direito e realidade. Súmulas, sejam elas formalmente vinculantes ou não, retratam julgados e são, portanto, fontes de precedentes nesses termos apresentados" (LOPES FILHO, 2020, p. 327).

chegar à decisão deve ser obrigatória em processos coletivos ou demandas de massa com pretensões idênticas.

As decisões, sentenças e acórdãos podem ter conclusões diferentes entre os casos análogos, de acordo com a distinção entre um e outro. O que não pode deixar de existir na fase de conhecimento é a metodologia de construção dialógica da decisão. Se, além de aplicar a metodologia, houver congruência entre o precedente e o caso concreto, certamente o processo será abreviado com uma decisão qualificada.

O precedente firmado, nesse caso, seria complementado, ganhando força hermenêutica para afastar o entendimento do Tribunal *ad quem*, ao apreciar a matéria, ainda que fosse entender diferente. No Direito norte-americano, há corrente defendendo a maior força do precedente sobre a *first impression*.

> Stability, creativity, judicial even-handedness and the rule of law seem to be the strongest formal values served by precedent. A court with power to overrule may instead follow a precedent and thus act on these rationales even though it would have decided the case differently were the matter one of first impression (MACCORMICK; SUMMERS; GOODHAT, 1997, p. 379).[146]

Essa metodologia pode ser vista, sem ser expressamente dita, nos julgamentos de ações coletivas pretendendo a prestação de serviço público adequado. Para resolver um processo, visando a reforma de escola municipal sem condições de uso pelos alunos, utiliza-se a mesma lógica procedimental para a solução de litígio coletivo envolvendo a reforma de delegacia, cujas instalações não proporcionavam o mínimo de condições de guarda de um preso/detento.

A metodologia de flexibilidade procedimental, empregada para construir a decisão referente à reforma de escola, é a mesma para resolver o problema de reforma da delegacia. Somado ao procedimento, pode-se dizer que os argumentos podem ser diferentes, mas os fundamentos para subsidiá-los são similares, como a alegação da garantia do mínimo existencial; normas programáticas constitucionais; direito à dignidade humana; uso da lei de licitações para contratação de

---

[146] Tradução livre: "Estabilidade, certeza, imparcialidade judicial e o Estado de direito parecem ser os valores formais mais fortes servidos por precedentes. Um tribunal com poder para vincular pode, em vez disso, seguir um precedente e assim agir com base nestas razões, mesmo que tivesse decidido o caso de forma diferente se o assunto tivesse sido uma das primeiras impressões" (MACCORMICK; SUMMERS; GOODHAT, 1997, p. 379).

serviço de engenharia e obras; previsão de pessoal no serviço público para garantir o atendimento do serviço; equipamento necessário para assegurar a boa execução do serviço; dentre outros identificáveis no caso concreto.

O protagonismo judicial resulta na construção de decisões que podem ser diferentes quanto à procedência ou improcedência. Por outro lado, o método para chegar até ela e as premissas utilizadas serão os mesmos. O debate é sobre a implementação de política pública, por meio de ação coletiva, e o réu é o Poder Público.

Tanto é que o STF, em razão do RE nº 684612, afetado ao sistema de repercussão geral, vem suspendendo ações coletivas, cuja pretensão seja relacionada à entrega de políticas públicas de qualidade nas áreas da saúde, educação e segurança, muito embora o Tema 698 preveja uma proposta de tese jurídica voltada à saúde:

> Limites do Poder Judiciário para determinar obrigações de fazer ao Estado, consistentes na realização de concursos públicos, contratação de servidores e execução de obras que atendam o direito social da saúde, ao qual a Constituição da República garante especial proteção (BRASIL, 2020).

O referido Tema foi julgado pelo STF em Plenário na Sessão Virtual de 23.6.2023 a 30.6.2023. Foram fixadas as seguintes teses: 1. A intervenção do Poder Judiciário em políticas públicas voltadas à realização de direitos fundamentais, em caso de ausência ou deficiência grave do serviço, não viola o princípio da separação dos poderes. 2. A decisão judicial, como regra, em lugar de determinar medidas pontuais, deve apontar as finalidades a serem alcançadas e determinar à Administração Pública que apresente um plano e/ou os meios adequados para alcançar o resultado. 3. No caso de serviços de saúde, o déficit de profissionais pode ser suprido por concurso público ou, por exemplo, pelo remanejamento de recursos humanos e pela contratação de organizações sociais (OS) e organizações da sociedade civil de interesse público (OSCIP). (Plenário, Sessão Virtual de 23.6.2023 a 30.6.2023).

Fixadas a tese jurídica e as premissas do precedente pelo Tribunal, compete ao juízo de primeiro grau aplicar a interpretação ao caso concreto. Até o fechamento desta obra, o acórdão do julgado não havia sido publicado, o que impede uma análise aprofundada do precedente que gerou a tese jurídica. Entretanto, adianta-se, para o juízo de primeiro grau aplicar a tese jurídica e o precedente, é necessário empregar uma metodologia procedimental capaz de construir uma decisão eficaz em prol do titular do direito coletivo, utilizando-se da autorização apresentada no item 2 da tese jurídica firmada no Tema 698.

Foi o que ocorreu no caso *Brown v. Board of Education of Topeka*, já estudado, onde a Suprema Corte norte-americana entendeu insuficiente a decisão de reprimir a segregação entre negros e brancos nas escolas. Para dar eficácia à decisão, o Tribunal autorizou que os juízes de primeiro grau atuassem na concretização de políticas públicas locais capazes de proporcionar o convívio entre crianças brancas e negras na mesma escola. Isso se deu através do instituto da *structural injunctions* (VITORELLI, 2022, p. 446-450).

O senso jurídico do julgador não se afeta em razão dos precedentes vinculantes, ao contrário, ajuda. Partindo das premissas e da tese fixada, a análise do caso concreto se vale de uma economia hermenêutica capaz de propiciar o desenvolvimento da decisão, sob a lógica do precedente obrigatório fixado sobre o tema. A lei já foi interpretada pelo Tribunal Superior, competindo ao magistrado se ater à pretensão inicial e resistida, segundo os fatos subjacentes postos ao seu conhecimento.

A constante busca pelo meio de atender à pretensão coletiva deve ser perseguida pelo juízo de primeiro grau, por estar mais próximo das partes, dos titulares do direito coletivo e do local onde existe a contenda. Através do precedente, a lógica jurídica já foi apresentada, sendo desnecessário o prolongamento do debate, como no Tema 698 do STF,[147] sobre a possibilidade de intervenção do Poder Judiciário na: a) realização de concursos públicos para suprir lacunas no serviço público; b) contratação de servidores temporários, até que se estabilize a prestação do serviço; e, c) execução de obras que atendam os direitos sociais da saúde, educação, segurança e outros serviços, aos quais a CF/88 garante especial proteção.

Definido o tema sobre intervenção do Poder Judiciário em políticas públicas de saúde, extensível a outros serviços constitucionalmente garantidos, o debate será mais sobre como resolver o processo coletivo, cuja pretensão é o cumprimento de obrigação de fazer uma política pública constitucionalmente adequada. A solução do caso concreto está aberta aos negócios processuais, termo de ajustamento de conduta,

---

[147] Embora fixada a tese jurídica, não houve a publicação do acórdão para se analisar o precedente formado até o fechamento desta obra.

transação ou qualquer outro meio que garanta a razoável duração do processo com efetividade.

O importante, ultrapassada a barreira de adequar a lei aos fatos, é satisfazer o interesse dos titulares da tutela coletiva. Não se entende, portanto, como uma autorização para o exercício da discricionariedade do juízo de primeiro grau, pois os limites estão impostos pelas normas e o controle no exercício do contraditório mútuo pelas partes no processo.

O precedente é determinado pelas decisões posteriores ao definir o que, no julgamento anterior, é *holding* ou *dictum* – o que no precedente terá força vinculante ou não. A força, o poder, o sentido e a extensão de cada elemento formador do precedente descrito são fruto de um diálogo entre a corte emissora (redatora do precedente) e a corte receptora (intérprete do precedente). O *stare decisis* confere ao precedente uma vinculação de aplicação pelos demais tribunais, funcionando como um princípio garantidor da estabilidade do direito (GARNER *et al.*, 2016). O ganho hermenêutico na compreensão da lide e o de celeridade na tramitação do processo ajuda o juízo de primeiro grau a conduzir o procedimento.

O precedente sozinho não é capaz de dar a solução ao caso concreto sem a atividade jurisdicional, compatibilizando-o com os fatos narrados pelas partes ou interessados. A execução da lei depende da atividade do juiz para a formação da ordem jurídica no caso concreto, com o fim de conformação social na existência da execução da lei, segundo os preceitos da integridade, coerência e segurança jurídica.

O protagonismo judicial surge na aplicação do precedente, segundo a "causa julgada" pelo tribunal. A tese jurídica é apenas um enunciado do que significou o debate para a formação do precedente. Dessa forma, para dar uma solução a uma tutela coletiva com a utilização do precedente, é necessário entender como se chegou à conclusão da tese jurídica, levando em consideração o caso debatido no Tribunal.

> Na proposta de um conceito de precedente apresentou-se como núcleo do conceito, no Capítulo 3, a *applicatio* que é uma resposta hermenêutica a um caso. O conceito e a função de um precedente não podem ser estudados em apartado, um está necessariamente vinculado ao outro (LOPES FILHO, 2020, p. 354).

A proposta é de se perceber que a conclusão da atividade jurisdicional perpassa pela interpretação da lei e da análise dos fatos provados nos autos. A partir dessa correlação, o juiz deve compatibilizar com a pretensão, cuja decisão deve prever a ordem, mandamento, declaração, constituição ou execução. Na ação coletiva, a pretensão é, por vezes, genérica, por ser o substituído, muitas vezes, coadjuvante na confecção da petição inicial, e essa falha merece reparos, para que o pedido imediato seja compatível com o mediato.[148]

A função jurisdicional é exercida pelo juízo de primeiro grau, ao julgar um caso concreto, real. Ele não julga a sociedade como um todo. O processo coletivo tem como foco a aplicação do Direito – *applicatio hermenêutica* –, sendo a análise das questões fáticas e jurídicas (LOPES FILHO, 2020). Atribuir um maior protagonismo ao juízo ordinário na apreciação da tutela coletiva promove o aperfeiçoamento do precedente, com sua aplicação nos casos posteriores.

Nem sempre será possível determinar os limites da pretensão em ação coletiva exclusivamente na petição inicial, seja por conta da urgência no provimento de tutela provisória, da necessidade de demonstrar ao Poder Judiciário a existência de uma demanda repetitiva ou da coletiva de repercussão transcendente ao próprio pleito formulado na inicial, seja por outros motivos referentes à necessidade de se ajuizar a ação, ainda que não se saiba ao certo qual o bem da vida protegido especificamente. Pode até mesmo haver uma alteração no curso do processo, com impacto na pretensão dos autores e dos réus e, em função disso, o procedimento não pode ser estanque e o juízo deve promover sua adequação ao novo pedido.

Os ajustes na pretensão de interesse metaindividual se dão por meio de decisões interlocutórias do juízo de primeiro grau,[149] requeridas pelas partes ou mesmo, no caso de ajuste para o cumprimento da tutela provisória, por ordem judicial.[150] Dessa forma, os precedentes sobre temas afetos à tutela coletiva em debate poderão ser aplicados imediatamente, e a solução do processo conterá comandos mais eficazes.

Compete ao juízo de primeiro grau selecionar os pedidos provisórios mais importantes e urgentes, segundo o caso concreto, para dar cumprimento antecipadamente. No caso de evidência do pedido, não

---

[148] Tema já apresentado em tópico anterior sobre a representatividade adequada e seu controle pelo Poder Judiciário.

[149] Por meio do deferimento de tutela provisória requerida pelo interessado: "Art. 296. A tutela provisória conserva sua eficácia na pendência do processo, mas pode, a qualquer tempo, ser revogada ou modificada" (BRASIL, 2015).

[150] CPC/15: "Art. 297. O juiz poderá determinar as medidas que considerar adequadas para efetivação da tutela provisória" (BRASIL, 2015).

há muito que se debater, pois este já deve ser cumprido assim que a ordem judicial for expedida, como é o caso do pedido fundamentado em precedente vinculante, por exemplo.

Essa ordem judicial ingressa da atividade do Poder Público. Os agentes públicos designados para dar cumprimento à ordem judicial criarão um precedente administrativo orientador da Administração em casos futuros sobre o mesmo tema. O cumprimento da decisão judicial passará por setores específicos da Administração com competências institucionais específicas, dando força à orientação administrativa final. A Administração Pública, em algumas situações:

> [...] tanto em processo quanto em procedimento administrativo, também são capazes de realizar essa mediação entre Direito e realidade na formulação de respostas institucionais a um caso concreto, seja na tomada de decisões ou na expedição de pareceres e respostas a consultas (LOPES FILHO; BEDÊ, 2016, p. 244).

Frise-se, ainda, que a ordem judicial será oriunda de uma construção dialógica das partes para a formação da decisão interlocutória. O juízo de primeiro grau não deve apenas deferir o pedido ideal formulado pelo autor da pretensão coletiva. É imprescindível que a decisão surja do diálogo entre as partes e os interessados, oportunizando a manifestação de todos, cujo resultado será a obtenção, pelo juízo, do maior numero de informações possível acerca daquele pedido específico de antecipar ou acautelar o resultado útil do provimento final.

Caso as partes não entrem em consenso, as informações apresentadas, por meio das manifestações de todos os interessados, possibilitarão ao juízo proferir decisão mais próxima possível do ideal, sem, contudo, afastar-se das possibilidades daquele que irá cumprir a decisão interlocutória e desrespeitar as necessidades dos titulares do direito coletivo.

3.1 Análise principiológica do processo coletivo

O processo coletivo faz parte do processo civil, com isso, os princípios gerais deste se aplicam àquele, mas o inverso nem sempre ocorre. O fato é que o processo coletivo, em razão da sua legislação e procedimento especiais, possui princípios próprios, fundamentando as técnicas utilizadas para a satisfação da pretensão apresentada pelos sujeitos do processo detentores do direito coletivo.

O estudo dos princípios é fundamental para a compreensão do processo coletivo como meio e fim da tutela coletiva. Assim, é meio processual para se chegar à resolução de mérito e fim almejado pela coletividade de interessados na resolução do mérito. O processo é um direito fundamental do indivíduo, possibilitando sua reivindicação como um direito subjetivo ao provimento, favorável ou não, de uma pretensão inicial.[151]

Os princípios são fontes normativas balizadoras da atuação estatal, por meio de seus Poderes, na busca eficaz da satisfação da tutela coletiva. A descrição dos princípios facilita o exegeta a interpretar o litígio coletivo, segundo a melhor solução a ser-lhe dada. O PL nº 1.641/2021 previu, exemplificativamente, alguns princípios essenciais ao processo coletivo:

> Art. 2º A tutela coletiva rege-se, dentre outros, pelos seguintes princípios:
> I - amplo e efetivo acesso à justiça;
> II - participação social, mediante a designação de consultas, audiências públicas e outras formas de participação direta;
> III - prevenção e resolução consensual e integral dos conflitos coletivos, judicial ou extrajudicialmente, mediante o emprego de métodos de solução tais como os da conciliação, da mediação, da negociação e outros meios considerados adequados nessa via consensual;
> IV - duração razoável da tutela coletiva, com prioridade de processamento e julgamento em todas as instâncias;
> V - efetiva precaução, prevenção e reparação integral dos danos patrimoniais e morais, individuais e coletivos;
> VI - responsabilidade punitivo-pedagógica e restituição integral dos lucros ou vantagens obtidas ilicitamente com a prática do ilícito ou a ela conexas;
> VII - ampla publicidade dos processos coletivos, mediante adequada informação social a respeito do ajuizamento das ações, das decisões ou acordos de tutela coletiva e de sua exequibilidade;
> VIII - dever de colaboração de todos, inclusive pessoas jurídicas públicas e privadas, na produção das provas, no cumprimento das decisões

---

[151] "Entendidas de acuerdo con el concepto semántico de norma, las normas de derecho fundamental se definen como el conjunto de significados prescriptivos de las disposiciones de derecho fundamental. Este conjunto de significados se expresa mediante proposiciones prescriptivas que establecen que algo está iusfundamentalmente ordenado, prohibido o permitido, o que atribuyen a un sujeto una competencia de derecho fundamental. En otros términos, las normas de derecho fundamental son un conjunto de proposiciones que prescriben el 'deber ser' establecido por las disposiciones iusfundamentales de La Constitución" (PULIDO, 2014, p. 103).

judiciais e na efetividade da tutela coletiva, bem como no respeito à segurança jurídica;

IX - primazia do julgamento do mérito, sempre que possível, mediante a correção ou integração das condições de procedibilidade das demandas coletivas durante todo o procedimento, em qualquer tempo e grau de jurisdição;

X - efetivo diálogo entre o juiz, as partes, os demais Poderes do Estado e a sociedade na busca da solução plural e adequada especialmente para casos complexos e estruturais;

XI - flexibilidade do processo e pragmatismo, devendo ser consideradas por todos as consequências práticas e jurídicas das decisões judiciais e das soluções consensuais (BRASIL, 2021).

Os princípios previstos na proposta da Nova Lei da Ação Civil Pública não se afastam do texto constitucional, como primeira fonte. Nesse sentido, os princípios do processo coletivo devem buscar abranger não só métodos de resolução do conflito, judicial e extrajudicial, mas também a satisfação da tutela coletiva. O prejuízo de um processo individual mal conduzido não deixa de gerar um prejuízo, mas pode ser corrigido nos próximos casos semelhantes ao já julgado.

Nessa perspectiva, o mesmo não pode ocorrer com o processo coletivo, pois, uma vez julgado, seus reflexos incidem sobre uma coletividade de pessoas cujo conteúdo da decisão informará o caminho a ser seguido pelo magistrado, ao apreciar o pedido individual do interessado, cuja pretensão tenha como fundamento a matéria já tratada no processo coletivo para subsidiar a elaboração da causa de pedir e do pedido.

Como exemplo, uma vez aplicada a teoria dos precedentes ao caso do Tema 698 com repercussão geral reconhecida pelo STF,[152] todas as ações que versarem sobre defesa de tutela coletiva referente à lotação de servidores públicos em órgãos e hospitais; realização de concurso público; reforma e construção de hospitais; internação de pacientes; dentre outros temas, seguirão a *ratio decidendi*, firmada no acórdão que julgou o referido tema.

A *ratio decidendi* e o *obter dictum* são importantes para a teoria dos precedentes do *common law* e do *civil law*. Por outro lado, na teoria

---

[152] O julgamento do Tema 698, do STF, em repercussão geral, teve sua tese fixada (Plenário, Sessão Virtual de 23.6.2023 a 30.6.2023), mas o acórdão não foi publicado até o fechamento desta obra.

dos precedentes brasileiros, deve-se informar que a *ratio decidendi* se encontra na fundamentação do julgado, e não na parte dispositiva. Por ser a fundamentação extensa, entende-se como *ratio decidendi* os "motivos determinantes" do julgado (THEODORO JÚNIOR; ANDRADE, 2021, p. 89).

Em todo momento se busca chegar o mais próximo da verdade real, através do uso de técnicas de escolha de atos procedimentais aptos a evitar o erro na prolação de uma decisão judicial. O juízo de primeiro grau está autorizado a instruir o processo da maneira mais eficiente para a realização da tutela coletiva, respaldando-se no princípio lógico. É o caso dos processos coletivos, cuja sentença autoriza a execução individual pelos interessados do seu crédito reconhecido no capítulo da sentença declaratória do direito coletivo.

A lógica deve permitir que se promova a execução no juízo da residência do interessado, "[...] parece mais compatível e congruente facultar aos legitimados a instauração e o processamento da execução individual, perante o juízo do liquidante" (GOMES JÚNIOR, 2005, p. 228). Assim, a cooperação judicial facilitará o andamento do processo com a interação entre os juízos da cognição e o da execução. Esse entendimento deve ser aplicado a qualquer tipo de processo coletivo, e não só ao consumerista, em razão do procedimento previsto no CDC.[153]

O microssistema do processo coletivo autoriza o uso da lógica-jurídica do princípio informativo do processo universal para aplicar o CDC quanto à possibilidade de efetiva satisfação da pretensão individual, decorrente de declaração judicial de um direito coletivo.[154]

A concentração dos processos individuais no juízo que processou a ação coletiva só é lógica se a tutela coletiva for local. No caso de tutela coletiva de repercussão estadual ou nacional, fica autorizado o juízo mais próximo do demandante, segundo a lei, a receber a pretensão individual, em sede de liquidação de sentença, sempre cooperando com o juízo prolator da decisão principal, com o fim de evitar o

---

[153] "Art. 101. Na ação de responsabilidade civil do fornecedor de produtos e serviços, sem prejuízo do disposto nos Capítulos I e II deste Título, serão observadas as seguintes normas: I - a ação pode ser proposta no domicílio do autor; [...]" (BRASIL, 1990).

[154] A exposição dos princípios do processo coletivo observa os princípios informativos de Cândido Rangel Dinamarco (2009), mas vai além deles. Para o autor, são os princípios informativos: o lógico, o político, o jurídico e o econômico.

cumprimento em duplicidade das condenações dispostas na sentença coletiva a ser liquidada.[155]

Busca-se, no processo coletivo, atingir a esfera de interesses mais abrangente possível, de modo a evitar desigualdades entre os litigantes e aumentar o alcance da prestação jurisdicional coletiva. Sob esse viés, foi esculpido o princípio jurídico, idealizado com base na igualdade e na justiça. O sentimento utópico da materialização do efetivo acesso à justiça igualitária não pode deixar os sujeitos do processo pessimistas quanto à concretização do seu direito. Pelo contrário, essa é a "mola mestra" do trabalho despendido em favor dessa causa. Enquanto esse for um objetivo da justiça, poder-se-á discutir o que ela significa, e não a alcançar quer dizer que os anseios dos seres humanos estão em mutação, que proporciona a evolução da sociedade, por meio do estudo do Direito, rumo ao direito fundamental de quinta geração, a paz, descrita pelo jurista Paulo Bonavides.

Para alcançar esse direito fundamental, é necessário aproximar o direito público do privado. A intersecção entre esses dois ramos compõe a garantia social de promoção dos direitos dos indivíduos em seu grau máximo, com o mínimo de sacrifício de sua liberdade. Trata-se do princípio político voltado à tutela coletiva de interesses coletivos promovidos pela cooperação entre o Poder Público e o setor privado na satisfação dos direitos sociais: "[...] a educação, a saúde, a alimentação, o trabalho, a moradia, o transporte, o lazer, a segurança, a previdência social, a proteção à maternidade e à infância, a assistência aos desamparados, na forma desta Constituição"[156] (BRASIL, 1988).

O respeito aos direitos sociais faz parte das funções típicas dos Poderes, seja a de prover o indivíduo com políticas públicas compatíveis com o seu bem-estar, seja a de legislar a favor daquele, criando o direito transindividual de obrigar o Estado a satisfazer os direitos sociais previstos em normas programáticas da CF/88. A falta, falha, omissão ou

---

[155] O entendimento que encontra respaldo na decisão do STF, ao decidir o RE nº 1101937, com repercussão geral reconhecida (Tema 1075). O princípio da especialidade deu lugar ao princípio lógico para possibilitar a aplicação do CDC (Lei nº 8.078/1990), em detrimento do art. 16 da Lei da Ação Civil Pública. Não há que se falar em especialidade de regras quando a eficácia da norma interpretada for contrária ao texto constitucional. A tese firmada é a seguinte: "I - É inconstitucional o art. 16 da Lei nº 7.347/1985, alterada pela Lei nº 9.494/1997. II – Em se tratando de ação civil pública de efeitos nacionais ou regionais, a competência deve observar o art. 93, II, da Lei nº 8.078/1990. III – Ajuizadas múltiplas ações civis públicas de âmbito nacional ou regional, firma-se a prevenção do juízo que primeiro conheceu de uma delas, para o julgamento de todas as demandas conexas" (BRASIL, 2021).
[156] Redação do art. 6º da CF/88.

erro na execução dessas atividades típicas autoriza o Poder Judiciário a protagonizar a implementação do direito social negligenciado, nos limites da lei, em favor da coletividade lesada.

A interpretação sistemática do Texto Constitucional é o ponto de equilíbrio no estudo do protagonismo judicial na concretização de políticas públicas pautadas no princípio político do Direito Processual. A máxima garantia dos direitos sociais, albergada pelo princípio político processual, dá permissão ao Poder Judiciário de afastar regras de lei em favor da concretização da norma constitucional programática aplicada de modo ineficiente pelo Poder Público. Entretanto, extrapolar esse Poder pode gerar prejuízos à coletividade. É o caso de superação das exigências legais para a continuidade de contratação administrativa de serviço público essencial, previsto na CF/88 como um direito social.

Ademais, determinar a aquisição de medicamento de alto custo sem um procedimento simplificado de dispensa de licitação para, pelo menos, pesquisar qual o menor preço de mercado, pode gerar despesa além da suportada pelo ente responsável, ou no caso de determinar a manutenção de prestação de serviço de transporte público por fornecedor, sem submissão ao prévio procedimento licitatório[157] – isso ocorre quando a fiscalização declara a nulidade do contrato administrativo. O transporte público é um serviço essencial devido pelo Poder Público ao seu usuário.

---

[157] O tema licitações e contratos administrativos é espinhoso quando se realiza o estudo preliminar e o termo de referência, compatibilizando com a prática. A discricionariedade do administrador não pode se sobrepor ao interesse público. Com vistas nessa dificuldade, a Lei nº 14.133/2021 (Lei de Licitações e Contratos) conceituou os dois institutos no seu art. 6º: "XX - estudo técnico preliminar: documento constitutivo da primeira etapa do planejamento de uma contratação que caracterize o interesse público envolvido e a sua melhor solução e dá base ao anteprojeto, ao termo de referência ou ao projeto básico a serem elaborados caso se conclua pela viabilidade da contratação; [...]. XXIII - termo de referência: documento necessário para a contratação de bens e serviços, que deve conter os seguintes parâmetros e elementos descritivos: a) definição do objeto, incluídos sua natureza, os quantitativos, o prazo do contrato e, se for o caso, a possibilidade de sua prorrogação; b) fundamentação da contratação, que consiste na referência aos estudos técnicos preliminares correspondentes ou, quando não for possível divulgar esses estudos, no extrato das partes que não contiverem informações sigilosas; c) descrição da solução como um todo, considerado todo o ciclo de vida do objeto; d) requisitos da contratação; e) modelo de execução do objeto, que consiste na definição de como o contrato deverá produzir os resultados pretendidos desde o seu início até o seu encerramento; f) modelo de gestão do contrato, que descreve como a execução do objeto será acompanhada e fiscalizada pelo órgão ou entidade; g) critérios de medição e de pagamento; h) forma e critérios de seleção do fornecedor; i) estimativas do valor da contratação, acompanhadas dos preços unitários referenciais, das memórias de cálculo e dos documentos que lhe dão suporte, com os parâmetros utilizados para a obtenção dos preços e para os respectivos cálculos, que devem constar de documento separado e classificado; j) adequação orçamentária; [...]" (BRASIL, 2021).

A decisão do órgão controlador em suspender a contratação ilegal: a) não pode gerar prejuízos à coletividade; b) afasta o contratado da prestação do serviço; c) impõe ao Poder Público a instauração de procedimento administrativo para nova contratação; d) responsabiliza os agentes públicos incumbidos pela contratação ilegal. Nesse período de suspensão, o usuário ficará sem a prestação do serviço e o Poder Judiciário será demandado para sanar a violação ao direito coletivo.

Não raras as vezes, o Poder Judiciário defere a prorrogação do contrato, por meio de decisão judicial, até que se finalize o processo licitatório próprio para esse tipo de contratação.[158] É nesse ponto que se verifica a necessidade de cuidado com o ativismo judicial contra a lei, por possibilitar que a lesão ao usuário do serviço público seja ainda maior, como no caso de: a) havendo sobrepreço, mantém-se um contrato excessivamente oneroso para o Poder Público; b) mantidas tarifas de passagens em valor não módico e acima do preço de mercado, lesando o usuário do serviço; c) possibilitar a continuidade de uma contratação ilícita por muitos meses, ou anos, em razão da complexidade desse tipo de contratação. São esses e outros efeitos reflexos da decisão judicial que devem ser ponderados pelo magistrado ao proferir sua decisão.[159]

---

[158] Como exemplo, traz-se o julgado do Tribunal de Justiça do Rio Grande do Sul: "[...] 4. Nos termos dos arts. 37, caput, XXI e 175, da CF, art. 2º da Lei nº 8.666/1993 e art. 42, §§2º e 3º, da Lei nº 8.987/1995, não existe dúvida de que as concessões de serviço de transporte coletivo somente podem ocorrer mediante prévia licitação, o que não foi observado pelos réus. Precedentes jurisprudenciais do STF e do STJ. 5. No entanto, tratando-se de serviço essencial, ou seja, que não pode ser interrompido (art. 10, V, da Lei nº 7.783/1989, art. 30, V, da CF e art. 22, do CDC), os contratos e aditivos existentes devem ser mantidos até a efetiva disponibilização do novo serviço à população (sem descontinuidade do serviço de transporte prestado à população), que ocorrerá após a realização do devido processo licitatório e contratação da empresa vencedora, inclusive sob pena de se contrariar o princípio da dignidade da pessoa humana e o art. 6º da Constituição Federal. Cabe ressaltar que a anulação do serviço, sem a manutenção deste até ser regularizada a ausência de licitação, configuraria uma inconstitucionalidade ainda mais gravosa à sociedade do que a inconstitucionalidade constatada nos contratos e renovações em discussão. Restaria ferido um dos fundamentos da República, a saber, o princípio da dignidade humana (art. 1º, III, da CF), bem como o direito social ao transporte previsto no *caput* do art. 6º da CF, com redação acrescida pela Emenda Constitucional nº 90/2015 [...]" (AC nº 70083562967) (BRASIL, 2020).

[159] Esse consequencialismo das decisões judiciais está previsto, expressamente, na LINDB: "Art. 21. A decisão que, nas esferas administrativa, controladora ou judicial, decretar a invalidação de ato, contrato, ajuste, processo ou norma administrativa deverá indicar de modo expresso suas consequências jurídicas e administrativas" (BRASIL, 2018). Como o princípio político do direito processual impõe a justiça equânime das decisões, no processo coletivo, é necessário indicar os meios de solução menos onerosos aos beneficiários da tutela coletiva, conforme disposição do parágrafo único da regra citada: "A decisão a que se refere o caput deste artigo deverá, quando for o caso, indicar as condições para que a regularização ocorra de modo proporcional e equânime e sem prejuízo aos interesses

As escolhas políticas mais compatíveis com o interesse público devem levar em consideração a atividade política *stricto sensu*, não a atividade judicial, sob pena de haver uma intervenção desarmoniosa nas esferas funcionais dos Poderes constituídos e devidamente instituídos. O acesso à justiça, concebido constitucionalmente pelo Brasil, proporciona a defesa da tutela coletiva com um maior grau de economicidade para os sujeitos processuais, não só os legitimados, segundo a lei, substitutos processuais, mas também os sujeitos realmente atingidos pela atividade causadora de lesão ao interesse metaindividual e contrária ao seu direito.

A representação adequada é importante para a tutela coletiva ao proporcionar a satisfação próxima do ideal pretendido pelos titulares do direito coletivo. Assim, ouvir os legitimados materiais é atividade imprescindível para se chegar a esse desiderato. O princípio da economia processual em processo coletivo só estará sendo respeitado se esses fatores forem atendidos, pois não basta apenas a justiça ser gratuita ou pouco onerosa, é necessário que ela chegue a todos os usuários desse serviço, de maneira equânime.

O princípio político impõe a ponderação entre a necessidade do titular do direito coletivo e a possibilidade do Poder Público em atender, segundo a previsão orçamentária. O orçamentário público necessário à satisfação do princípio do acesso à justiça deve ser previsto no duodécimo do Poder Judiciário como fonte de receita constitucionalmente instituída para proporcionar a realização de uma justiça menos onerosa.[160]

A justiça brasileira não foi criada apenas para os ricos, o fortalecimento das defensorias públicas e do Ministério Público é exemplo do interesse do Brasil na promoção de uma justiça efetiva e barata para o jurisdicionado incapaz de arcar com os custos dela. Através das funções essenciais à justiça, a defesa do interesse metaindividual se torna mais operacional e, consequentemente, eficaz. A distribuição da justiça, por meio do princípio do amplo acesso à justiça, instiga o legislador a elaborar normas capazes de promover esse princípio e o Judiciário a

---

gerais, não se podendo impor aos sujeitos atingidos ônus ou perdas que, em função das peculiaridades do caso, sejam anormais ou excessivos" (BRASIL, 2018).

[160] CF/88: "Art. 168. Os recursos correspondentes às dotações orçamentárias, compreendidos os créditos suplementares e especiais, destinados aos órgãos dos Poderes Legislativo e Judiciário, do Ministério Público e da Defensoria Pública, ser-lhes-ão entregues até o dia 20 de cada mês, em duodécimos, na forma da lei complementar a que se refere o art. 165, §9º" (BRASIL, 1988).

se adequar à demanda gerada pela facilidade de uso de seus serviços (CAPPELLETTI; GARTH, 2002). A defesa do direito difuso e coletivo é função do Ministério Público, ao tomar ciência de violação ao interesse metaindividual.[161] A Defensoria Pública, através de seus atendimentos em massa, é capaz de identificar um interesse individual homogêneo.[162] No tocante à advocacia pública e privada, sua atuação não difere dos outros dois, sendo ainda mais abrangente e na forma de seu estatuto.[163]

Além dos legitimados citados, a tutela coletiva autoriza outros entes e órgãos a substituírem os titulares do direito coletivo e os interessados na resolução do processo coletivo.[164] Essa ampliação do rol

---

[161] CF/88: "Art. 129. São funções institucionais do Ministério Público: [...] III - promover o inquérito civil e a ação civil pública, para a proteção do patrimônio público e social, do meio ambiente e de outros interesses difusos e coletivos" (BRASIL, 1988). Muito embora o texto constitucional só trate de direitos difusos e coletivos, o STF autoriza a defesa de interesses individuais homogêneos por essa instituição: "Súmula nº 643: - O Ministério Público tem legitimidade para promover ação civil pública cujo fundamento seja a ilegalidade de reajuste de mensalidades escolares" (BRASIL, 2021). Discordamos dessa súmula, por extrapolar o texto constitucional e adentrar na função da Defensoria Pública.

[162] Nosso entendimento acerca da defesa da tutela coletiva dos direitos individuais homogêneos se extrai do próprio Texto Constitucional: "Art. 134. A Defensoria Pública é instituição permanente, essencial à função jurisdicional do Estado, incumbindo-lhe, como expressão e instrumento do regime democrático, fundamentalmente, a orientação jurídica, a promoção dos direitos humanos e a defesa, em todos os graus, judicial e extrajudicial, dos direitos individuais e coletivos, de forma integral e gratuita, aos necessitados, na forma do inciso LXXIV do art. 5º desta Constituição Federal" (BRASIL, 1988). A expressão direito coletivo *lato sensu* está atrelada ao individual, sem nos afastarmos da proteção dos hipossuficientes, considerados individualmente, entendemos que a Defensoria Pública tem o papel da defesa da tutela individual homogênea. Por outro lado, no julgamento do STF, na ADI nº 3943/DF, houve uma prevalência do modelo constitucional de acesso à justiça, como instituição essencial à construção do Estado Democrático de Direito, sobre a racionalidade e a organicidade do exercício das funções dessas instituições. O STF afastou a necessidade de comprovação prévia da pobreza do legitimado material, substituído no processo, sob o fundamento de se tratar de uma instituição permanente e essencial à função jurisdicional do Estado.

[163] A Advocacia-Geral da União (AGU) possui estatuto regulamentado pela Lei Complementar nº 073/1993 (Lei Orgânica), e as demais advocacias públicas pelos seus próprios estatutos. Tomando como exemplo a Lei Orgânica da AGU, sua legitimidade se perfaz com a atribuição conferida de representar a União em juízo: "Art. 1º. A Advocacia-Geral da União é a instituição que representa a União judicial e extrajudicialmente" (BRASIL, 1993). Já a Advocacia privada, possui regulamentação na Lei nº 8.906/1994, onde, expressamente, dispõe que: "Art. 54. Compete ao Conselho Federal: [...] XIV - ajuizar ação direta de inconstitucionalidade de normas legais e atos normativos, ação civil pública, mandado de segurança coletivo, mandado de injunção e demais ações cuja legitimação lhe seja outorgada por lei" (BRASIL, 1994).

[164] LACP: "Art. 5º. Têm legitimidade para propor a ação principal e a ação cautelar: I - o Ministério Público; II - a Defensoria Pública; III - a União, os Estados, o Distrito Federal e os Municípios; IV - a autarquia, empresa pública, fundação ou sociedade de economia mista; V - a associação que, concomitantemente: a) esteja constituída há pelo menos 1 (um)

de legitimados para propor ações coletivas potencializa a distribuição de justiça de modo racional e seguro. A solução de diversas pretensões em um só processo tem o condão de irradiar seus efeitos a favor de todos os sujeitos interessados em se valer da decisão para liquidar a decisão coletiva em nome próprio. Ademais, é permitida a participação do substituído, no processo coletivo, como assistente litisconsorcial.

Por mais que o substituído não tenha interesse em liquidar e executar a sentença coletiva, o substituto não se quedará inerte diante dessa inação. No processo coletivo, vige o princípio da indisponibilidade da defesa da tutela coletiva, diante da inter-relação entre o interesse metaindividual e a indisponibilidade do interesse público.[165] É o poder-dever de agir dos legitimados na defesa dos direitos coletivos, afastando-se a discricionariedade.

A demanda coletiva contra o Poder Público não pode ser relegada à faculdade da parte autora de dispor do direito de agir, por se tratar de interesse superior à sua vontade. Por ser de interesse próprio da coletividade, é vedada a disposição por quem a lei conferir o dever de protegê-los. Ao tratar das funções essenciais à justiça, verifica-se a existência de instituições legitimadas, constitucionalmente, a promover a defesa dos interesses supraindividuais.

Quem substitui a coletividade no processo coletivo não tem disponibilidade sobre o direito. São consequências desse princípio o da obrigatoriedade do desempenho da atividade, segundo determina a lei.[166] Assim, não se trata de um princípio inflexível, de ordem absoluta

---

ano nos termos da lei civil; b) inclua, entre suas finalidades institucionais, a proteção ao patrimônio público e social, ao meio ambiente, ao consumidor, à ordem econômica, à livre concorrência, aos direitos de grupos raciais, étnicos ou religiosos ou ao patrimônio artístico, estético, histórico, turístico e paisagístico" (BRASIL, 1985).

[165] "Em caso de desistência ou abandono da ação por associação legitimada, o Ministério Público ou outro legitimado assumirá a titularidade ativa" (art. 5º, §3º, da LACP).

[166] Interpretando a LACP, o STJ entende que: "[...] 2. Esta Corte Superior firmou entendimento pela possibilidade de o Ministério Público Estadual assumir o polo ativo da ação civil pública ajuizada na origem, em substituição à associação declarada ilegítima, tendo em vista que "a norma inserta no art. 13 do CPC deve ser interpretada em consonância com o §3º do art. 5º da Lei nº 7.347/85, que determina a continuidade da ação coletiva. Prevalecem, na hipótese, os princípios da indisponibilidade da demanda coletiva e da obrigatoriedade, em detrimento da necessidade de manifestação expressa do Parquet para a assunção do polo ativo da demanda" (REsp nº 855.181/SC) (BRASIL, 2009). A propósito, vide: AgInt no REsp 1.716.078/MG, Rel. Min. Napoleão Nunes Maia Filho, DJe 6/6/2019; AgInt no REsp 1.685.414/MG, Rel. Min. Og Fernandes, Segunda Turma, DJe 21/5/2019; REsp 1.651.472/MG, Rel. Min. Herman Benjamin, Segunda Turma, DJe 21/6/2017; REsp 1.372.593/SP, Rel. Min. Humberto Martins, Segunda Turma, DJe 17/5/2013. [...]" (AgInt no REsp nº 1.868.065/MG) (BRASIL, 2021).

para os legitimados a propor a ação coletiva, mas a não propositura da ação ou a desistência no seu curso, sem continuidade pelos demais legitimados, requer fundamentação adequada.

O Ministério Público goza de autonomia funcional e, por conta disso, interpretando sistematicamente os princípios constitucionais, mitiga-se a indisponibilidade da ação coletiva, em razão da autonomia do *parquet*, desde que devidamente motivada. Uma vez exercendo esse direito, por se tratar o objeto de direito coletivo, apenas o direito de ação é disponível, sendo a matéria de fundo passível de fazer parte de pretensão de qualquer interessado.

Existe debate doutrinário acerca do órgão do Ministério Público competente para analisar o pedido de disponibilidade da ação coletiva: se o Conselho Superior do Ministério Público ou se o Chefe da instituição (Procurador Geral de Justiça ou Procurador Geral da República).[167] Entende-se ser competente o Conselho Superior do Ministério Público, por haver uma decisão colegiada acerca do tema, possibilitando a edição de uma resolução orientadora de outros membros a tomarem a decisão sem necessidade de nova apreciação.[168]

Esse cuidado com o zelo do substituto processual com a representação adequada do substituído é meio de garantir a eficácia da tutela coletiva, prevista no princípio do interesse no conhecimento do pronunciamento de mérito, conferindo direito aos sujeitos processuais de verem o processo resolvido em seu mérito, com a disposição em sentença sobre o direito coletivo em disputa.

O princípio do interesse ao conhecimento do pronunciamento de mérito faz com que o processo faça parte do direito subjetivo do indivíduo em ver sua pretensão decidida. O importante, para os sujeitos do processo coletivo, é conhecer o provimento final de mérito, por se

---

[167] O debate é: aplica-se o art. 9º da LACP ou o art. 28 do CPP?
[168] Em sentido diverso: "*5.4.1.8 Princípio da disponibilidade motivada e da proibição do abandono da ação coletiva*: a desistência infundada ou o abandono da ação coletiva impõe controle por parte dos outros legitimados ativos e especialmente do Ministério Público (art. 5º, §3º, da LACP), que deverá, quando infundada a desistência, assumir a titularidade da ação. Se a desistência for levada a efeito pelo Órgão do Ministério Público, o Juiz, dela discordando, poderá aplicar analogicamente o disposto no art. 28 do CPP, submetendo a desistência ou o abandono ao conhecimento e à apreciação do Chefe da respectiva Instituição do Ministério Público. Também o *abandono* não é admissível, de sorte que não é compatível com o direito processual coletivo a extinção do processo sem julgamento do mérito com base no art. 267, II ou III (contumácia bilateral ou unilateral, respectivamente), do CPC, de sorte que não é compatível também a ocorrência de *perempção* em sede de demandas coletivas (art. 5º, §3º, da Lei nº 7.347/85 e art. 9º da Lei nº 4.717/65)" (ALMEIDA; MELLO NETO, 2011, p. 91).

tratar de direito de todos eles. O pronunciamento de mérito requer a construção da decisão, por meio da participação dos titulares do direito coletivo, logo, participar ou não é uma faculdade dos interessados, mas ter o direito de participar é um dever do juízo.

Se o processo é um direito constitucionalmente assegurado, o resultado do dele, por meio de um provimento de mérito, passa a ser um direito fundamental do indivíduo.[169] O formalismo exagerado viola o texto constitucional e permite ao sujeito lesado questionar, junto ao órgão superior competente do Poder Judiciário, a inconstitucionalidade/ilegalidade do modo de atuar do juízo em que se encontra a apreciação da tutela coletiva.

As questões de nulidade processual são analisadas sob a luz do princípio da instrumentalidade das formas, possibilitando o prosseguimento do processo com a resolução de mérito. É certo que há um limite de adequação do procedimento para aproveitar os atos, mas o Poder Judiciário deve sempre se pautar pela convalidação ou conversão dos atos judiciais para cumprir sua função jurisdicional.

A condução do processo como instrumento de satisfação de uma pretensão, cujo direito seja coletivo, deve priorizar, ao máximo, que os efeitos dos atos processuais sejam mais benéficos aos interessados, por se tratar de pessoas substituídas por legitimados extraordinários. A busca por um provimento de mérito impõe ao juízo o dever de apreciar o direito em debate, seguindo o movimento interpretativo mais benéfico aos titulares do direito coletivo. Dessa forma, o protagonismo judicial possibilita a organização do procedimento, de modo a atender o princípio do máximo benefício da tutela jurisdicional coletiva comum. O protagonismo judicial é válido quando o juízo se atém às normas do direito e respeita os princípios fundamentais do processo coletivo. É dever do juiz a organização do processo coletivo, de maneira mais compatível com o interesse coletivo em questão.

---

[169] "5.4.1.1 Princípio do interesse jurisdicional no conhecimento do mérito do processo coletivo: esse princípio decorre do fato de o Poder Judiciário, como órgão do Estado Democrático de Direito, ter o compromisso de transformador da realidade social e por ser o guardião dos direitos e garantias constitucionais sociais fundamentais (arts. 1º, 2º, 3º e 5º, XXXV, da CF/88). Com base neste princípio, o Juiz deve flexibilizar os requisitos de admissibilidade processual para enfrentar o mérito do processo coletivo e legitimar a função social da jurisdição. O interesse no caso não é em decidir a favor de quaisquer das partes interessadas, mas o interesse em enfrentar o mérito das demandas coletivas. Com isso, não há qualquer risco ao princípio da imparcialidade como garantia constitucional" (ALMEIDA; MELLO NETO, 2011, p. 89-90).

Caso as partes e interessados deixem de requerer prova técnica imprescindível a elucidar determinado fato controverso posto na lide, o princípio da decisão mais benéfica à coletividade autoriza o juízo a buscar a verdade mais próxima da real sobre o fato. Trata-se do poder geral de cautela do juízo, com a utilização de meios necessários para satisfazer a tutela provisória pretendida pela parte.[170]

Em respeito ao princípio da tutela jurisdicional adequada é que se afirma não ser suficiente a prestação da tutela jurisdicional, sendo preciso que essa tutela seja a adequada. O juízo defere a tutela provisória e procede com mecanismos de efetivação dessa tutela. Para o cumprimento provisório desta, há autorização legal de adoção de medidas adequadas para a satisfação da pretensão urgente ou evidente.

Caso a sentença seja de improcedência do pedido principal, cabe ao autor arcar com os prejuízos sofridos pela parte que cumpriu provisoriamente a decisão interlocutória e as medidas acessórias ordenadas pelo juízo (art. 302 do CPC/15) – tema este estudado em tópico próprio.

O provimento jurisdicional a favor da coletividade não pode apenas ser favorável à pretensão inicial, deve ser o mais amplo e profundo possível, visando alcançar todos os interessados em liquidar e executar a sentença resolutiva do processo coletivo. A alteração da causa de pedir e do pedido na tutela coletiva é a materialização desse princípio como garantidor do direito constitucional ao acesso efetivo à justiça.

No curso de um processo coletivo, o *status quo* pode não mais existir, permitindo que o provimento final seja injusto. Essas correções podem ser realizadas por meio de transação, dos negócios processuais, com a redefinição do objeto da lide (ampliado, reduzido ou alterado), resultando no alcance mais efetivo, benéfico e amplo aos interessados na satisfação do dispositivo da sentença.

A tutela jurisdicional adequada é um dos princípios que se identificam com a tutela coletiva provisória dialógica de cumprimento

---

[170] A interpretação doutrinária da regra do art. 297 do CPC/15 é de existir um poder geral de cautela do magistrado. Lecionam Nelson Nery Júnior e Maria Nery (2016, p. 921) que: "Resta inalterado o *poder geral de cautelar*, conferido ao juiz pelo CPC 297. Mas isso já poderia ser deduzido a partir do fato de que não há mais especificação de procedimentos cautelares para determinados casos, de forma que as possibilidades são amplas tanto para o jurisdicionado como para o juiz. Sobre tutela da urgência e da evidência e o poder público, v. LMC". Na mesma linha, afirmam os professores Fredie Didier Júnior, Paula Sarno Braga e Rafael Alexandria de Oliveira (2022, p. 746): "A conclusão que se extrai da leitura conjugada desses dispositivos é que eles concedem ao julgador um *poder geral de cautela* e de *efetivação*, com a adoção de todas as medidas provisórias idôneas e necessárias para a satisfação ou acautelamento adiantados".

progressivo. Para que a sentença possa aproveitar o maior número de beneficiários, é preciso que o pedido seja adequado, de maneira a satisfazer o direito fundamental ao processo eficaz.[171] Se for necessário reiterar o pedido de tutela provisória com alteração do pedido inicial, adequando-o à nova situação fático-jurídica, pode o juízo deferir e dar prosseguimento ao processo, atendendo o interesse metaindividual de forma efetiva.

Se na fase de cognição, com contraditório assegurado de maneira mais ampla, é possível adequar a tutela jurisdicional à pretensão coletiva, qual o interesse em esperar o cumprimento de sentença para proceder dessa maneira, ou mesmo de ajuizar outra demanda para suprir a lacuna ou modificar o pedido?

Essa autorização legal já faz parte do PL nº 1.641/2021:

> Art. 13. Admite-se a cumulação, em um mesmo processo, de pedido de tutela de direitos difusos, coletivos e individuais homogêneos.
> Parágrafo único. Até o julgamento da demanda, admite-se a alteração do pedido ou da causa de pedir, em razão de circunstâncias ou fatos supervenientes, independentemente da anuência do demandado, devendo ser assegurado o contraditório, mediante possibilidade de manifestação do réu no prazo mínimo de 15 (quinze) dias, facultada a produção de prova complementar.
> [...]
> Art. 32. A sentença de mérito de procedência ou improcedência da demanda faz coisa julgada erga omnes em todo o território nacional.
> [...]
> §7º O juiz, de ofício ou a requerimento das partes e observado o contraditório prévio, poderá adequar o modo de proteção do bem jurídico na fase de cumprimento ou no processo de execução, ajustando-a às peculiaridades do caso concreto e às alterações fáticas supervenientes, inclusive na hipótese de o ente público ou seu delegatário promover políticas públicas que se afigurem mais adequadas do que as determinadas na

---

[171] Na ponderação entre conflitos entre regras e princípios ou colisão de princípios, há de se privilegiar o maior alcance da eficácia dos direitos fundamentais. A ineficácia de um direito fundamental não é admitida pela técnica de Direito Processual ou Material, assim, seja qual for o ramo, o indivíduo é seu destinatário e o protagonismo de qualquer dos sujeitos do processo deve ser em favor daquele. Acerca do tema: "4.8 Alguns postulados aplicam-se sem pressupor a existência de elementos e de critérios específicos: a ponderação de bens consiste num método destinado a atribuir pesos a elementos que se entrelaçam, sem referência a pontos de vista materiais que orientem esse sopesamento; a concordância prática exige a realização máxima de valores que se imbricam; a proibição de excesso proíbe que a aplicação de uma regra ou de um princípio restrinja de tal forma um direito fundamental que termine lhe retirando seu mínimo de eficácia" (ÁVILA, 2018, p. 228).

decisão, ou se esta se revelar inadequada ou ineficaz para o atendimento do direito.

§8º O disposto neste artigo estende-se, no que couber, à decisão sobre tutela provisória coletiva (BRASIL, 2021).

A tutela provisória pode ser requerida em qualquer procedimento em defesa de tutela coletiva, em razão do princípio da integratividade do microssistema de tutela coletiva, que é intimamente ligado ao princípio da não taxatividade. É ainda chamado de máxima amplitude do processo coletivo comum, cuja finalidade é alcançar a máxima efetividade do processo coletivo, com os meios processuais dispostos na legislação em vigor.

Para fins de promoção da defesa dos interesses metaindividuais, pode-se dispor de todas as espécies de tutelas provisórias, procedimentos e pedidos declaratórios, condenatórios, cominatórios, constitutivos, mandamentais e executórios. Esses princípios autorizam o uso de uma decisão interlocutória como meio progressivo de satisfação (eficaz) de uma tutela coletiva. A integração entre os meios procedimentais existentes instrumentalizam o juízo como forma de promover o interesse coletivo.[172]

A lei autoriza o Poder Judiciário a se utilizar de instrumentos processuais disponíveis no ordenamento, ainda que não integrantes, categoricamente, do microssistema do processo coletivo. Ao juiz é conferido o dever de entregar a tutela coletiva o mais próximo do ideal e, para isso, é necessário complementar essa gama de instrumentos processuais com o princípio da máxima efetividade do processo coletivo, que é a expressão da legitimação do protagonismo judicial.

As decisões *ultra, citra* (*infra*) ou *extra petita* são mitigadas em prol da satisfação de um interesse metaindividual de difícil determinação e certeza no momento da propositura da ação, sem deixar, por óbvio, de garantir o direito de manifestação da parte contrária (art. 10 do CPC/15). O deferimento de uma tutela provisória dialógica de cumprimento progressivo permite a alteração do pedido na forma dos fatos e provas admitidas na instrução processual e que modelam o provimento final (art. 296 do CPC/15).

É certo que há limites para se admitir a intervenção do juízo na prática dos atos processuais, sendo o controle exercido por meio dos

---

[172] Fundamenta-se esse princípio no art. 5º, XXXV, da CF/88, art. 83 do CDC e art. 21 da LACP.

sujeitos do processo e das instâncias superiores. Dessa forma, em se tratando de decisões interlocutórias, cada uma que venha a ser debatida em instância superior terá definido seu conteúdo, possibilitando o cumprimento provisório com natureza de definitivo. Boa parte do mérito da *quaestio* debatido em juízo, quando do momento da sentença, terá se exaurido, restando interesse recursal quase que só sobre matéria de Direito Processual.

Ao intervir na produção de provas e na organização do processo, com o uso dos meios procedimentais mais adequados, o protagonismo do juízo de primeiro grau, em processo coletivo, é de ampliar ao máximo o debate e limitar ao mínimo a fragmentação de ações com o mesmo objeto. Para se garantir um provimento final adequado ao interesse coletivo tutelado, é fundamental que haja a molecularização das pretensões individuais, visando estabelecer a coletivização do processo.

Para o juízo da ação coletiva, é uma prioridade a identificação dos processos individuais para evitar a proliferação de demandas individuais. O instrumento adequado para se alcançar a reunião dos processos, versando sobre o mesmo tema, é a cooperação (arts. 67 ao 69 do CPC/15). Os atos cooperativos não são hierarquizados, são espontâneos e não formais, sendo o momento em que há uma troca comunicativa entre os juízos e os tribunais. A vantagem é propiciar um câmbio de informações e compartilhar a competência (CABRAL, 2017). A reunião de processos prevista como técnica de cooperação é importante para os processos coletivos e causas repetitivas, não só pela eficiência na condução da resolução da tutela coletiva, mas também da celeridade.

Prestigia-se, com a cooperação e reunião dos processos, o princípio da máxima prioridade jurisdicional da tutela coletiva, quando a defesa do interesse coletivo se sobrepõe ao individual.[173] Assim, a observância desse princípio evita a proliferação de processos individuais e uniformiza o entendimento sobre a matéria, resultando no aproveitamento da decisão para o maior número de indivíduos.

Não adianta haver prioridade da análise da tutela coletiva frente à tutela individual se aquela não chegar ao seu fim em tempo razoável. A demora da tutela coletiva importará no cerceamento de acesso à

---

[173] "O princípio da prioridade da tutela jurisdicional coletiva emerge da superioridade do interesse social sobre o individual, bem como do disposto no §1º do artigo 5º, da Constituição Federal, devendo não só o Poder Judiciário, mas todos os operadores do Direito, priorizar a efetivação da tutela coletiva, a preferência de tratamento de feitos destinados a tal espécie de tutela" (SILVA; ZAGRETTI, 2019, p. 90).

justiça pelo indivíduo. Em função disso é que o princípio da prioridade na tramitação resguarda o juiz a organizar sua pauta de julgamento, segundo o tipo de demanda sob seu crivo. A rapidez na prestação da tutela jurisdicional coletiva não é o enfoque único e a qualidade nos atos praticados deve ser perseguida pelo juízo até o provimento final.[174]

Cada atraso no cumprimento do prazo, por qualquer dos sujeitos do processo, importa em tempo morto e "[...] espera-se do magistrado, na condução do processo, permanente vigilância em relação aos atos inúteis e protelatórios, indeferindo-os prontamente e decretando, em caso de má-fé, as devidas punições" (MILARÉ; MILARÉ, 2017, p. 10). O tempo morto em processo coletivo deve ser eliminado, de modo a proporcionar a efetividade da jurisdição. Essa é uma faceta qualitativa da razoável duração do processo coletivo a ser prestigiada.

A integridade do microssistema do processo coletivo está ligada ao princípio da não taxatividade dos tipos de bens de interesse coletivo a serem defendidos por meio das ações coletivas. O rol apresentado pela LAC, por exemplo, é exemplificativo. O que caracteriza o bem coletivo tutelado é o interesse difuso, coletivo ou individual homogêneo sob questão, o objeto perseguido apenas faz parte do provimento final, sendo relevante, para a ação judicial, o seu alcance após a coletivização do processo.

O PL nº 1.641/2021 trouxe um rol de bens a serem defendidos pelos legitimados à instauração do processo coletivo e, mesmo com essa disciplina, a previsão legal não afasta o princípio da não taxatividade, reforça-o. É que, ao descrever o objeto da ação coletiva e os bens, visa o legislador evitar debate sobre aquele bem que o Estado entende como transindividual, os demais, apenas o caso concreto determinará. Tanto é assim que a regra proposta não exclui outros bens:

> Art. 4º. Sem prejuízo de outras ações coletivas previstas em lei, a ação civil pública pode ter por objeto:
> I - a prevenção, a preservação ou a reparação ao meio ambiente ecologicamente equilibrado (art. 225, da Constituição), ao meio ambiente laboral, ao consumidor, ao trabalhador, à saúde, à educação, ao patrimônio público, cultural e social, à ordem urbanística, à honra e à dignidade

---

[174] Para o processo coletivo respeitar a razoável duração, tem a "[...] necessidade de que a tutela estatal seja célere e efetiva, o que foi elevado à categoria de Direito Fundamental, com a Emenda Constitucional nº 45/2004, incluindo o inciso LXXVIII, no artigo 5º, da Constituição Federal de 1988, onde a acepção de justiça se mede ao passo que ela seja prestada de forma rápida" (SILVA; ZAGRETTI, 2019, p. 97).

de grupos étnico-raciais e diversidades, incluída a proteção dos povos indígenas, quilombolas e tradicionais, e religiosos, a bens e direitos de valor artístico, estético, histórico, turístico e paisagístico;
II - a prevenção ou a reparação de qualquer outro direito difuso, coletivo ou individual homogêneo de qualquer natureza.
§1º A ação civil pública pode ter por objeto a reparação de dano moral coletivo, a respeito de direitos difusos, coletivos e individuais homogêneos.
§2º Nas ações civis públicas, a decisão, provisória ou definitiva, não poderá ter por objeto a suspensão da vigência de lei, limitando-se seus efeitos a afastar a aplicação da norma para o caso concreto.
§3º A constitucionalidade de lei não pode ser suscitada como questão principal em ação civil pública; alegada como questão incidental, não se aplica o disposto no §1º do art. 503 do Código de Processo Civil (BRASIL, 2021).

É como delimitar o que venha a ser os interesses públicos primário e secundário, podendo a norma definir o próprio interesse da coletividade. O controle feito pelo cidadão, através da ação popular, é capaz de anular atos administrativos atentatórios ao interesse público. Tanto essa premissa é verdadeira que a redação do texto do PL se refere a "pode ter por objeto". Seria taxativo o rol se a previsão fosse: "deve ter por objeto". O mais interessante é manter a lacuna a ser suprida a cada evolução da tutela coletiva.[175]

A abstrativização do objeto da ação coletiva, quanto aos bens a serem protegidos, proporciona a eficácia do provimento jurisdicional. A determinação e a certeza do objeto a ser declarado no provimento final podem ser construídas por decisões sucessivas caracterizadoras do direito coletivo do seu titular. A causa de pedir pode trazer questões abstratas, mas o pedido deve se referir ao caso concreto.

No processo coletivo, o princípio da congruência ou correlação entre o pedido e a sentença tem sentido próprio. Na fase de cognição, o pedido e a causa de pedir podem ser modificados para se ajustar ao caso concreto. O pedido de tutela provisória é o meio processual adequado para requerer essa modificação e a decisão interlocutória deve ser precedida de diálogo.

---

[175] Caso do PL nº 1.641, de 2021. Não há uma regra dispondo quais sejam os bens de interesse difuso, coletivo ou individual homogêneo considerado objeto de uma ação coletiva. Assim, traz significado de cada interesse, competindo aos interessados adequar sua pretensão ao direito correspondente.

Ao juiz é dado o poder de decidir o mérito, nos limites propostos pelas partes, sendo-lhe permitido conhecer de questões não suscitadas pelos sujeitos do processo no início da demanda, mas imprescindíveis ao deslinde da causa, ainda que a lei exija iniciativa da parte. É o caso da necessidade de condenar o réu na obrigação de fazer um muro extra para satisfazer a pretensão de reforma de uma escola, tendo em vista que o planejamento de execução da obra deixou de prever o referido muro e as partes não trataram dele.

O princípio da congruência ou correlação no processo coletivo se encontra disposto no CPC/15, sem mitigação ou relativização do objeto da ação. A sentença preverá não só o pedido inicial, mas todo o debate travado no curso do processo. Nesse sentido, o diálogo entre as partes tem forte influência na construção da decisão, além de evitar surpresas e autorizar o dispositivo da sentença a conter quantidade superior ou inferior, e até mesmo a pretensão pode ser diferente.[176] A imutabilidade do pedido é entendimento que remonta à *litis contestatio* romana e merece uma interpretação segundo o princípio da economia processual, eficácia e eficiência das decisões em processo coletivo.

O objeto será o mesmo que lhe foi demandado: a tutela de interesse difuso, coletivo ou individual homogêneo, em defesa de direito à educação, saúde, patrimônio, meio ambiente, consumidor e outros, cuja situação fático-jurídica possa vir a conferir a necessidade de "molecularização". Os indivíduos destinatários da coisa julgada coletiva não podem ficar impossibilitados de liquidar a sentença por conta de sua abrangência limitada.

Se o percurso do processo demonstrar que o objeto está delimitado, mas a forma de alcançá-lo não está congruente com o pedido, as tutelas provisórias dialogadas podem ser utilizadas pelo juízo, como meio de adequar a pretensão, sem prejuízo do direito de impugnar o pedido liminar e de recorrer da decisão interlocutória. O que se defende não se choca com os arts. 141 e 492 do CPC/15.[177] Ao contrário, os pedidos das partes serão sempre analisados pelo juízo na construção do

---

[176] CPC/15: "Art. 493. Se, depois da propositura da ação, algum fato constitutivo, modificativo ou extintivo do direito influir no julgamento do mérito, caberá ao juiz tomá-lo em consideração, de ofício ou a requerimento da parte, no momento de proferir a decisão. Parágrafo único. Se constatar de ofício o fato novo, o juiz ouvirá as partes sobre ele antes de decidir" (BRASIL, 2015).

[177] "Art. 141. O juiz decidirá o mérito nos limites propostos pelas partes, sendo-lhe vedado conhecer de questões não suscitadas a cujo respeito a lei exige iniciativa da parte. [...]. Art. 492. É vedado ao juiz proferir decisão de natureza diversa da pedida, bem como condenar

provimento mais adequado com a pretensão. Ao invés de se ver violação, em verdade, há um prestígio aos dispositivos.

A jurisprudência não é segura acerca da interpretação dos dispositivos mencionados, há decisões que aplicam,[178] e outras não.[179] Ao julgador cabe a interpretação lógico-sistemática do pedido formulado na petição inicial, a partir da análise dos fatos e da causa de pedir, considerados em todo o seu conteúdo.[180] O julgador deve considerar o pedido formulado na petição inicial por meio de uma análise de todo o seu conteúdo, e não apenas da parte da petição destinada aos requerimentos finais.[181]

Os requerimentos feitos pelas partes na tramitação do processo são, na verdade, tutelas provisórias sucessivas – de urgência, evidência, cautelar. Essa é uma das formas de diálogo entre os sujeitos. O juízo arrecada os pedidos das partes, pondera[182] e decide. Dessa forma, a congruência é entre as questões suscitadas no curso do processo e a sentença proferida, não havendo que se falar em adstrição entre o pedido e a parte dispositiva da sentença.[183]

---

a parte em quantidade superior ou em objeto diverso do que lhe foi demandado" (BRASIL, 2015).

[178] "[...] 12. Agindo fora dos limites definidos pelas partes e sem estar amparado em permissão legal que o autorize examinar questões de ofício, o juiz viola o princípio da congruência (CPC, arts. 128 e 460), o que ocorreu na hipótese em exame, com a apreciação de hipótese de perda do bem não garantido pelo contrato de seguro, não versada na causa de pedir contida na inicial, configurando julgamento *ultra petita* (além do pedido). 13. Ocorrendo julgamento para além do pedido (*ultra petita*), não há necessidade de se invalidar o ato jurisdicional, bastando, para que haja a readequação ao princípio da congruência, seja o comando reduzido ao âmbito do pedido formulado pelas partes, na presente hipótese, ao exame da perda do bem arrendado que foi garantido por contrato de seguro. [...]" (REsp nº 1.658.568) (BRASIL, 2018, p. 1365).

[179] "[...] 3. A decisão que interpreta de forma ampla o pedido formulado pelas partes não viola os arts. 128 e 460 do CPC, pois o pedido é o que se pretende com a instauração da ação. Precedentes. 4. O dano ambiental pode ocorrer na de forma difusa, coletiva e individual homogêneo este, na verdade, trata-se do dano ambiental particular ou dano por intermédio do meio ambiente ou dano em ricochete. [...]" (REsp nº 1.641.167) (BRASIL, 2018, p. 1372).

[180] Os julgados são: REsp nº 1.255.398/SP; AgInt no AREsp nº 667.492/MS.

[181] Os julgados que versam sobre o tema são: REsp nº 1.639.016/RJ; EDcl no REsp nº 1.331.100/BA; AgRg no Ag nº 886.219/RS e REsp nº 440.221/ES.

[182] Lembrando que em debate o interesse metaindividual (titular do direito coletivo) e o interesse público (Poder Público). A ponderação entre esses interesses levará em consideração a necessidade do primeiro e a possibilidade do segundo, conforme as provas dos autos.

[183] "[...] não se pode, a pretexto de pretender a incidência do *ius superveniens*, alterar a causa de pedir ou o pedido (Nery. *Direito superveniente – não cabimento de alteração da causa de pedir* [RP 25/214]). O dispositivo tem sido aplicado não só no primeiro grau de jurisdição, mas também em segundo grau e nas instâncias extraordinárias" (NERY JÚNIOR; NERY, 2016, p. 1262-1263).

A possibilidade de alteração do objeto no processo coletivo, defendida por Ada Pellegrini Grinover (1998), ao interpretar o CDC, vem a possibilitar que, numa ação coletiva com pedido inicial de obrigação de fazer, possa haver condenação em obrigação de pagar. Propõe-se ser possível acrescentar ao pedido inicial do processo coletivo outros pedidos decorrentes da necessidade de satisfação da tutela coletiva. A medida deve fazer parte de uma decisão interlocutória, precedida de prévia manifestação da parte contrária, recorrível para instâncias superiores e antes da sentença.

O estudo dos princípios do processo coletivo comporta uma interpretação sistemática, visando o melhor interesse dos titulares do direito coletivo.[184]

3.2 O protagonismo dos sujeitos e as capacidades institucionais no processo coletivo

O protagonismo judicial nas demandas tendo o Poder Público como parte pode ser considerado como o uso, pelo Poder Judiciário, de medidas judiciais, requeridas pela parte ou de ofício, capazes de corrigir falhas funcionais de competência do Poder Executivo ou Legislativo, sem que, para isso, desarmonize a relação entre os Poderes. O juízo, pós CF/88, passa a ser protagonista na condução do devido processo legal coletivo democrático.

Por outro lado, ainda se vê um protagonismo dos magistrados, sob o fundamento de aplicar o Direito e se desgarrar da lei formal, esquecendo-se que a atividade jurisdicional não pode sobrepor o tecnicismo, sob pena de se ver um ativismo judicial.

A autorização legislativa para o protagonismo do juízo de primeiro grau existe e pode ser vista no CPC/15 (arts. 296 e 297) e no CDC (art. 84). A tutela provisória requerida inicialmente não é estanque e pode ser modificada, e o cumprimento da obrigação nela prevista ganha eficácia quando o juízo ordena medidas adequadas para a sua satisfação.

---

[184] "[...] 5- Os arts. 21 da Lei da Ação Civil Pública e 90 do CDC, como normas de envio, possibilitaram o surgimento do denominado Microssistema ou Minissistema de proteção dos interesses ou direitos coletivos amplo senso, no qual se comunicam outras normas, como o Estatuto do Idoso e o da Criança e do Adolescente, a Lei da Ação Popular, a Lei de Improbidade Administrativa e outras que visam tutelar direitos dessa natureza, de forma que os instrumentos e institutos podem ser utilizados com o escopo de 'propiciar sua adequada e efetiva tutela' (art. 83 do CDC). 6- Recurso especial provido para determinar o prosseguimento da ação civil pública" (REsp nº 695.396) (BRASIL, 2011, p. 333).

No processo coletivo, esse cumprimento da obrigação de fazer ou não fazer pode ser sucessivamente questionado pelas partes, gerando decisões interlocutórias sucessivas precedidas de pedido de tutela específica da obrigação. Há, assim, uma determinação de providências que assegurem o resultado útil do processo.

Não satisfeita a obrigação de fazer, há uma conversão na obrigação de pagar indenização pelo equivalente, mas, antes, o juízo ordenará o cumprimento da obrigação de fazer ou não fazer, cominando "[...] multa diária ao réu, independentemente de pedido do autor, se for suficiente ou compatível com a obrigação, fixando prazo razoável para o cumprimento do preceito" (art. 84 do CDC) (BRASIL, 1940). As medidas necessárias ao cumprimento da tutela provisória podem ser ordenadas de ofício. Já a modificação da pretensão não, salvo se houver previsão legal[185] – ultrapassar esse limite não é protagonismo, mas ativismo judicial.

As medidas necessárias para a obtenção do resultado prático equivalente podem ser a "[...] busca e apreensão, remoção de coisas e pessoas, desfazimento de obra, impedimento de atividade nociva, além de requisição de força policial" (§5º do art. 84 do CDC) (BRASIL, 1990).

As cautelares ordenadas de ofício pelo juiz são meios de garantir a eficácia de sua decisão – esse é um protagonismo judicial assegurado por lei. Diferente é decidir o mérito do pedido sem considerar os requerimentos das partes calcados em prova técnica. Nesse sentido, o ativismo judicial ultrapassa a capacidade institucional do Poder Judiciário de compreender a lide.[186]

A ineficiência do Poder Público em dar eficácia às normas constitucionais – fundamentais, sociais e programáticas – não autoriza os juízes a se utilizarem da sua liberdade interpretativa para proferirem decisões que extrapolam os limites constitucionais atribuídos pela Constituição ao Poder Judiciário. Esse método não atende ao devido processo legal coletivo democrático.

---

[185] "Não consideramos possível a concessão *ex officio* da tutela provisória, ressalvadas as hipóteses expressamente previstas em lei. É o que se extrai de uma interpretação sistemática da legislação processual, que se estrutura na *regra da congruência* (DIDIER JÚNIOR; BRAGA; OLIVEIRA, 2022, p. 750, grifo do autor).

[186] "Nesse sentido, encontramos referências às 'capacidades institucionais' do Judiciário como justificativa para a adoção de uma postura mais autocontida ao atuar em áreas nas quais há grande necessidade de expertise técnica ou de ponderação livre entre múltiplas e complexas variáveis políticas" (ARGUELHES; LEAL, 2011, p. 7).

O magistrado não é eleito pelo povo, mas investido por meio de concurso público. Já os membros dos tribunais não são escolhidos pelos eleitores, mas por seus representantes eleitos. A legitimidade da atuação do magistrado, ao promover políticas públicas, por diversas vezes, encontra-se na zona cinzenta dos limites constitucionais deferidos a eles no poder de decidir.

As capacidades institucionais do Poder Judiciário são limitadas pela Constituição e sua regulamentação. Assim, ao juízo competente é dado o dever de interpretar a lei, não podendo tomar decisões políticas em áreas de especialização diversa da sua; deixar de considerar que os entes que buscam solucionar dado problema são falíveis; escolher solução, dentre as alternativas apresentadas pelos sujeitos do processo, sem considerar as consequências mais próximas possíveis do objetivo perseguido.[187]

Não se busca uma solução pautada no mundo ideal, as capacidades institucionais recomendam que os órgãos responsáveis pela decisão cheguem o mais próximo possível daquela. É escolher a segunda melhor solução ou a *second best reasoning* (SUNSTEIN; VERMEULE, 2002).

O protagonismo judicial não está vinculado ao instituto da capacidade institucional concebido na doutrina norte-americana. O poder de resolução de problemas, conferido às agências reguladoras americanas, no âmbito administrativo, merece que a doutrina seja incorporada ao Brasil em duas fases. A primeira é a identificação do problema coletivo encontrado no Poder Público, a ser estudada pelas

---

[187] O STF vem prestigiando a reserva de competência técnica para fundamentar suas decisões, segundo as capacidades institucionais dos órgãos técnicos responsáveis: "CAPACIDADE INSTITUCIONAL DOS ÓRGÃOS TÉCNICOS RESPONSÁVEIS – NECESSIDADE DE DEFERÊNCIA JUDICIAL – RISCO DE FRAGILIZAÇÃO INJUSTIFICADA DAS RELAÇÕES COMERCIAIS BILATERAIS E MULTILATERAIS – PRECEDENTE – SUSPENSÃO QUE SE JULGA PROCEDENTE – AGRAVO A QUE SE NEGA PROVIMENTO – 1- O incidente de contracautela é meio processual autônomo de impugnação de decisões judiciais, franqueado ao Ministério Público ou à pessoa jurídica de direito público interessada exclusivamente quando se verifique risco de grave lesão à ordem, à saúde, segurança e à economia públicas no cumprimento da decisão impugnada (art. 4º, caput, da Lei nº 8.437/1992; art. 15 da Lei nº 12.016/2009 e art. 297 do RISTF). 2- In casu, revelam-se presentes os requisitos para a concessão da suspensão no presente incidente, porquanto o embasamento técnico da decisão administrativa de autorização, somado à imposição de condicionantes aos importadores brasileiros, demonstram a plausibilidade da tese da União no sentido da inexistência de riscos ambientais na importação de camarões da espécie 'pleoticus muelleri' da Argentina. 3- O Poder Judiciário deve atuar, em princípio, com deferência em relação às decisões técnicas formuladas por órgãos governamentais, máxime em razão da maior capacidade institucional para o equacionamento da discussão. 4- Agravo a que se nega provimento" (SL-AgR nº 1425) (BRASIL, 2021).

instituições responsáveis pela solução dele, sendo suas conclusões meio de prova para o autor da ação coletiva. Não resolvido o problema coletivo no âmbito institucional adequado, segue-se para a segunda fase, de competência do magistrado, em analisar a lide coletiva para dar uma solução. O protagonismo do juízo no exercício de sua capacidade institucional é de organização dos atos processuais e no controle da representação adequada.[188]

A capacidade institucional do Poder Judiciário de interpretação de uma norma constitucional originária chega a alterar o sentido literal dela para se adaptar ao sentido histórico em atenção à sistemática interpretação dos direitos fundamentais. É exemplo o problema coletivo, de natureza individual homogênea, do não reconhecimento da união homoafetiva para fins previdenciários.

O Código Civil de 2002 trouxe, no seu art. 1.723, a disposição de que: "[...] é reconhecida como entidade familiar a união estável entre o homem e a mulher, configurada na convivência pública, contínua e duradoura e estabelecida com o objetivo de constituição de família" (BRASIL, 2002). Estar escrito "o homem e a mulher" não impede que o Poder Judiciário reconheça como entidade familiar a união de pessoas do mesmo sexo. Muito embora seja um protagonismo judicial em prol da melhor interpretação do texto constitucional, ele não é abusivo ou ilegal, por ter ponderado sistematicamente os direitos fundamentais (ADIn nº 4.277 e ADPF nº 132). Fica excluído, assim, "[...] qualquer significado que impeça o reconhecimento da união contínua, pública e duradoura entre pessoas do mesmo sexo como entidade familiar, entendida esta como sinônimo perfeito de família"[189] (BRASIL, 2011, p. 5).

---

[188] O PL nº 1.641/2021 propõe o controle de representação adequada no processo coletivo em seu art. 7º. Diferentemente da proposta, entende-se que o controle deve recair sobre todos os legitimados, pois não é apenas, por exemplo, uma associação que pode deixar de ter capacidade técnica para defesa de interesse metaindividual complexo. A Defensoria ou o Ministério Público podem estar representados por membro sem experiência e técnica para tratar de temas fora de suas especialidades. Caso de Promotor Público em município de interior do Estado que se depara com dano ambiental de larga escala e com definição do problema coletivo complexo. Não é que o Promotor Público deixará de conduzir o processo afeto ao seu *mister*, isso é garantido pela Constituição Federal. Entretanto, caso o juízo perceba o não preenchimento dos requisitos para uma representação adequada, no curso do processo, poderá averiguar: a credibilidade, capacidade e experiência do legitimado; seu histórico na proteção judicial e extrajudicial dos interesses ou direitos previstos nesta lei; sua conduta em outros processos coletivos; a pertinência entre os interesses tutelados pelo legitimado e o objeto da demanda (art. 7º, §2º, do PL nº 1.641).

[189] Houve uma verdadeira ponderação de princípios para se chegar à interpretação mais compatível com a realidade e a finalidade do texto constitucional. "As colisões entre princípios resultam apenas em que se privilegie o acatamento de um princípio, sem que

O Poder Público falhou ao tratar do problema citado, pois sua instituição capacitada para resolvê-lo não deu a melhor interpretação à norma constitucional. É função típica do STF interpretar esse tipo de norma quando o Poder Público não exerce suas funções, ou exerce mal.[190] Muito embora o Poder Judiciário não possa legislar, não há impedimento de produzir fonte normativa do Direito, como no caso das súmulas vinculantes, tese jurídica em repercussão geral, em IRDR, em IAC ou em casos repetitivos. O diálogo com o Legislativo é imprescindível para a produção de um precedente compatível com a Constituição e seus anseios.[191]

A tutela coletiva prevê o controle de constitucionalidade como um meio de promover a satisfação do direito metaindividual dos titulares do direito debatido, abstratamente. O resultado desse controle é o precedente vinculante e a solução de várias demandas sobre o mesmo tema. Defende-se que o controle de constitucionalidade e a resolução de causas repetitivas se atenham à formação da tese jurídica e do precedente, cabendo ao juízo de primeiro grau o protagonismo de aplicar o último ao caso concreto. É uma conformação do precedente ao litígio coletivo específico.

Entender diferente é permitir que o Judiciário solucione, ao seu modo, um problema, cujos interessados não participaram do diálogo, o que é inconstitucional, diante do processo constitucional democrático. Em qualquer tipo de processo coletivo, havendo complexidade que exorbite das funções típicas do juízo, não há como determinar uma

---

isso implique no afastamento do outro, ocorrendo, o fenômeno chamado 'sopesamento', o qual é aplicado o princípio mais adequado ao caso concreto" (LIMA, 2002, p. 294).

[190] Não pode a regra trazer todas as respostas para os problemas coletivos que se apresentam. Nem pode o juízo deixar de decidir por ausência de uma regra que fundamente sua solução. "O soberano não pode, por certo, antecipar todas as contingências através de algum sistema de ordens; algumas de suas ordens serão inevitavelmente vagas ou pouco claras. Portanto, segundo Austin, o soberano confere aos encarregados de fazer cumprir as leis (os juízes) poder discricionário para criar novas ordens, sempre que casos inéditos ou problemáticos se apresentarem. Os juízes então criam novas regras ou adaptam as antigas e o soberano anula suas criações ou, ao não fazê-lo, as confirma tacitamente" (DWORKIN, 2002, p. 29).

[191] Aplicar uma regra em conflito com outra ou com um princípio não importa na sua anulação. A regra pode ser inválida parcialmente e se manter vigente, eficaz e aplicável. Em sentido diferente: "A diferença entre princípios jurídicos e regras jurídicas é de natureza lógica. Os dois conjuntos de padrões apontam para decisões particulares acerca da obrigação jurídica em circunstâncias específicas, mas distinguem-se quanto à natureza da orientação que oferecem. As regras são aplicáveis à maneira do tudo-ou-nada. Dados os fatos que uma regra estipula, então ou a regra é válida, e neste caso a resposta que ela oferece deve ser aceita, ou não é válida, e neste caso em nada contribui para a decisão" (DWORKIN, 2002, p. 39).

solução, caso haja necessidade de intervenção de instituição capacitada para analisar o problema, segundo a técnica que lhe é afeta.

Compete ao Poder Judiciário buscar a solução para o problema, cooperando com as demais instituições envolvidas, chamando para participar do processo aquela mais capacitada para apresentar a *second best reasoning* e, após a manifestação de todos os sujeitos interessados na solução, que a repercussão da decisão possa atingi-los, haverá capacidade do magistrado de decidir a lide. Isso não será considerado um ativismo, mas um controle jurisdicional autorizado pela Constituição.

A interpretação de normas não é tarefa fácil e o direito positivo pode não ser suficiente para determinar uma única alternativa correta para solucionar um problema de interpretação ou de entendimento do poder decisório entre instituições, considerando os efeitos dinâmicos das decisões judiciais no tempo. As consequências não são estáticas e merecem uma revisão, segundo a mutabilidade da situação jurídica inicial e no momento da decisão. Dessa forma, a sofisticação metodológica trazida por Sustein e Vermeule (2002) se mostra no uso combinado das capacidades institucionais e dos efeitos dinâmicos.

Já para Arguelhes e Leal (2011, p. 40), o método das capacidades institucionais ou qualquer outra nomenclatura que lhe possa ser dada:

> [...] é considerado um pressuposto, à luz dos limites e capacidades do Poder Judiciário em si e em comparação com outras instituições, para a seleção de métodos de decisão mais apropriados nos quais juízes podem se orientar para interpretar textos e tomar decisões confiáveis. [...]. Pensar em capacidades institucionais significa, dessa forma, levar a sério as limitações e qualificações de uma determinada instituição no desenvolvimento de análises estáticas e dinâmicas relacionadas ao exercício de suas funções.

E continuam:

> As capacidades institucionais materiais se referem, assim, a elementos como a estrutura física, a quantidade e formação do corpo funcional de apoio (assessores, escreventes, técnicos etc.), o orçamento disponível e tudo o mais que diga respeito à estrutura administrativa da instituição. Por sua vez, as capacidades institucionais funcionais podem ser subdivididas em *jurídicas* e *epistêmicas*. No primeiro caso, a referência direta é ao conjunto de competências e limitações específicas fixadas pelo desenho institucional para certa instituição. No segundo caso, elas dizem respeito tanto às capacidades efetivas de assimilar e lidar com

informações, que podem variar quantitativa e qualitativamente, como aos modos de processamento de informações desenvolvidos internamente (ARGUELHES; LEAL, 2011, p. 43).

Uma solução que se pode apontar para evitar o ativismo judicial abusivo no processo coletivo é a construção da decisão judicial, seja ela interlocutória ou final, com a participação de todos os envolvidos no processo, respeitando-se a condição de partes e interessados, peritos, juízes, representantes e das instituições do Poder Público com capacidade para resolver o processo efetivamente.

Pode o juízo protagonizar a expedição de ordens adequadas para resolver o litígio coletivo, até mesmo aquelas cujo problema foi identificado por falha ou omissão da própria instituição. A solução para uma demanda de massa ou coletiva pode ser apresentada no âmbito judicial ou extrajudicial, como no último caso, por proposta do Ministério Público, junto ao inquérito civil. Mesmo assim, pode-se verificar ser a solução de difícil alcance por meio do consenso, necessitando de uma autoridade que venha a decidir – essa autoridade é o juiz.

O que se deve afastar é aquela velha concepção de existência de um ator supremo na condução da resolução da contenda, segundo a teoria da relação jurídica de Bülow. Sua percepção histórica é importante para entender a autonomia do estudo do processo. Não se pode mais autorizar o ativismo judicial que põe o juiz na condição de "boca da lei", criando ou até contrariando-a.[192] A lógica entre a norma e o caso concreto a ser decidido não pode implicar a superação da lei, salvo se houver controle de constitucionalidade. Fora isso, a atividade judicial é ilegal e as críticas à organização processual, por meio dessa via, serão válidas.[193]

Ao contrário da imposição unilateral do juiz para dar provimento à pretensão da parte, as decisões judiciais devem ser construídas. O juiz tem o poder constitucional de decisão, mas não exerce essa atividade típica sem observar os princípios fundamentais do processo constitucional. Em especial o contraditório múltiplo, com a fundamentação da

---

[192] "Todo este processo é a mais clara de todas as revelações do livre poder judicial de legislar" (BÜLOW, 1995, p. 12).

[193] O protagonismo judicial pode ser visto em processos estruturais, mas sofre críticas. "Para os críticos, há quatro principais objeções à utilização de processos estruturais: o respeito à separação de poderes; a falta de legitimidade democrática do Judiciário; a incompetência técnica do juiz para intervir em políticas públicas; e a possibilidade de um efeito *backlash* contra as decisões estruturais" (CASIMIRO; FRANÇA; NÓBREGA, 2022, p. 115).

decisão contendo a análise dos argumentos das partes e o respeito aos precedentes emanados do próprio órgão judiciário.

Como é de se perceber, essa construção do provimento final deve ser feita no curso do processo, em especial, por meio das decisões interlocutórias, resultado dos pedidos de tutela provisória de urgência ou evidência. O foco da atuação do magistrado é buscar a solução mais harmoniosa para as partes, segundo o ordenamento jurídico. Sem, portanto, proferir decisões genéricas com ordem mandamental, obrigação de fazer ou de pagamento para o réu, como se esse ato resolvesse um problema coletivo complexo existente há muito tempo. A eficácia da ordem judicial é o objetivo.

O protagonismo judicial não é prejudicial quando em conformidade com o Estado Democrático de Direito, ele resulta numa decisão judicial atenta ao contraditório, ampla defesa, devido processo legal e outros princípios fundamentais do processo. Se isso ocorrer apenas na sentença, haverá um prolongamento processual inadequado de interposição de recursos para a instância ordinária e, muitas vezes, as excepcionais (Tribunais Superiores), ferindo a razoável duração do processo e impedindo que o bem coletivo perseguido deixe de ser entregue mais rápido.

Uma execução provisória de uma tutela antecipada deferida no curso do processo, prevendo apenas o que se entende por compatível para o cumprimento naquele momento, pelo Poder Público, é muito mais eficaz que o provimento completo do pedido do autor, em sentença, cominando prazo e multa para coagir o ente político.

O processo não precisa chegar ao fim para ter seu cumprimento iniciado, ainda mais em se tratando de processo coletivo em face do Poder Público. Na maior parte das vezes, o autor é o Ministério Público, cuja pretensão se pauta numa prévia investigação instrutiva do inquérito civil, sendo a defesa do ente público apenas demonstrar o planejamento que possui para programar a política pública perseguida. No caso das causas repetitivas, a mesma espécie de defesa é produzida, se é sabedor do débito com o servidor acerca de determinada gratificação reconhecida em juízo como devida, compete, em defesa, apenas se organizar financeiramente para incluir em folha de pagamento a verba, sem comprometer o planejamento orçamentário da política remuneratória de seus servidores em determinado exercício.

Se o juízo propõe alternativas para a solução do litígio coletivo, de maneira a satisfazer a pretensão de modo menos oneroso ao Poder

Público, a atividade judicial é legítima, legal e constitucional. Nessa proposta, a ser debatida pelas partes, pode haver: a) uma transação sobre o direito material nos limites da lei e sem dispor de direitos irrenunciáveis; e b) um negócio processual, viabilizando, processualmente, o cumprimento provisório da decisão interlocutória proferida nos autos.

Não há de se formar a coisa julgada para, só depois, pensar na forma de cumprimento da demanda coletiva. A pretensão inicial pode vir a ser cumprida gradativamente até que se chegue a um provimento, em sentença, o mais próximo possível da satisfação do interesse coletivo em debate.

O recurso interposto contra decisão interlocutória seria decidido pelo Tribunal de Justiça para resolver a discordância quanto aos termos da proposta de acordo sobre o direito material ou processual, ou os dois. Resolvidas as divergências incidentalmente, na fase de cognição, a sentença resultado da instrução processual seria quase que irrecorrível, ante a ausência de interesse recursal, por conta do exaurimento do debate sobre a questão de mérito e processual.

O que se busca com essa forma de procedimento protagonizada pelo juízo é debater, ao máximo, na fase de cognição, as formas de resolução do litígio coletivo. Assim, requerimentos em forma de tutelas provisórias exporiam a pretensão das partes e subsidiariam o juízo na prolação de uma decisão interlocutória compatível com a realidade, logo, a participação dos titulares do direito coletivo é imprescindível.

O exercício do contraditório, a produção de provas, as diligências necessárias ao esclarecimento da dúvida, obscuridade, contradição ou omissão seriam feitas no curso do processo e a pedido dos sujeitos. O cumprimento progressivo da decisão interlocutória seria fiscalizado pelo juízo, enquanto debatido o pedido sucessivo de tutela provisória sobre outros capítulos da pretensão coletiva, já menos urgentes que os primeiros, mas que devem ser resolvidos antes da sentença.

O processo, porém, não pode se perpetuar no tempo e as pretensões controversas devem ser decididas também por meio de tutela provisória, observando-se a necessidade do titular do direito coletivo e a possibilidade do Poder Público. A decisão interlocutória deve exprimir a realidade, ou o mais próximo que se pode chegar dela, afinal, a verdade real é uma utopia sempre perseguida pela teoria das provas.

Suponha o caso de um dano ambiental, cuja pretensão de obrigação de fazer seja a de restaurar a fauna e a flora de uma lagoa poluída por resíduo tóxico. A causa de pedir e o pedido poderiam ser acrescentados, no curso do processo, de outra obrigação de fazer, no sentido de tratar dos animas que ingeriram a água e passaram a adoecer em decorrência disso. Não há necessidade de nova ação coletiva, apenas um pedido de tutela provisória de cumprimento imediato da obrigação de fazer, pois urgente a fim de viabilizar o tratamento e evitar a morte dos animais que consumiram a água.

O juiz deve, antes de proferir sua sentença, sanear o processo, oportunizar a todos a participação paritária e, ao final, informar aos sujeitos que o processo se encontra pronto para decisão. Antes de sanear, é necessário que haja análise dos pedidos de tutela provisória, em caso de: a) indeferimento, prossegue-se com o saneamento; e b) deferimento, instaura-se o cumprimento provisório da decisão.

Durante o saneamento, todos os sujeitos serão chamados a se manifestarem. A publicidade ampla, nessa fase, deve oportunizar ao maior número possível de interessados apresentarem suas manifestações. Ao final do saneamento, o juízo profere uma decisão e, nela, haverá a organização do procedimento para a produção de novas provas e do cumprimento progressivo ou imediato da tutela coletiva.

Contra essa decisão cabe pedido de esclarecimento ou recurso. O problema da recorribilidade das decisões não é a probabilidade de reforma ou nulidade, mas atribuir efeito suspensivo ao recurso e demorar na sua apreciação – ainda mais quando o tema pode chegar até os Tribunais Superiores. Esse é um problema a ser enfrentado pelos Poderes Legislativo e Judiciário. Prestigiar o protagonismo do juiz de primeiro grau pode ser uma ferramenta de solução da morosidade nos conflitos coletivos:

> Aliás, talvez o principal problema para esse debate esteja, pelo menos no caso brasileiro, nos tribunais de cúpula. Nos Estados Unidos, a autoridade do juiz de 1º grau é significativamente mais ampla, o que ampara as preocupações dos autores daquele país com *accountability* judicial. No Brasil, o amplo cabimento de recursos ordinários contra as decisões de 1º grau faz com que remanesça ao juiz pouco poder para tomar decisões equivocadas que sobrevivam ao sistema recursal. Por outro lado, quando esse problema está nos tribunais superiores, a situação se torna mais delicada (VITORELLI, 2022, p. 479).

A concentração de poder em qualquer das instâncias do Poder Judiciário é criticável, porém o controle da atividade judicial é efetivo no juízo de primeiro grau. As partes e interessados estão mais próximos do magistrado e dos auxiliares da Justiça. Já nos tribunais, há um distanciamento dos titulares do direito coletivo e uma representação menos efetiva dos interesses metaindividuais em disputa.

Se o autor da ação for o Ministério Público, a efetividade será ainda menor, pois não será o mesmo que atua no juízo de primeiro grau. A cada instância muda o representante na organização federal: Procurador da República em primeira instância; Procurador Regional da República na segunda instância; Subprocurador-Geral da República no STJ; Procurador Geral da República no STF. Se não houver uma boa comunicação entre os membros, o processo pode tomar curso diferente do negociado em primeiro grau.

Os processos coletivos servem bem para medir o grau de ativismo do julgador. Há sempre a tentação de apresentar a melhor solução para a lide e sair o proponente como ator principal na demanda. Nesse sentido, o protagonista é o titular do direito e o protagonismo deve ser do juízo onde se processa o litígio coletivo. Assim, o devido processo legal coletivo democrático deve ser pensado de maneira a atender, legitimamente, os sujeitos afetados pela decisão judicial. A preocupação com a participação de todos os interessados é de conferir legitimidade à decisão judicial. O Poder Público e a coletividade vão respeitar a decisão, evitando o efeito *backlash*.

3.3 A LINDB e o necessário diálogo na execução da tutela provisória construída

As decisões interlocutórias, decorrentes de pedidos de tutela provisória, em ações coletivas propostas em face do Poder Público, devem respeitar os princípios da ampla defesa, contraditório, reserva legal, diálogo entre as partes e as consequências práticas da decisão. Não adianta o juízo apreciar o pedido de tutela provisória formulado na petição inicial, entender como ideal para solucionar um problema coletivo e deferi-lo sem qualquer amadurecimento do *modus operandi* para sua satisfação no caso concreto.

Diante da carência de um procedimento judicial específico para o processo coletivo, as tutelas provisórias são deferidas segundo o "livre convencimento motivado" do juiz, expressão já combatida pelos autores do CPC/15, mas que ainda persiste na prática judicial.

No período da pandemia do coronavírus, o Judiciário do Maranhão concedeu tutela provisória, ordenando o *lockdown* em São

Luís.[194] A decisão foi proferida por juízo de primeiro grau, em verdadeiro ativismo judicial ilícito e ilegítimo – ilícito, porque violou diversos direitos fundamentais sem uma ponderação razoável acerca do conflito e colisão entre as normas, e ilegítimo, porque não constam na fundamentação da decisão argumentos sobre as manifestações, expondo as necessidades dos titulares do direito coletivo, e nem da forma possível de cumprimento da ordem judicial pelos destinatários.

A ideia do que é o melhor para a coletividade foi projetada no pedido de tutela provisória. O juízo, antes de chamar os interessados para comporem a lide, deferiu integralmente o pedido, cominando obrigações complexas, onerosas, cerceando a liberdade econômica dos munícipes e definindo a política pública de combate à pandemia. Não houve uma organização procedimental, mas um ativismo judicial fora das capacidades institucionais definidas na Constituição.

A partir desse exemplo, propõe-se a obrigatoriedade de interpretação da LINDB como requisito para o deferimento de tutela provisória requerida em ação coletiva proposta em face do Poder Público. Suas normas sobre Direito são de observância obrigatória para fundamentar o argumento da decisão judicial, com destaque para os arts. 20 a 30, tema desenvolvido nas próximas linhas.

3.3.1 As regras da LINDB e a tutela coletiva

A legislação disciplinadora da tutela provisória requerida em face da Fazenda Pública será analisada no próximo tópico. Nesse momento, a exposição do tema é sobre a imprescindibilidade da utilização da LINDB para fundamentar o julgamento do pedido de tutela provisória em ação coletiva proposta em face do Poder Público.

A novel alteração da LINDB (Lei nº 13.655, de 25 de abril de 2018) previu regras de observância do julgador no momento de deferir tutela judicial, seja final ou provisória, contra o Poder Público. Além de outros requisitos exigidos pelo deferimento da tutela provisória, o juízo deve

---

[194] Decisão proferida junto ao processo nº 0813507-41.2020.8.10.0001, que tramitou na Vara de Interesses Difusos e Coletivos da Comarca da Ilha de São Luís. Não consta na decisão a apreciação de manifestação dos titulares do direito coletivo violado pelas consequências práticas de seu cumprimento, muito embora o juiz reconhecesse que a medida é extrema. "O juiz reconheceu que há dúvidas quanto à constitucionalidade do *lockdown*. Isso porque a medida implica restrições à circulação de pessoas, ao funcionamento de estabelecimentos comerciais e a outros direitos. Contudo, nenhum direito é absoluto, ressaltou. E, nesse momento, a preservação da saúde se sobrepõe às outras liberdades individuais, opinou" (RODAS, 2020, p. 1).

argumentar sobre as consequências práticas, jurídicas, administrativas, perdas e ganhos, novas interpretações, retroatividade da interpretação e outros que venham a afetar o interesse ou o patrimônio público.

As novas regras prestigiam a segurança jurídica ao preservar a confiança legítima, a cooperação entre as partes e a boa-fé na atividade pública. Elas fazem parte da análise de mérito como instrumento de ponderação da colisão dos interesses metaindividual e público. A construção da decisão vem de uma tutela provisória dialógica embrenhada de argumentos fundamentados na lei, mas com objetivos diferentes. A aplicação correta da lei, no caso concreto, será definida pelos sujeitos do processo, na medida de sua legitimidade e capacidade institucional de apresentar soluções.

É neste ambiente de releitura do princípio da legalidade, de constitucionalização do direito administrativo e de uma atuação, por vezes questionável, dos órgãos de controle, que são inseridos na Lei de Introdução às Normas do Direito Brasileiro artigos que positivam paradigmas de interpretação de normas de gestão pública, concedendo ao gestor público a faculdade de circunstanciar suas decisões com respaldo nos obstáculos reais que enfrenta e nas ações que lhe são confiadas para a implementação de políticas públicas, uma vez que suas decisões tem sérias consequências práticas e tais não podem ser desconsideradas. Pois, como nos ensinam a moldura kelseniana e o método jurídico de Alf Ross a interpretação da norma sempre possibilita escolhas, não se podendo crer que apenas uma fórmula de aplicação da lei seja a correta. Uma interpretação do gestor diferente da que dê o órgão de controle não acarreta necessariamente uma violação ao princípio da legalidade (FERREIRA; FRANÇA, 2022, p. 189).

O art. 26 da LINDB pode ser interpretado como meio de garantir a representação adequada dos titulares do direito coletivo, promovendo o acesso à justiça de maneira efetiva. Essa medida pode ser tomada através de compromisso, instrumento extrajudicial capaz de formar uma prova pré-constituída exigível no caso de descumprimento pelo Poder Público das cláusulas nele estabelecidas.

Art. 26. Para eliminar irregularidade, incerteza jurídica ou situação contenciosa na aplicação do direito público, inclusive no caso de expedição de licença, a autoridade administrativa poderá, após oitiva do órgão jurídico e, quando for o caso, após realização de consulta pública, e presentes razões de relevante interesse geral, celebrar compromisso com

os interessados, observada a legislação aplicável, o qual só produzirá efeitos a partir de sua publicação oficial.
§1º O compromisso referido no caput deste artigo:
I - buscará solução jurídica proporcional, equânime, eficiente e compatível com os interesses gerais;
II – (VETADO);
III - não poderá conferir desoneração permanente de dever ou condicionamento de direito reconhecidos por orientação geral;
IV - deverá prever com clareza as obrigações das partes, o prazo para seu cumprimento e as sanções aplicáveis em caso de descumprimento.
§2º (VETADO) (BRASIL, 2018).

Se já existe um compromisso antes do pedido de tutela provisória, se o autor alega o descumprimento de uma obrigação nele firmada, há de ser chamado em juízo aquele que descumpriu a obrigação para se manifestar antes do deferimento de uma tutela provisória. O diálogo necessário para a formação do compromisso deve ser repetido em juízo para subsidiar uma decisão.

A LINDB dá segurança ao gestor público ao privilegiar a realidade na interpretação da lei, facilitando a satisfação da tutela coletiva negociada.

Os artigos 20 a 30 da LINDB, com destaque para o art. 22, inauguram uma diretriz de interpretação das normas de gestão pública. Tais dispositivos tem o intento de privilegiar a inovação do agir administrativo do gestor público pautado pela juridicidade e eficiência e amparado pela realidade fática que o circunstancia. Neste novo cenário, é imprescindível a transformação da cultura de observância à legalidade estrita em prática interpretativa das normas com a consciência de que existe uma pluralidade de possibilidades, devendo a escolha e decisão serem efetivadas a partir da motivação fática e jurídica, amparada pelas circunstâncias que vivencia o gestor no momento da aplicação da norma ao caso concreto, com diretriz de eficiência e adequação ao interesse público para uma ótima concretização dos princípios constitucionais da Administração Pública (FERREIRA; FRANÇA, 2022, p. 194).

A interpretação da lei não é ato exclusivo do órgão de controle, do juiz, do titular do direito coletivo ou do Poder Público. Ela é resultado da integração dos argumentos de todos, ao suprir a lacuna que um deixa e o outro preenche. Ao final, a decisão estará dialogicamente construída, segundo a realidade de cada ator do processo coletivo.

3.3.2 A interpretação consequencialista de intervenção do Poder Judiciário na atividade do Poder Público antes do deferimento de tutela provisória pleiteada em processo coletivo

A LINDB deve ser observada pelo julgador no momento de analisar um pedido de tutela provisória requerida em ação coletiva proposta contra a Fazenda Pública. É o caso do seu art. 20:

> Art. 20. Nas esferas administrativa, controladora e judicial, não se decidirá com base em valores jurídicos abstratos sem que sejam consideradas as consequências práticas da decisão.
> Parágrafo único. A motivação demonstrará a necessidade e a adequação da medida imposta ou da invalidação de ato, contrato, ajuste, processo ou norma administrativa, inclusive em face das possíveis alternativas (BRASIL, 2018).

O pedido de tutela provisória idealizado pelo autor, como no exemplo do tópico 4.3, está emaranhado de argumentos baseados em valores jurídicos abstratos. Se não houve uma organização procedimental conduzida pelo juízo para ouvir os sujeitos do processo antes do deferimento do pedido liminar, o resultado é uma decisão fora da realidade. Se está fora da realidade, houve uma atividade judicial exclusiva, logo, ilegal é a decisão.

Esse dispositivo da LINDB afasta a possibilidade de deferimento de tutela provisória baseada em valores jurídicos abstratos e ordena, ao aplicador do Direito, apontar as consequências práticas dessa antecipação de decisão de mérito. Aplicar essa norma garante ao juiz maior segurança na exigência de medidas executivas em face do Poder Público, garantindo a eficácia da decisão, respaldada em valoração de provas e argumentos aduzidos pelas partes, e não em "livre convencimento motivado".[195]

---

[195] Como exemplo: "RECURSO ORDINÁRIO DO OBREIRO – PARCELAS VINCENDAS DE GRATIFICAÇÃO DE QUEBRA-DE-CAIXA – DEVIDAS – MULTA DIÁRIA POR DESCUMPRIMENTO DE OBRIGAÇÃO DE FAZER – COMINAÇÃO – O Juízo singular já concedeu a gratificação de quebra-de-caixa, sendo certo que a Reclamada não expressou inconformismo quanto a esse ponto. Mantido o quadro fático e normativo, deve ser estendida a condenação ao pagamento da parcela, também no período subsequente à data de ajuizamento. Não se vislumbra razão jurídica clara e inequívoca para a limitação. Para tanto, verificado o trânsito em julgado da decisão, a Empregadora será citada para cumprir a obrigação de fazer, implementando o pagamento em favor do Obreiro. De acordo com os arts. 536 e 537 do CPC/15, comina-se a multa por eventual descumprimento. Tudo se

A expressão "valores jurídicos", apresentada pela norma, é abstrata e indeterminada.[196] Compete ao juízo determinar e materializar o objeto da lide coletiva, sem ilações ou convicções íntimas. Essa norma sobre direito da LINDB ajuda na aplicação do art. 489 do CPC/15:

> Art. 489. [...]
> §1º Não se considera fundamentada qualquer decisão judicial, seja ela interlocutória, sentença ou acórdão, que:
> I - se limitar à indicação, à reprodução ou à paráfrase de ato normativo, sem explicar sua relação com a causa ou a questão decidida;
> II - empregar conceitos jurídicos indeterminados, sem explicar o motivo concreto de sua incidência no caso;
> III - invocar motivos que se prestariam a justificar qualquer outra decisão;
> IV - não enfrentar todos os argumentos deduzidos no processo capazes de, em tese, infirmar a conclusão adotada pelo julgador;
> V - se limitar a invocar precedente ou enunciado de súmula, sem identificar seus fundamentos determinantes nem demonstrar que o caso sob julgamento se ajusta àqueles fundamentos;
> VI - deixar de seguir enunciado de súmula, jurisprudência ou precedente invocado pela parte, sem demonstrar a existência de distinção no caso em julgamento ou a superação do entendimento.
> §2º No caso de colisão entre normas, o juiz deve justificar o objeto e os critérios gerais da ponderação efetuada, enunciando as razões que autorizam a interferência na norma afastada e as premissas fáticas que fundamentam a conclusão.
> §3º A decisão judicial deve ser interpretada a partir da conjugação de todos os seus elementos e em conformidade com o princípio da boa-fé (BRASIL, 2015).

As regras do art. 489 do CPC/15 e do art. 20 da LINDB devem ser respeitadas pelo julgador na elaboração de uma decisão judicial ou administrativa envolvendo o Poder Público. Para sanar o vício de omissão do uso das regras, cabe a oposição de embargos de declaração.

---

decide à luz do que reza o art. 20 da Lei de Introdução às Normas do Direito Brasileiro, a fim de evitar tumulto à fase de cumprimento da sentença e pela necessária e adequada avaliação das consequências da decisão judicial. Apelo do Reclamante provido" (RO nº 0001009-67.2017.5.06.0144) (BRASIL, 2018, p. 2092).

[196] Para melhor guiar o magistrado no momento de fundamentar sua decisão, o regulamento da LINDB, Decreto nº 9.830/2019, fornece a seguinte definição sobre valores jurídicos abstratos: "Art. 3º [...] §1º Para fins do disposto neste Decreto, consideram-se valores jurídicos abstratos aqueles previstos em normas jurídicas com alto grau de indeterminação e abstração" (BRASIL, 2019).

A tutela de urgência ou de evidência pode ser deferida sem a oitiva do Poder Público. Entretanto, não pode ela deixar de conter os requisitos mínimos previstos no art. 489 do CPC/15 e art. 20 da LINDB. A probabilidade do direito, exigida para deferimento de tutela provisória, não se restringe ao *periculum in mora*, pois o *fumus boni iuris* é requisito essencial. Dessa forma, ainda que a tutela individual homogênea se refira à proteção do direito à saúde, a gravidade da enfermidade não é o único requisito a ser analisado.

A pretensão antecipatória de urgência, segundo a LINDB e o CPC/15, deve se fundamentar em provas produzidas por órgãos técnicos;[197] diálogo entre as partes; chamamento dos titulares interessados do direito coletivo; produção de provas; transação sobre a tutela coletiva e oportunidade para celebração de negócio processual, para fins de cumprimento da tutela provisória deferida.

As decisões judiciais e administrativas devem seguir critérios objetivos para a análise da probabilidade do direito, *fumus boni iuris* e

---

[197] No caso do serviço público de saúde no período da pandemia do coronavírus, o STF foi chamado a se manifestar acerca do fornecimento de vacinas ainda não autorizadas pela Agência Nacional de Vigilância Sanitária (ANVISA). Diante da urgência, o Tribunal Constitucional não autorizou de pronto, deu 30 (trinta) dias para análise do ente público e, em caso de omissão, autorizou, judicialmente, que o Estado comprasse a vacina: "sob sua conta e risco". Esse é um exemplo de tutela provisória de cumprimento progressivo. Primeiro, a autoridade técnica federal analisa a vacina e, depois, as autoridades locais, ficando a cargo do Poder Público a execução da medida liminar. "SEGUNDA TUTELA PROVISÓRIA INCIDENTAL NA AÇÃO CÍVEL ORIGINÁRIA – CONCESSÃO MONOCRÁTICA – COVID-19 – PEDIDO DE AUTORIZAÇÃO EXCEPCIONAL E TEMPORÁRIA PARA A IMPORTAÇÃO E A DISTRIBUIÇÃO DA VACINA SPUTNIK – V-AUSÊNCIA DE RELATÓRIO TÉCNICO DE AVALIAÇÃO DA AUTORIDADE SANITÁRIA INTERNACIONAL – ASPECTOS RELACIONADOS À QUALIDADE, EFICÁCIA E SEGURANÇA DA VACINA – INCIDÊNCIA DO DISPOSTO NO ART. 16, §4º DA LEI 14.124/2021 – PRAZO DECISÓRIO – 30 DIAS, A CONTAR DE 29/3/2021 – MEDIDA CAUTELAR REFERENDADA PELO PLENÁRIO – I- Pedido de autorização excepcional e temporária, formulado pelo Estado do Maranhão, para a importação e a distribuição da vacina Sputnik V, perante a Agência Nacional de Vigilância Sanitária – Anvisa, instruído com prova do registro na autoridade sanitária estrangeira, sem apresentação de relatório técnico capaz de comprovar que a vacina atende aos padrões de qualidade, de eficácia e de segurança estabelecidos pela OMS ou pelo ICH e pelo PIC/S. II- Incidência do disposto no art. 16, §4º, da Lei 14.124/2021, segundo o qual 'na ausência do relatório técnico de avaliação de uma autoridade sanitária internacional, conforme as condições previstas no §3º deste artigo, o prazo de decisão da Anvisa será de até 30 (trinta) dias'. III- Início do cômputo do prazo decisório da Anvisa corresponde ao dia de apresentação do requerimento pelo Estado do Maranhão, na data de 29/3/2021. IV- Ultrapassado o prazo legal, sem a competente manifestação da Anvisa, estará o Estado do Maranhão autorizado a importar e a distribuir o referido imunizante à população local, sob sua exclusiva responsabilidade, e desde que observadas as cautelas e recomendações do fabricante e das autoridades médicas. V- Tutela provisória incidental referendada pelo Plenário do Supremo Tribunal Federal" (ACO-TPI-segunda-Ref nº 3451) (BRASIL, 2021).

periculum in mora. Assim, deve o julgador afastar o uso dos postulados da proporcionalidade e da razoabilidade baseados em valores jurídicos abstratos. Nesse sentido, o art. 20 da LINDB vem coibir esse tipo de motivação nas decisões judiciais, uma vez que é ilegal a decisão judicial ordenando obrigação à Fazenda Pública baseada na convicção livre do magistrado por análise de proporcionalidade/razoabilidade na atuação do Poder Público.[198]

O consequencialismo previsto na LINDB, para fins de validar a atuação do Poder Público na promoção de políticas públicas, deve ser observado pelo Poder Judiciário quando executa uma decisão interlocutória proferida em processo coletivo. A interpretação dada por Carlos Ari Sundfeld (2022, p. 45-46) ao consequencialismo e sua aplicação no âmbito da Administração Pública serve para construir a decisão liminar proferida em processo coletivo:

> É assim, afinal, que decidem os administradores públicos e os formuladores de políticas: defrontando-se com um problema vislumbram possíveis soluções, tentam prever os custos e consequências de optar por cada uma delas, e submetem o juízo final ao escrutínio público e ao crivo de controladores.

A decisão deve ser dialogada, ainda que de urgência ou evidência, para construir a solução mais adequada à realidade. O consequencialismo dos efeitos da decisão judicial não pode ser aferido com a manifestação unilateral da parte, ainda mais sob as premissas que a LINDB impõe ao juízo de indicar, de modo expresso, as consequências administrativas no caso concreto.[199]

Se a atividade pública vem sendo desenvolvida de maneira ilegal, a decisão interlocutória deve apontar, no caso concreto, a forma de regularização dessa atividade. Ademais, a LINDB exige o controle de proporcionalidade, equidade e razoabilidade da decisão. A necessidade do titular do direito coletivo e a possibilidade de cumprimento

---

[198] O decreto regulamentador da LINDB trouxe previsão no mesmo sentido: "Art. 3º [...] §3º A motivação demonstrará a necessidade e a adequação da medida imposta, inclusive consideradas as possíveis alternativas e observados os critérios de adequação, proporcionalidade e de razoabilidade" (BRASIL, 2019).

[199] O magistrado não precisa apontar todas as possíveis consequências práticas de sua decisão, mas, segundo o decreto regulamentador da LINDB, é necessário conter o seguinte: "Art. 3º. [...] §2º Na indicação das consequências práticas da decisão, o decisor apresentará apenas aquelas consequências práticas que, no exercício diligente de sua atuação, consiga vislumbrar diante dos fatos e fundamentos de mérito e jurídicos" (BRASIL, 2019).

da obrigação, por parte do Poder Público, faz parte dessa análise do julgador:

> Art. 21. A decisão que, nas esferas administrativa, controladora ou judicial, decretar a invalidação de ato, contrato, ajuste, processo ou norma administrativa deverá indicar de modo expresso suas consequências jurídicas e administrativas.
> Parágrafo único. A decisão a que se refere o caput deste artigo deverá, quando for o caso, indicar as condições para que a regularização ocorra de modo proporcional e equânime e sem prejuízo aos interesses gerais, não se podendo impor aos sujeitos atingidos ônus ou perdas que, em função das peculiaridades do caso, sejam anormais ou excessivos (BRASIL, 2018).

O art. 21 reforça o uso de critérios objetivos para fundamentar a decisão interlocutória que atende ao interesse dos titulares da tutela coletiva com a descrição da solução passível de cumprimento, segundo a realidade do Poder Público.

Reforça-se a imprescindibilidade de manifestação do Poder Público, salvo se a petição inicial contiver provas idôneas com o posicionamento do Poder Público acerca da tutela coletiva em debate ou do direito individual homogêneo. Neste último, é o caso de não pagamento injustificado de gratificação devida à determinada categoria de servidores. A multiplicidade de demandas sobre o mesmo tema impõe a prolação de decisão equânime em favor de todos os servidores e a solução de pagamento por meio de requisição de pequeno valor deve ser organizada de modo a evitar o desajuste no orçamento público.

O art. 22 objetiva combater a falsa ideia de ser a Fazenda Pública uma provedora universal de recursos para satisfazer qualquer pretensão coletiva. É certo que é um dever do Estado promover o bem-estar social, mas, na análise de tutela provisória interferindo na gestão pública, é importante considerar "[...] os obstáculos e as dificuldades reais do gestor e as exigências das políticas públicas a seu cargo, sem prejuízo dos direitos dos administrados" (BRASIL, 1942).

> Art. 22. Na interpretação de normas sobre gestão pública, serão considerados os obstáculos e as dificuldades reais do gestor e as exigências das políticas públicas a seu cargo, sem prejuízo dos direitos dos administrados.

§1º Em decisão sobre regularidade de conduta ou validade de ato, contrato, ajuste, processo ou norma administrativa, serão consideradas as circunstâncias práticas que houverem imposto, limitado ou condicionado a ação do agente.

§2º Na aplicação de sanções, serão consideradas a natureza e a gravidade da infração cometida, os danos que dela provierem para a administração pública, as circunstâncias agravantes ou atenuantes e os antecedentes do agente.

§3º As sanções aplicadas ao agente serão levadas em conta na dosimetria das demais sanções de mesma natureza e relativas ao mesmo fato (BRASIL, 1942).

O julgador que substituir a vontade do Poder Público sobre o destino de determinada atividade administrativa deve seguir um procedimento parecido com o adotado pelo gestor público.[200] Se a atividade administrativa está sendo desempenhada em desconformidade com a lei, as responsabilidades devem ser apuradas e a solução apresentada. Já se o procedimento utilizado pelo gestor não foi o mais eficiente, o diálogo pode revelar a melhor forma de desempenhar a atividade.

O julgador deve interpretar as normas sobre gestão pública, considerando os obstáculos e dificuldades reais do gestor no exercício de sua atividade. O serviço de saúde pública de um município com menos de dez mil habitantes não pode ser analisado da mesma forma que um de mais de dois milhões, pois considerar a realidade local é importante para decidir sobre a qualidade do serviço público prestado aos seus usuários. Deliberar pela instalação de tratamento de oncologia no município maior não gerará as mesmas consequências práticas se a obrigação for imposta ao município menor.

O problema apresentado comporta várias soluções, mas, primeiro, é preciso entender. Compreende-se que o serviço público de saúde, em ambos os municípios, não vem sendo prestado a contento; identifica-se que o problema coletivo é a insuficiência de leitos para tratamento oncológico no município maior e a ausência deles no município menor;

---

[200] "Mentalmente, a exposição dos motivos em uma decisão judicial deverá, então, seguir determinado método. Inicialmente, o jurista (a) *compreende* a realidade, a essência das coisas. Em um segundo momento, formata, mentalmente, um juízo, uma (b) *proposição*, sobre a realidade em comparação para com aquilo que deve se propor a decidir. Em um último estágio, o jurista se propõe a expor essa proposição mental ao mundo, o que se faz por meio da (c) *definição*" (MAFFINI; HEINEN, 2018, p. 255-256, grifo do autor).

propõe-se como solução a construção de leitos para tratamento oncológico; o litígio coletivo foi definido para obrigar os dois municípios a construir leitos para o tratamento de câncer.

Nos dois casos, o julgador foi justo, pois o ideal é entregar o serviço de saúde em todos os municípios, na forma prevista na Constituição. Contudo, a realidade é outra, se considerado o tamanho, a receita e o público dos municípios envolvidos. Certamente no município menor sequer seria necessário construir leitos para tratamento de câncer, sendo mais viável estender o litígio coletivo local para um regional e construir um hospital que atenda vários municípios do mesmo porte do apresentado como exemplo.

Se a realidade for posta de lado, haverá um leque de defesas a serem apresentadas pelo Poder Público para se eximir do cumprimento de sua obrigação constitucional. Como bem alerta a professora Irene Nohara (2016, p. 1):

> Os elaboradores do texto normativo chamam essa exigência de primado da realidade. Todavia, podem existir vários olhares sobre essa previsão, por exemplo: (a) desnecessária, pois já deveria estar pressuposta na interpretação jurídica feita na área da gestão, que não pode se estabelecer sem que se considere a realidade; (b) ineficaz, porque podem existir interpretações variáveis e que não deixam de ser especulativas, abstratas, portanto, sobre quais seriam os obstáculos e dificuldades; e, por fim, (c) perigosa: se for utilizada como uma brecha capciosa para se alegar que, por exemplo, como a realidade não nos permitiu cumprir adequadamente as exigências legais, então, podemos nos eximir de garantir direitos.

Mais uma vez, o julgador deve aferir a necessidade do titular do direito e a possibilidade do Poder Público para ponderar o interesse metaindividual e o público em busca de uma solução. A proposta de uma solução dialogada é capaz de produzir uma definição do problema coletivo a ser enfrentado. A solução apresentada não possui cláusulas imutáveis. A variação das propostas importa na redefinição do problema. Progressivamente, o procedimento de solução se desenvolve e o problema coletivo vai deixando de ser litigioso. Assim, a atividade judicial, no processo coletivo, torna-se menos complexa quando a tutela coletiva é compreendida por todos aqueles que participam do processo.

3.3.3 A LINDB como fundamento de modificação da pretensão inicial por meio de pedido de tutela provisória sucessiva

A proposição de solução de um litígio coletivo através da tutela provisória dialógica possibilita a definição do problema coletivo. A decisão resultante desse procedimento interativo será cumprida pelo devedor, na medida do que debatido nas manifestações posteriores à definição.

A proposta de solução é hipotética e abstrata, considerando a necessidade do titular do direito e a possibilidade do Poder Público em praticar qualquer ato empírico, cujo resultado possa fundamentar os argumentos dos sujeitos. Como os resultados serão conhecidos no desenrolar do processo, havendo obstáculo ao cumprimento das propostas por motivo alheio à vontade dos sujeitos, deve o julgador adequar o procedimento e (re)definir o objeto, considerando a realidade apresentada.

Os sujeitos do processo serão novamente ouvidos acerca do obstáculo detectado, apresentarão novas propostas e, caso necessário, o objeto do litígio será (re)definido. Esse direito das partes é exercido por meio dos seus pedidos e manifestações, resultando na tutela provisória dialogada modificativa da pretensão para alcançar a solução mais próxima da ideal.

O obstáculo identificado pode ser apenas de mutação na interpretação normativa. Em casos como esse, a LINDB dispõe que:

> Art. 23. A decisão administrativa, controladora ou judicial que estabelecer interpretação ou orientação nova sobre norma de conteúdo indeterminado, impondo novo dever ou novo condicionamento de direito, deverá prever regime de transição quando indispensável para que o novo dever ou condicionamento de direito seja cumprido de modo proporcional, equânime e eficiente e sem prejuízo aos interesses gerais (BRASIL, 2018).

A modificação da pretensão inicial é possível através de pedido de tutela provisória, ainda que sem anuência do Poder Público. O que não quer dizer que seja sem a manifestação deste. A "interpretação ou orientação nova sobre norma de conteúdo indeterminado, impondo novo dever ou novo condicionamento de direito" (BRASIL, 2018) ao Poder Público deve vir em decisão judicial dialógica, com a possibilidade de modular os seus efeitos.

Essa regra se compatibiliza com o procedimento previsto pelo CPC/15:

> Art. 927 [...]
> §3º Na hipótese de alteração de jurisprudência dominante do Supremo Tribunal Federal e dos tribunais superiores ou daquela oriunda de julgamento de casos repetitivos, pode haver modulação dos efeitos da alteração no interesse social e no da segurança jurídica (BRASIL, 2015).

É o caso de alteração superveniente ao início do processo de entendimento jurisprudencial acerca de lei de organização fundiária urbana com entendimento contrário à construção de casas de assentamento de "sem tetos" em terreno cujo município permitiu a edificação através de decisão interlocutória dialogada. A superveniência de entendimento novo permite o pedido sucessivo de tutela provisória modificativa por parte do Poder Público. O diálogo na aplicação do novo entendimento pode resultar na modulação dos efeitos, para que não haja novas construções, respeitadas as já concluídas ao tempo do novo entendimento.

Esse é o tipo de decisão que não pode ser proferida de ofício pelo juiz. A proposta dialogada de solução do novo problema é imprescindível para definir o novo objeto do litígio. O julgador pode se utilizar do método disposto no Regulamento da LINDB (Decreto nº 9.830, de 10 de junho de 2019):

> Art. 7º Quando cabível, o regime de transição preverá:
> I - os órgãos e as entidades da administração pública e os terceiros destinatários;
> II - as medidas administrativas a serem adotadas para adequação à interpretação ou à nova orientação sobre norma de conteúdo indeterminado; e
> III - o prazo e o modo para que o novo dever ou novo condicionamento de direito seja cumprido (BRASIL, 2019).

Esse método é usado nas decisões controladas proferidas pelo Tribunal de Contas, que devem regular a transição, corrigindo a irregularidade concreta e com previsão de prazo razoável para cumprimento. A decisão judicial deve prever o cumprimento progressivo das obrigações, de acordo com a complexidade com que se apresentar a redefinição do objeto de litígio coletivo. "Como a ação administrativa é contínua e complexa, a adaptação exige certeza, tempo e gradações, devendo o controlador atentar às circunstâncias típicas da máquina pública" (SUNDFELD, 2022, p. 49).

O art. 24 complementa o art. 23 quanto à necessidade de observância das regras à época do ato, contrato, ajuste, processo ou norma administrativa. Só que, naquele artigo, a eficácia se exauriu, constituindo, assim, em ato jurídico perfeito ou coisa julgada. Por conta disso, defende-se que o diálogo para a construção da decisão de cumprimento provisório deve ser realizado antes da prolação da sentença. Alterar as disposições da coisa julgada no processo coletivo é tema tormentoso, muito embora se entenda como uma cláusula *rebus sic stantibus*. O progressivo cumprimento das sucessivas decisões pode sofrer alterações conforme o regime jurídico público se altera, independente de ter transitado ou não em julgado a decisão. Porém, na fase de conhecimento, é mais fácil organizar o procedimento para atender a tutela coletiva, cujo regime jurídico sofreu mutação.

A preservação da segurança jurídica é objetivo da LINDB. Como no caso da vedação à declaração de invalidade de ato, contrato, ajuste, processo ou norma administrativa já exaurida na produção de seus efeitos:

> Art. 24. A revisão, nas esferas administrativa, controladora ou judicial, quanto à validade de ato, contrato, ajuste, processo ou norma administrativa cuja produção já se houver completado levará em conta as orientações gerais da época, sendo vedado que, com base em mudança posterior de orientação geral, se declarem inválidas situações plenamente constituídas (BRASIL, 1942).

O art. 24 é claro ao impedir invalidação de atos com base apenas em mudança de orientação geral sobre o direito vigente. Existem atos administrativos de caráter geral que a repercussão recai sobre uma coletividade de pessoas, mas eles não podem ser, por meio de tutela provisória, invalidados sem antes a Fazenda Pública se manifestar nos autos. Ao ente estatal deve ser oportunizado realizar a distinção entre a "orientação geral" e a orientação firmada no ato administrativo questionado por uma ação coletiva. É exemplo a edição de decretos municipais e estaduais que versam sobre os cuidados com a pandemia do coronavírus e a restrição de direitos do cidadão.

Os atos praticados no período dessa pandemia surgiram sob a proposta de evitar a disseminação do vírus. Com a diminuição de casos, flexibilização de cuidados e retorno das atividades que importam em aglomeração, não há espaço para a edição de decretos restritivos e nem impugnação aos decretos cujos efeitos se exauriram. Nesse caso, as ações coletivas de cumprimento progressivo das obrigações previstas na legislação temporária do período da pandemia vão perdendo o objeto.

O Regulamento especifica que (Decreto nº 9.830, de 10 de junho de 2019):

> Art. 5º A decisão que determinar a revisão quanto à validade de atos, contratos, ajustes, processos ou normas administrativos cuja produção de efeitos esteja em curso ou que tenha sido concluída levará em consideração as orientações gerais da época.
> §1º É vedado declarar inválida situação plenamente constituída devido à mudança posterior de orientação geral.
> §2º O disposto no §1º não exclui a possibilidade de suspensão de efeitos futuros de relação em curso [...] (BRASIL, 2019).

O princípio da primazia de julgamento de mérito da ação coletiva não pode ser entendido de modo a haver sempre uma decisão de procedência ou improcedência do pedido. Quanto ao princípio da congruência, como já explicado, não pode ser interpretado com vistas a impossibilitar a alteração da causa de pedir e do pedido na ação coletiva. A proposta de solução do litígio coletivo pode resultar na redefinição do problema coletivo, vindo a criar, modificar ou extinguir o objeto.

3.3.4 A responsabilidade dos agentes públicos por danos sofridos pelo Poder Público no procedimento de cumprimento provisório de tutela coletiva

A LINDB prevê uma decisão judicial de compensação por prejuízos sofridos pelo Poder Público, em decorrência de ato de algum sujeito do processo:

> Art. 27. A decisão do processo, nas esferas administrativa, controladora ou judicial, poderá impor compensação por benefícios indevidos ou prejuízos anormais ou injustos resultantes do processo ou da conduta dos envolvidos.
> §1º A decisão sobre a compensação será motivada, ouvidas previamente as partes sobre seu cabimento, sua forma e, se for o caso, seu valor.
> §2º Para prevenir ou regular a compensação, poderá ser celebrado compromisso processual entre os envolvidos (BRASIL, 2018).

A instauração de processo gera riscos e ônus a atingir aquele que se utiliza dele. Seja no âmbito administrativo ou judicial, a tutela de direitos coletivos não é uma carta branca para mover a máquina pública a dar respostas baseadas em argumentos metajurídicos. A norma sobre direito, esculpida na LINDB, equipara-se à tutela provisória prevista no CPC/15, ao prever a responsabilidade pela reparação de danos por aquele que de seus efeitos se beneficiou quando:

> Art. 302. Independentemente da reparação por dano processual, a parte responde pelo prejuízo que a efetivação da tutela de urgência causar à parte adversa, se:
> I - a sentença lhe for desfavorável;
> II - obtida liminarmente a tutela em caráter antecedente, não fornecer os meios necessários para a citação do requerido no prazo de 5 (cinco) dias;
> III - ocorrer a cessação da eficácia da medida em qualquer hipótese legal;
> IV - o juiz acolher a alegação de decadência ou prescrição da pretensão do autor.
> Parágrafo único. A indenização será liquidada nos autos em que a medida tiver sido concedida, sempre que possível (BRASIL, 2015).

A interpretação do art. 27 da LINDB deve levar em consideração o art. 302 do CPC/15, quando apurada a responsabilidade do causador de prejuízos ao Poder Público. No caso do processo coletivo, a responsabilidade é objetiva, aferida independentemente da demonstração de culpa da parte, não podendo ser diferente o meio de apuração da responsabilidade pelos órgãos de controle ou em processo administrativo.

O art. 27 deve ser interpretado em sintonia com o art. 28 da LINDB de modo a exigir a apuração de responsabilidade dos agentes públicos por aferição do dolo ou do erro grosseiro. "Art. 28. O agente público responderá pessoalmente por suas decisões ou opiniões técnicas em caso de dolo ou erro grosseiro" (BRASIL, 1942).

Esse dispositivo se aplica ao agente público indicado pelo juízo para apresentar solução ao problema coletivo, em razão de sua expertise. Dessa forma, além das partes, pode o auxiliar do juízo responder por prejuízos causados àquele que suportar os efeitos da tutela provisória deferida. A diferença é que o requerente da tutela responde segundo o modelo da teoria objetiva, já o auxiliar, segundo a teoria subjetiva, em caso de dolo ou erro grosseiro.

Pode-se ter como exemplo o caso da decisão do STF na Ação Civil Originária (ACO-TPI-segunda-Ref nº 3451) que liberou a compra da vacina *Sputnik* pelo Estado do Maranhão, caso passado mais de 30 (trinta) dias sem a análise técnica da ANVISA. Trata-se de uma decisão de tutela coletiva, em sede de ação de controle abstrato de constitucionalidade, cujos efeitos concretos foram deixados por conta e risco do Estado do Maranhão.

A tutela provisória deferida na ACO pode vir a ser revogada ou cassada pelo próprio STF, mas a conduta a ser aferida não seria a do autor da ação originária, e sim dos gestores que se utilizaram dela para vacinar sua população com produto não analisado pelas instituições capacitadas. A responsabilidade dos gestores será analisada nos moldes do art. 28 da LINDB pela decisão de adquirir a vacina, sem se afastar a responsabilidade do agente público que opinou tecnicamente pela viabilidade da tomada de decisão, sendo seguido pelo gestor.

Ultrapassar o tempo da "Administração Pública Autoritária" e promover a instalação da "Administração Pública dialógica" é uma meta a ser constantemente perseguida pelo Poder Judiciário e pelo Poder Público na consolidação do Estado Democrático de Direito. "E, nesse aspecto, ganha relevância a ampliação dos negócios jurídicos feitos pelo poder público com o cidadão: um fenômeno que enaltece as relações consentidas em detrimento das prescritas" (MAFFINI; HEINEN, 2018, p. 263).

O titular do direito coletivo não é um mero expectador. O acesso à justiça, no âmbito administrativo ou judicial, materializa-se da maneira mais efetiva com a possibilidade de manifestação dos diretamente interessados na resolução do problema coletivo. "E essa legitimidade deve ser vista em vários patamares da ação administrativa, como no acesso, na decisão, na execução e no resultado dela" (MAFFINI; HEINEN, 2018, p. 263-264).

Com essas considerações, busca-se demonstrar a integração da LINDB ao microssistema da tutela coletiva. O resultado dessa integração de normas é a maior garantia de eficácia do provimento judicial final.

3.4 Tutela provisória e o Poder Público

Os fundamentos jurídicos para a concessão de uma tutela provisória partem do texto constitucional por esta se tratar de um dever de prestação pelo Estado e um direito subjetivo do indivíduo, logo, aquele que sofrer ameaça ou violação a um direito pode requerer tutela ao Estado.[201]

A tutela provisória é aquela que se fundamenta em cognição sumária, superficial, sem definitividade, podendo a sentença ou acórdão ratificá-la ou substituí-la. A execução das suas disposições se dá em face da impossibilidade de se aguardar a solução final de mérito, sob pena de perecimento do bem da vida perseguido.[202]

A tutela provisória se divide em de urgência e de evidência,[203] marcadas por três características essenciais:

a) a *sumariedade da cognição*, vez que a decisão se assenta em análise superficial do objeto litigioso e, por isso, autoriza que o julgador decida a partir de um *juízo de probabilidade*;
b) a *precariedade*. A princípio, a tutela provisória conservará sua eficácia ao longo do processo, ressalvada a possibilidade de decisão judicial em sentido contrário (art. 296, parágrafo único, CPC). Mas ela poderá ser *revogada* ou *modificada* a qualquer tempo (art. 296, *caput*, CPC). A revogação ou modificação de uma tutela provisória só pode dar-se, porém, em razão de uma alteração do estado de fato ou de direito ou do estado de prova – quando, por exemplo, na fase de instrução, restarem evidenciados fatos que não correspondam àqueles que autorizaram a concessão da tutela.

---

[201] "Com efeito, o Estado, que tem por objetivos fundamentais criar uma sociedade livre, justa, solidária e desenvolvida, sem pobreza e desigualdades, sem preconceitos ou discriminações, na qual se garanta o bem de todos (art. 3º da Constituição), e que, para isso, exerce a administração pública e cria as normas reguladoras da convivência social, assumiu também o compromisso de tornar efetiva a aplicação de tais normas, dispensando aos indivíduos lesados ou ameaçados pela violação delas a devida *proteção*. Nenhum obstáculo pode ser posto ao direito de acesso ao Poder Judiciário, que fará a 'apreciação' de qualquer 'lesão ou ameaça a direito', segundo dispõe o art. 5º, XXXV, do Texto Constitucional. Assim, quando se fala em tutela jurisdicional se está a falar exatamente na assistência, no amparo, na defesa, na vigilância que o Estado, por seus órgãos jurisdicionais, presta aos direitos dos indivíduos" (ZAVASCKI, 2009, p. 5).

[202] "Em nosso sistema, como em muitos outros, a fórmula para viabilizar a convivência entre segurança jurídica e efetividade da jurisdição é a da outorga de medidas de caráter provisório, que sejam aptas a superar as situações de risco de perecimento de qualquer um desses direitos. Em muitos casos, de ocorrência corriqueira e previsível, o próprio legislador se encarregou de estabelecer o modo de solucionar o conflito, indicando expressamente a providência que para tanto julgou oportuna" (ZAVASCKI, 2009, p. 69).

[203] CPC/15: "Art. 294. A tutela provisória pode fundamentar-se em urgência ou evidência. Parágrafo único. A tutela provisória de urgência, cautelar ou antecipada, pode ser concedida em caráter antecedente ou incidental" (BRASIL, 2015).

c) e, por ser assim, fundada em cognição sumária e precária, a tutela provisória é *inapta a tornar-se indiscutível pela coisa julgada* (DIDIER JÚNIOR; BRAGA; OLIVEIRA, 2022, p. 722-723, grifo do autor).

A tutela de urgência se divide em antecipada e cautelar. Os fundamentos jurídicos para sua concessão se encontram dispostos no art. 300 do CPC/15, quais sejam: *fumus boni iuris* e o *periculum in mora*. Nos dois tipos de tutela de urgência o requerente deve trazer prova da plausibilidade do direito e: a) na tutela antecipada, o perigo do dano; b) na tutela cautelar, o risco ao resultado útil do processo. Para a concessão, o juiz pode exigir caução, audiência de justificação prévia e outras medidas que entenda necessárias ao esclarecimento da pretensão liminar. Nesse sentido, ao juiz é dado o poder de deferir a tutela de urgência sem ouvir a parte contrária, desde que motive.[204]

A tutela antecipada é satisfativa e pode ser incidente (no curso do processo) ou antecedente (antes do início do processo). A concessão da tutela antecipada de urgência encontra obstáculo quando verificada a irreversibilidade dos efeitos da decisão. Essa regra não é inflexível, podendo ser afastada pelo Magistrado, a depender do caso concreto, a exemplo da tutela de urgência antecipada requerida em desfavor de plano de saúde para a realização de cirurgia não prevista, expressamente, no contrato. Se a interpretação da cláusula contratual, pelo juízo, for favorável ao segurado do plano, a tutela será deferida, independente da reversibilidade da medida. Materialmente, ela não pode, mas o CPC/15 autoriza a reparação de danos pelo beneficiário da decisão em caso de não confirmação da tutela ao final do processo (art. 302).

A concessão de tutela antecipada no curso do processo é prática comum e anterior ao CPC/15. Por outro lado, a concessão de tutela de urgência antecipada antecedente é uma novidade. Segundo o Código, o requerente apresentará em simples petição inicial a indicação do pedido da tutela final, a exposição da lide e do direito, a demonstração dos requisitos e o valor da causa. Deferida a medida, o autor deverá aditar a inicial em 15 dias, juntando documentos novos e formulando pedido

---

[204] "O conceito de urgência, que enseja tutela provisória, deve ser entendido em sentido amplo, mais amplo que o sentido pelo qual é geralmente adotado, ou seja, de representar situação apta a gerar dano irreparável. A urgência, no sentido que aqui se utiliza, está presente em qualquer situação fática de risco ou embaraço à efetividade da jurisdição" (ZAVASCKI, 2009, p. 28).

final, sob pena de extinção sem resolução do mérito. Nesse ínterim, o réu será citado (da ação principal proposta) e intimado (da tutela concedida) para a audiência de conciliação e mediação.

Caso a parte contrária deixe de recorrer, haverá estabilização da tutela concedida e a extinção do processo. Apenas a interposição de agravo de instrumento é capaz de evitar a estabilização da tutela ou qualquer outro meio se mostra idôneo? O STJ se deparou com essa questão e as turmas divergiram. A Terceira Turma entende que a apresentação de contestação evita a estabilização da tutela antecipada antecedente,[205] e a Primeira Turma entende que preclui a possibilidade de revisão se não for interposto o recurso de agravo de instrumento. A apresentação de contestação não tem o condão de afastar a preclusão decorrente da não utilização do instrumento processual adequado – o agravo de instrumento.[206]

Não apresentado qualquer meio de impugnação ou o recurso próprio, estabilizada se encontra a tutela antecipada antecedente. Nesse caso, sua modificação, invalidação ou reversão requer a propositura de uma nova ação, cujo prazo é de dois anos (art. 304, §§2º e 5º, CPC/15). Como a tutela antecipada antecedente não faz coisa julgada, contra ela não cabe ação rescisória.

A tutela cautelar não é satisfativa, podendo ser antecedente (antes do início do processo) ou incidente (no curso do processo). No CPC/15 (art. 301), a tutela cautelar não necessita de processo apartado e autônomo. Ademais, este tipo de tutela permite ao juiz atuar com liberdade, de forma a evitar lesão grave ou de difícil reparação a quem tenha direito e recorra deste instrumento acautelatório.[207]

Para garantir a eficácia do provimento final, o juiz pode determinar medidas idôneas para assegurar o direito a ser acautelado, por exemplo: arresto, sequestro, arrolamento de bens e outros. Essas medidas cautelares foram apenas citadas no CPC/15, mas não regulamentadas e, em razão disso, boa parte da doutrina extrai os conceitos do CPC/73.

A tutela cautelar antecedente está prevista no CPC/15 (art. 305 e seguintes) e pode ser requerida por simples petição inicial, indicando a

---

[205] REsp nº 1760966/SP.
[206] REsp nº 1797365/RS.
[207] "A tutela provisória cautelar tem, assim, dupla função: é *provisória* por dar eficácia imediata à tutela definitiva não satisfativa; e é *cautelar* por assegurar a futura eficácia da tutela definitiva satisfativa, na medida em que resguarda o direito a ser satisfeito, acautelando-o" (DIDIER JÚNIOR; BRAGA; OLIVEIRA, 2022, p. 723, grifo do autor).

lide e seu fundamento, a exposição sumária do direito a ser assegurado e a demonstração dos requisitos. O réu será citado para contestar em 5 dias, sob pena de revelia. Na tutela cautelar antecedente não existe estabilização.

Uma vez concedida a tutela de urgência cautelar, surtidos seus efeitos no mundo dos fatos, o autor terá 30 dias para formular o pedido principal, no mesmo processo, sob pena de perder a eficácia. Já se o pedido for indeferido, o autor não fica impedido de ajuizar a ação principal, salvo se o juiz reconhecer a prescrição ou a decadência (art. 310 do CPC/15).

Quanto à tutela de evidência, segundo o art. 311 do CPC/15, não há requisito da demonstração de um alto grau de probabilidade do direito da parte e não exige perigo de dano ou de risco ao resultado útil do processo. Ela será concedida em quatro situações: abuso do direito de defesa ou manifesto protesto protelatório do réu; quando as alegações forem comprovadas documentalmente, em cuja tese estiver firmada em precedente (casos repetitivos ou súmula vinculante); quando houver ação onde se persegue um bem baseada em contrato de depósito; e quando a petição inicial do autor estiver devidamente instruída e o réu não tenha apresentado provas que possam gerar dúvida razoável. Ademais, a concessão da tutela de evidência não importa em julgamento antecipado da lide, tendo em vista que sua cognição não é exauriente.

A fungibilidade das tutelas provisórias significa que "[...] o juiz poderá determinar as medidas que considerar adequadas para efetivação da tutela provisória" (art. 297 do CPC/15) (BRASIL, 2015). Essa medida é ratificada pela doutrina no Enunciado nº 45 da I Jornada de Direito Processual Civil do CJF: "Aplica-se às tutelas provisórias o princípio da fungibilidade, devendo o juiz esclarecer as partes sobre o regime processual a ser observado".[208]

Essa garantia processual de análise do pedido de tutela provisória, ainda que tenha havido equívoco quanto à espécie correta, é a materialização do direito constitucional à tutela jurisdicional. Assim, não é dado ao magistrado o poder de indeferir uma tutela provisória por simples erro de nomenclatura. Essa regra legal cumpre o objetivo constitucional de convivência entre os direitos fundamentais da segurança jurídica e efetividade da jurisdição. "E é nesta função instrumental

---

[208] Informação disponível em: https://www.cjf.jus.br/enunciados/enunciado/1063.

concretizadora que ditas medidas legitimam-se constitucionalmente" (ZAVASCKI, 2009, p. 18).

No microssistema do processo coletivo é possível se extrair regras disciplinando a tutela provisória, com requisitos específicos ou gerais. O importante é que a fungibilidade permissiva de aplicação integrada delas dá plena eficácia às normas da tutela coletiva. Como no caso do CDC:

> Art. 83. Para a defesa dos direitos e interesses protegidos por este Código são admissíveis todas as espécies de ações capazes de propiciar sua adequada e efetiva tutela.
> Art. 84. Na ação que tenha por objeto o cumprimento da obrigação de fazer ou não fazer, o Juiz concederá a tutela específica da obrigação ou determinará providências que assegurem o resultado prático equivalente ao do adimplemento.
> §1º. A conversão da obrigação em perdas e danos somente será admissível se por elas optar o autor ou se impossível a tutela específica ou a obtenção do resultado prático correspondente.
> §2º. A indenização por perdas e danos se fará sem prejuízo da multa (artigo 287 do Código de Processo Civil).
> §3º. Sendo relevante o fundamento da demanda e havendo justificado receio de ineficácia do provimento final, é lícito ao Juiz conceder a tutela liminarmente ou após justificação prévia, citado o réu.
> §4º. O Juiz poderá, na hipótese do §3º ou na sentença, impor multa diária ao réu, independentemente de pedido do autor, se for suficiente ou compatível com a obrigação, fixando prazo razoável para o cumprimento do preceito.
> §5º. Para a tutela específica ou para a obtenção do resultado prático equivalente, poderá o Juiz determinar as medidas necessárias, tais como busca e apreensão, remoção de coisas e pessoas, desfazimento de obra, impedimento de atividade nociva, além de requisição de força policial (BRASIL, 1990).

O caso da LACP:

> Art. 12. Poderá o Juiz conceder mandado liminar, com ou sem justificação prévia, em decisão sujeita a agravo.
> §1º. A requerimento de pessoa jurídica de direito público interessada, e para evitar grave lesão à ordem, à saúde, à segurança e à economia pública, poderá o Presidente do Tribunal a que competir o conhecimento do respectivo recurso suspender a execução da liminar, em decisão fundamentada, da qual caberá agravo para uma das turmas julgadoras, no prazo de 5 (cinco) dias a partir da publicação do ato.

§2º. A multa cominada liminarmente só será exigível do réu após o trânsito em julgado da decisão favorável ao autor, mas será devida desde o dia em que se houver configurado o descumprimento (BRASIL, 1985).

A previsão na Lei da Ação Popular: "Art. 5º. [...]§4º. Na defesa do patrimônio público caberá a suspensão liminar do ato lesivo impugnado" (BRASIL, 1985).

As especificidades da tutela provisória proposta em face do Poder Público serão vistas nos próximos tópicos.

3.4.1 Os limites normativos à concessão de tutela provisória em face do Poder Público

Os fundamentos jurídicos para a concessão de tutela provisória em face da Fazenda Pública são os mesmos exigidos quando a parte é um particular. Por outro lado, o Poder Público possui prerrogativas previstas no art. 1.059 do CPC/15: "À tutela provisória requerida contra a Fazenda Pública aplica-se o disposto nos arts. 1º a 4º da Lei nº 8.437, de 30 de junho de 1992, e no art. 7º, §2º, da Lei nº 12.016, de 7 de agosto de 2009" (BRASIL, 2015).

Além das regras previstas no CPC/15, há previsão na Lei do Juizado Especial da Fazenda Pública (art. 3º da Lei nº 12.153), no processo coletivo (art. 12 da Lei nº 7.347/1985), na Lei nº 8.437/1992, nos arts. 1º e 2º-B da Lei nº 9.494/1997, no art. 7º, §§2º e 5º, da Lei do Mandado de Segurança (Lei nº 12.016/2009) e no art. 29-B da Lei nº 8.036/1990.

A interpretação doutrinária dessas normas, assim como a jurisprudência, vem afastando o uso restritivo delas, de acordo com o caso concreto posto sob análise. Esse método indutivo de avaliação da aplicação das prerrogativas do Poder Público, no que tange à concessão, contra si, de tutela provisória, foi fixada na Ação Direta de Constitucionalidade (ADC) nº 4/DF, julgada pelo STF.

O STF declarou a constitucionalidade do art. 1º da Lei nº 9.494/97[209] na referida ADC, consolidando o entendimento de que tais restrições são constitucionais, mas passíveis de mitigação, segundo a análise do

---

[209] Dispõe o art. 1º da Lei nº 9.494/1997: "Art. 1º Aplica-se à tutela antecipada prevista nos arts. 273 e 461 do CPC, o disposto nos arts. 5º e seu parágrafo único e 7º da Lei nº 4.348, de 26 de junho de 1964, no art. 1º e seu §4º da Lei nº 5.021, de 09 de junho de 1966, e nos arts. 1º, 3º e 4º da Lei nº 8.437, de 30 de junho de 1992" (BRASIL, 1997).

caso concreto. Eis o teor de um dos votos proferidos no julgamento da referida ADC:

> Prevaleceu, contudo, o voto do Ministro *Sepúlveda Pertence* indeferindo a cautelar no sentido de que *'a solução estará no manejo do sistema difuso, porque nele, em cada caso concreto, nenhuma medida provisória pode subtrair ao juiz da causa um exame da constitucionalidade, inclusive sob o prisma da razoabilidade, das restrições impostas ao seu poder cautelar, para se entender abusiva essa restrição, se a entender inconstitucional, conceder a liminar, deixando de dar aplicação, no caso concreto, à medida provisória, na medida em que, em relação àquele caso, a julgue inconstitucional'*[210] (BRASIL, 1999, grifo do autor).

Outra norma obstativa do deferimento de medida liminar contra o Poder Público é a prevista no art. 1º da Lei nº 8.437/1992. Há disposição que veda a concessão em primeiro grau de jurisdição de "[...] medida cautelar inominada ou a sua liminar, quando impugnado ato de autoridade sujeita, na via do mandado de segurança, à competência originária de tribunal" (§1º) (BRASIL, 1992). Tem-se ainda o caso do §2º: "O disposto no parágrafo anterior não se aplica aos processos de ação popular e de ação civil pública" (BRASIL, 1992). Já o §3º dispõe que "[...] não será cabível medida liminar que esgote, no todo ou em qualquer parte, o objeto da ação" (BRASIL, 1992). A existência dessa regra se pauta no sentido da vedação ao aprofundamento da cognição para deferir a liminar em tutela provisória, pois, se assim ocorrer, haverá, por certo, um julgamento antecipado da lide sem respeito ao devido processo legal.

Uma decisão que repete o pedido de tutela provisória formulado na inicial, sem ouvir os interessados no processo coletivo, é uma verdadeira violação ao devido processo legal coletivo democrático. Não é possível julgar a lide coletiva antes de esgotadas as tentativas de solucionar o problema, por meio de transação, negócios processuais, medidas coercitivas ou quando, em especial, o Poder Público demonstra a intenção em cumprir com a tutela provisória deferida pelo juízo.

É imprescindível o saneamento no processo coletivo para analisar a tutela provisória requerida na inicial e construir a decisão de saneamento, contendo no fundamento o requerimento de todos os sujeitos do processo. Momento de reavaliar até os pedidos já deferidos.

---

[210] ADC nº 4-6/DF.

As tutelas provisórias não podem versar sobre todo o conteúdo do pedido principal, mas podem ser sucessivas, de maneira a satisfazer, progressivamente, o pedido do autor. Ao final, seja total ou parcial a satisfação do objeto, o certo é que a tutela provisória dialógica integra as partes através da transação e dos negócios processuais.

Essa regra de impossibilidade de deferimento de tutela provisória integralmente não é absoluta, a interpretação apresentada no *obter dictum* do Acórdão da ADC nº 4 autoriza a concessão de tutela provisória do pedido integral em desfavor do Poder Público:

> Assim, para o Ministro Moreira Alves, o *'proibir-se, em certos casos, por interesse público, a antecipação provisória da satisfação do direito material lesado ou ameaçado não exclui, evidentemente, da apreciação do Poder Judiciário a lesão ou ameaça ao direito, pois ela se obtém normalmente na satisfação definitiva que é proporcionada pela ação principal, que, esta sim, não pode ser vedada para privar-se o lesado ou ameaçado de socorrer-se do Poder Judiciário'* (BRASIL, 2008, grifo do autor).

Se o interesse metaindividual conflitar com o interesse público, competirá ao juiz sopesar os princípios para construir sua decisão antecipada e satisfativa. O cuidado que se deve ter é que a petição inicial, em regra, traz a pretensão ideal. Sendo assim, a prudência determina que haja uma manifestação prévia do Poder Público para apresentar sua verdade sobre os fatos. A decisão proveniente desse diálogo inicial gozará de legitimidade, afastando as críticas ao ativismo judicial sobre políticas públicas.

Em razão disso, a Lei nº 8.437/1992 prevê ainda a imprescindibilidade da audiência prévia, em 72 horas, com o fim de análise do pedido liminar na ação civil pública e no mandado de segurança coletivo (art. 2º). Outra vedação é a de não concessão da liminar para fins de compensação de créditos tributários ou previdenciários (§5º do art. 1º da Lei nº 8.437/1992). No mesmo sentido dessa regra é a prevista no art. 3º da Lei nº 8.437/1992 e no art. 7º, §2º, da Lei nº 12.016/2009:

> Não será concedida medida liminar que tenha por objeto a compensação de créditos tributários, a entrega de mercadorias e bens provenientes do exterior, a reclassificação ou equiparação de servidores públicos e a concessão de aumento ou a extensão de vantagens ou pagamento de qualquer natureza (BRASIL, 2009).

A vedação de liminar para compensação de crédito tributário era amplamente aceita pela jurisprudência, conforme entendimento pacificado do STJ: "A compensação de créditos tributários não pode ser deferida em ação cautelar ou por medida liminar cautelar ou antecipatória" (Súmula nº 212) (BRASIL, 1998, p. 250). Já a vedação de concessão de tutela provisória que tenha por objeto a reclassificação ou equiparação de servidores públicos e a concessão de aumento ou a extensão de vantagens ou pagamento de qualquer natureza (art. 2º-B da Lei nº 9.494/1997) foi mitigada pela jurisprudência. É que o STJ possui entendimento no sentido da possibilidade, caso a pretensão seja de restabelecimento da vantagem pecuniária ou reclassificação em favor do autor, pois demonstrada a ilegalidade da supressão do direito pela Fazenda Pública.[211]

Segundo interpretação sistemática das normas, essas regras citadas merecem uma reanálise após o julgamento da ADI nº 4296/STF. Nela, ficou decidida a invalidade da proibição de concessão de liminar para a compensação de créditos tributários e para a entrega de mercadorias e bens provenientes do exterior.

O STF invalidou alguns dispositivos da Lei nº 12.016/2009 (Lei do Mandado de Segurança). Foi também declarada inconstitucional a oitiva prévia do representante da pessoa jurídica de direito público como condição para a concessão de liminar em mandado de segurança coletivo. Considerou-se inconstitucional o art. 7º, §2º, e o art. 22, §2º. Ainda nesse julgamento, ficou assentada a constitucionalidade da exigência de contracautela (art. 7º, inc. III); o prazo decadencial de 120 dias para a impetração do mandado de segurança (art. 23) e o não cabimento de condenação em honorários de sucumbência na via mandamental (art. 25).

Ter declarado a inconstitucionalidade da regra de oitiva prévia do Poder Público para a concessão de liminar em mandado de segurança coletivo é um retrocesso à evolução do direito processual coletivo. A

---

[211] "ADMINISTRATIVO E PROCESSUAL CIVIL. RECURSO ESPECIAL. SERVIDOR PÚBLICO. LIMINAR DEFERIDA NA ORIGEM. RESTABELECIMENTO DE VANTAGEM SUPRIMIDA. VEDAÇÃO CONTIDA NO ART. 7º, §2º, DA LEI N. 12.016/2009. INAPLICABILIDADE AO CASO. PRECEDENTES. 1. De acordo com a jurisprudência do Superior Tribunal de Justiça, a norma contida no art. 7º, §2º, da Lei n. 12.016/2009, ao impedir o deferimento de liminar para a reclassificação ou equiparação de servidores públicos e a concessão de aumento ou a extensão de vantagens de qualquer natureza, deve ser interpretada restritivamente. Logo, a mencionada vedação não alberga os casos em que o pedido de tutela provisória de urgência tenha por objeto o restabelecimento de vantagem pecuniária suprimida da folha de pagamento do servidor público. 2. Recurso especial a que se nega provimento" (REsp nº 1836074/PB) (BRASIL, 2019).

manifestação da Fazenda Pública, antes do deferimento da tutela provisória (art. 10 do CPC/15), é imprescindível para legitimá-la e conferir eficácia ao seu comando. Muito embora afastada pelo STF a exigência de oitiva prévia do Poder Público para a concessão da medida liminar em mandado de segurança coletivo, entende-se prudente observar esse procedimento.

3.4.2 Tempo e validade da tutela provisória: a suspensão de tutela provisória deferida contra o Poder Público

O tempo de percurso do processo é um fundamento de existência da tutela provisória. A relação entre tempo processual e processo é íntima e relacionados à razoável duração do processo – quanto mais bem elaborado o procedimento é, mais rápido é seu desenvolvimento. Os atos processuais e prazos descritos no procedimento devem ser contabilizados para fins de se aferir o quão eficiente está sendo a prestação jurisdicional. Essa duração razoável não pode afastar atos processuais necessários ao exercício do direito à produção de provas ou à garantia constitucional do devido processo legal, assegurando, às partes, o direito de ampla defesa e contraditório.

O deferimento de tutela provisória em processo coletivo deve resultar em uma decisão maturada, sem atropelos e com a chamada dos sujeitos do processo para se manifestarem. Dessa forma, o magistrado poderá observar os vieses consequenciais da decisão ao analisar a pretensão das partes.

A decisão liminar não pode ter sua parte dispositiva mais extensa que os fundamentos. Em casos como esse, há uma presunção de ativismo judicial diante da vontade do magistrado de ordenar mais do que motivar. Do contrário, ao ofertar às partes o direito de manifestação sobre a pretensão, há um enriquecimento de argumentos do julgador. Agindo assim, a decisão provisória ganha força de definitiva diante da qualidade do conteúdo, eficiência de seus comandos e legitimidade perante as partes.[212]

---

[212] O tempo do processo não pode ser visto apenas como celeridade no andamento, "[...] não se deve confundir duração do processo (tempo decorrido entre a propositura da petição inicial e o provimento final) com o tempo processual (tempo líquido do processo, no qual efetivamente se praticam os atos essenciais a realizar os direitos fundamentais das partes),

No caso de processos mais complexos, como os estruturais, a decisão interlocutória a ser produzida requer um maior diálogo ente os sujeitos, visando chegar a uma solução mais próxima possível do ideal, ou seja, uma *second best*. A demora em decidir é compensada pelo tempo de validade da tutela provisória, por ser mais fácil sua reforma no âmbito recursal quando o juízo é feito exclusivamente pelo magistrado ou há simples repetição do pedido formulado na inicial.

É o caso do pedido de tutela provisória *inaldita altera pars* em processos complexos ou demandas de massa. O deferimento gera uma verdadeira desorganização administrativa – é como deixar roupas limpas e engomadas no meio de um quarto que sempre foi "bagunçado", o dono do quarto não saberá o que fazer.

O Poder Público vai interpor agravo de instrumento em face de tutela provisória deferida em processo coletivo sem ter sido ouvido no juízo de primeiro grau. O debate sobre o litígio coletivo já se inicia errado, pois, no segundo grau, não é comum haver diálogo entre as partes e, muito menos, oitiva dos titulares do direito coletivo.

Se houve recurso é porque as razões trazem argumentos de inexigibilidade da obrigação ou impossibilidade de seu cumprimento na forma que foi deferida. O tempo para deferimento da tutela provisória foi satisfatório, mas sua eficácia é inexistente. Como todo o pedido inicial foi deferido em tutela, significa que o juízo já sentenciou a demanda e o mesmo dispositivo será replicado na sentença. Se não houve cumprimento na fase de cognição, a probabilidade de haver na fase de cumprimento é mínima.

É necessário modernizar a concepção que existe sobre a tutela provisória, com o fim de possibilitar o estudo de "[...] uma nova concepção de duração razoável do processo com pensamento não apenas temporal conduzida por um juiz" (MARDEN, 2015, *e-book*). É o caso das ações coletivas cujo procedimento codificado ainda não foi editado pelo legislador brasileiro, utilizando-se os sujeitos do processo de partes de leis existentes para conseguir dar andamento ao processo coletivo da melhor forma possível (CDC, LACP e outras).

O processo não pode ser tão rápido a ponto de violar o devido processo coletivo democrático. Também não pode se demorar a ponto de perecer o bem daquele que o detém. Assim, a tutela provisória cumpre

---

que é aquilo que sobra da duração processual depois de excluído o tempo morto" (MARDEN, 2015, *e-book*).

a função de equilibrar essas duas assertivas, uma vez que ela evita o perecimento do bem perseguido, conservando sua eficácia durante curso do processo. Ela pode ser concedida antes da propositura da ação ou incidentalmente, e a rapidez com que é deferido o pedido antecipatório deve estar diretamente relacionada à complexidade do litígio coletivo. Além disso, ainda que deferida no início do processo, pode, a qualquer momento, ser revogada ou modificada.[213]

No processo coletivo, o cumprimento de tutela provisória não pode ser ordenado de forma imediata, muito menos sem oitiva do Poder Público. Quer no processo coletivo ou estrutural, a construção da decisão é imprescindível para que ela seja eficaz e eficiente. Ao se deparar com o pedido de tutela provisória, cuja exequibilidade se mostra difícil ou complexa, é necessário chamar todos os sujeitos do processo para se manifestarem sobre o pedido, a fim de adequar a pretensão antecipada às possibilidades de cumprimento pelos responsáveis.

O mesmo ocorre em casos repetitivos: pode o servidor, aposentado ou pensionista se utilizar de tutela provisória para fins de pretender a satisfação de seu direito de forma antecipada.[214] Acontece que a repercussão dessa decisão não é individual, mas multitudinária. Diversos servidores vão requerer a mesma pretensão e por meio de tutela provisória. O ato do Poder Público será de pedir pela suspensão de liminar junto ao Presidente do Tribunal de Justiça por lesão à ordem administrativa e econômica. A suspensão de segurança não analisa mérito da lide, apenas a lesão sofrida pelo ente político. Dessa forma, ainda que a pretensão esteja de acordo com o direito, o Presidente do Tribunal pode suspender a decisão.

Mais uma vez, a tutela provisória terá sido deferida de maneira célere, mas sua eficácia será suspensa e o titular do direito individual homogêneo não usufruirá do comando da decisão.

---

[213] CPC/15: "Art. 296. A tutela provisória conserva sua eficácia na pendência do processo, mas pode, a qualquer tempo, ser revogada ou modificada. Parágrafo único. Salvo decisão judicial em contrário, a tutela provisória conservará a eficácia durante o período de suspensão do processo" (BRASIL, 2015).

[214] Caso de tutela de evidência fundada em precedente obrigatório, na forma dos arts. 926 e 927 do CPC/15. É exemplo o tema debatido em repercussão geral, cuja tese fixada era de que os pensionistas de servidor aposentado, falecido após a promulgação da Emenda Constitucional nº 41/2003, têm direito à paridade com servidores da ativa para reajuste ou revisão de benefícios, desde que se enquadrem na regra de transição prevista no art. 3º da Emenda Constitucional nº 47/2005. Contudo, não têm direito à integralidade (RE nº 603580/RJ) (BRASIL, 2011). É possível que defira tutela de evidência em favor de todos os pensionistas que se encontrem na mesma situação.

Tutela provisória em face do Poder Público, ainda que autorizada por lei, deve ser precedida de participação do ente público para construir uma decisão eficaz e eficiente. No exemplo dado acerca da demanda de massa para pleitear verba previdenciária, o pagamento será feito por requisição de pequeno valor ou precatório. A inscrição "desenfreada" de valores para cumprimento pode inviabilizar a execução orçamentária do exercício financeiro.

O STF se deparou com caso parecido ao exemplificado. Teve que interpretar o art. 169, §1º, da CF/88, ao analisar a eficácia de leis que versam sobre revisão geral anual ou reajuste de servidor público sem previsão orçamentária para execução no exercício vigente ou seguinte. Vários estados-membros entraram no debate, em razão de sofrerem com o mesmo problema – políticos que editavam leis concedendo aumento aos servidores sem lastro na legislação orçamentária. O ente não pagava os servidores, todos entravam com centenas de ações judiciais, a condenação era certa e o pagamento desorganizava as despesas públicas. Diante disso, o STF fixou a tese em repercussão geral de que:

> Para a concessão de vantagens ou aumento de remuneração aos agentes públicos, exige-se o preenchimento de dois requisitos cumulativos: (I) dotação na Lei Orçamentária Anual e (II) autorização na Lei de Diretrizes Orçamentárias (BRASIL, 2019).[215]

Esse é um precedente vinculante que evitou a proliferação de sentenças em demandas de massa concedendo revisões na remuneração de servidores sem previsão na Lei Orçamentária Anual (LOA) e na Lei de Diretrizes Orçamentárias (LDO).

Caso o resultado fosse inverso, haveria a possibilidade de deferimento de tutela de evidência em face do Poder Público, causando uma verdadeira lesão à economia pública. Certamente, o Poder Público se valeria do instrumento da suspensão de liminar ou de sentença. Trata-se de um processo incidente, de natureza cautelar (contracautela), com pretensão restrita ao debate dos temas de violação à ordem pública, saúde pública, segurança pública e economia pública.

O pedido de suspensão tem fundamento nas Leis nº 12.016/2009, nº 4.348/1964, nº 8.038/1990, nº 8.437/1992, na Medida Provisória nº

---

[215] RE nº 905357/RR.

2.180-35/2001 e nos Regimentos Internos dos Tribunais Superiores e dos demais Tribunais que compõem o Poder Judiciário.

A legitimidade restrita para o exercício desse pedido de contracautela traz uma característica de excepcionalidade da medida, como alerta o professor Machado Segundo (2021, p. 84):

> Note-se que a extrema força, e o caráter unilateral do instrumento (que não pode ser usado pelo cidadão na defesa de seus direitos individuais), fazem dele ferramenta de uso excepcional, a ser utilizada apenas nos casos de efetivo risco à ordem, à saúde, à segurança e à economia públicas.

A suspensão de segurança tem por objetivo evitar a produção de efeitos da decisão liminar ou final proferida em mandado de segurança. Ademais, tem como fundamento a demonstração objetiva de lesão à ordem, saúde, segurança e economia pública.[216]

O fundamento para a suspensão é de lesão a bem ou serviço público, não se confundindo com a lide delimitada no processo principal. Em suma, a questão de mérito não se confunde com o objeto e o fundamento do pedido de suspensão. O juízo exercido na apreciação de um pedido de suspensão de liminar ou de sentença é político e jurídico. Entendimento que não é pacífico na doutrina e na jurisprudência.

Esse pedido de suspensão será requerido por ausência de legitimidade da decisão, causando efeito *backlash*. Se o argumento da Fazenda Pública não foi considerado para a construção da decisão, utilizar-se-á dos meios necessários para impugnar a decisão.

Após a decisão do STF acerca da desnecessidade de oitiva do Poder Público para a concessão de liminar em mandado de segurança coletivo, entendimento que pode ser estendido a outros processos do microssistema da tutela coletiva, cabe ao juízo discricionário do magistrado chamar o réu para ser ouvido antes de decidir sobre a tutela provisória requerida. Dessa forma, a ausência de diálogo na formação da tutela provisória, deferida em processo coletivo, é válida. O que se lamenta.

Como é válida a decisão liminar sem prévia oitiva do Poder Público, a consequência dessa postura é a ausência de legitimidade da

---

[216] "A suspensão da segurança tem por único objetivo evitar a produção de efeitos pela decisão judicial, provisória ou definitiva, que conceda a ordem requerida pelo impetrante do mandado de segurança. Essa função é encontrada sem dissenso em todas as normas que regulam este procedimento. Por outro lado, o fundamento desse pedido deve estar embasado na demonstração da existência de dano a determinados interesses públicos: ordem, saúde, segurança e economia" (OLIVEIRA, 2006, p. 11).

decisão, instigando o Poder Público a impugná-la de toda forma processualmente admitida. O pedido de suspensão da liminar é uma delas e os argumentos político e jurídico serão levados ao conhecimento do Presidente do Tribunal.

Nesse caso, o acerto da decisão pouco importa para o deferimento do pedido de suspensão de liminar. A decisão que suspende o processo não contém análise do mérito da demanda, podendo ser suspenso o processo cuja decisão foi acertada; a suspensão se dá por lesão à ordem econômica, saúde, segurança. A análise jurídica será a mais enfatizada e a decisão que suspende o processo coletivo ou as demandas de massas será válida. Dessa vez, não gozará de legitimidade perante o autor da ação.

Assim, o diálogo entre as partes na construção da tutela provisória evita esse tipo de pedido, legitima a decisão, dá eficácia ao provimento e traz celeridade do processo.

3.4.3 Competência jurisdicional

A competência para o conhecimento e julgamento da tutela provisória é importante no processo coletivo, em razão da multiplicidade de demandas que existem para resolver o mesmo litígio coletivo. Assim, quando o processo coletivo já se encontra em curso, o pedido de tutela provisória será formulado no juízo em que se processa a tutela coletiva. Entretanto, nada impede que haja pedido de tutela provisória formulado em juízo onde se processe tutela coletiva versando sobre a mesma causa de pedir e com pedidos semelhantes, bem como em juízo processando tutela individual de natureza coletiva. Havendo essa multiplicidade de demandas sobre o mesmo tema, com mesma causa de pedir e pedido, há uma necessidade de reunião dos processos em um único juízo, possibilitando a coerência, integridade e segurança do julgado que será construído ao final da demanda.

Há decisões interlocutórias deferindo tutela antecipada em desfavor da Fazenda Pública, cujo objeto é de difícil ou impossível cumprimento. Para se ter como exemplo, no Estado do Amazonas foi suscitado o Conflito de Competência (CC)nº 177113, junto ao STJ, com o fim de evitar prejuízos ao ente público e ao seu contratado por impossibilidade de cumprimento de decisões interlocutórias proferidas em ações coletivas com o mesmo objeto, mas em Justiças e com legitimados diferentes.

O caso trata de pedidos urgentes (tutelas provisórias) que envolviam o fornecimento de oxigênio pela empresa *White* Martins, principal fornecedora de gases hospitalares no Norte do país. A pandemia do coronavírus causou uma demanda alta no consumo de gases hospitalares para tratar dos pacientes internados nas redes pública e particular de saúde. Para suprir a escassez no fornecimento de gases, foram deferidas tutelas de urgência pelas Justiças Federal e Estadual do Amazonas, sendo a fornecedora demandada para além das obrigações contratuais assumidas com o Estado e a rede hospitalar privada – além de ser volume superior à sua capacidade de produção.

Por ausência de cooperação entre as Justiças e de reunião dos processos coletivos, a empresa chegou a produzir 28 mil metros cúbicos de oxigênio por dia para Manaus. Em apenas uma das decisões judiciais foi determinado o fornecimento de 10 mil metros cúbicos para um único hospital – volume que, segundo a empresa, a instituição sequer teria capacidade de armazenar.

Essas demandas coletivas foram questionadas junto ao STJ e o Ministro Jorge Mussi (Relator) afirmou ser necessária a concentração dos processos na Vara Federal do Amazonas, de forma a racionalizar a prestação jurisdicional e evitar um dano maior decorrente de decisões incompatíveis com o principal objetivo de todos os envolvidos – a preservação da vida da população amazonense.

No conflito positivo de competência, a fornecedora comprovou que as decisões podem ser conflitantes, evidenciando até mesmo uma impossibilidade de seu cumprimento, sendo de extrema necessidade firmar a competência no Juízo da 1ª Vara Federal do Amazonas.

A reunião de processos em um mesmo juízo se deu por conta de deferimento de tutelas simultâneas em juízos diferentes, resultando em entendimentos distintos sobre o mesmo tema. A reunião dos processos em um juízo possibilitará, então, o deferimento de tutelas provisórias sucessivas, cujo cumprimento será progressivo, na medida da necessidade do serviço público de saúde e da possibilidade do fornecedor de entregar o produto.

Por fim, o STJ reconheceu o conflito e solucionou, confirmando as decisões liminares proferidas no "[...] sentido da competência do Juízo da 1ª Vara Federal de Manaus, com a reunião das ações aqui elencadas, assim como a determinação de que futuras ações com mesmo objeto, nele sejam ajuizadas/reunidas" (BRASIL, 2021).[217]

Problemas como o supracitado podem ser resolvidos pela cooperação judicial e atos concertados (arts. 67 ao 69 do CPC/15). Ao invés de ordenar a reunião dos processos em um juízo, eles passam a se comunicar e os juízos cooperarão entre si, por meio de procedimento criado por eles para dar uma solução ao processo coletivo ou às causas repetitivas. Para isso, podem estabelecer a forma de intimação das partes e o cumprimento da tutela provisória, com a centralização de processos repetitivos. Dessa forma, as soluções em cooperação trarão maior segurança jurídica aos litigantes.

3.4.4 Impugnação ao cumprimento provisório: o poder geral de efetivação da tutela provisória pelo juiz e sua execução

As tutelas provisórias, independente da espécie (de urgência ou de evidência), seguem a mesma sistemática recursal. Sendo interlocutória a decisão, proferida em primeiro grau, o recurso cabível é o agravo de instrumento (art. 1.015, inc. I), que não possui efeito suspensivo, necessitando de requerimento do recorrente. Caso a tutela provisória seja confirmada em sentença, o recurso cabível é a apelação, sem efeito suspensivo, com possibilidade de cumprimento provisório da sentença no capítulo que versa sobre a tutela provisória (art. 1.012, inc. V, do CPC/15).

Tanto no agravo de instrumento quanto na apelação, o efeito suspensivo deve ser requerido expressamente nas razões do recurso. São pedidos liminares, cuja apreciação requer o preenchimento dos requisitos legais: *periculum in mora* e *fumus boni iuris*.

A impugnação a uma decisão liminar pode ser feita por meio não recursal, mas com possibilidade de suspensão dos efeitos da decisão impugnada. É o caso do pedido de suspensão de liminar, que não se trata de recurso, pois não há análise de mérito, porém, preenchidos os requisitos legais, o Presidente do Tribunal pode suspender os efeitos da decisão, com o fim de evitar grave lesão à ordem, à saúde, à segurança e à economia pública. "A suspensão de liminar é medida excepcional

---

[217] CC nº 177113/AM.

de contracautela cuja finalidade é evitar grave lesão à ordem, à saúde, à segurança ou à economia públicas" (BRASIL, 2020).[218]

Outro meio não recursal de impugnação é o ajuizamento de reclamação, no caso de tutela provisória deferida sem observância do preceito previsto no art. 988 do CPC/15:

> Art. 988. Caberá reclamação da parte interessada ou do Ministério Público para:
> [...]
> III – garantir a observância de enunciado de súmula vinculante e de decisão do Supremo Tribunal Federal em controle concentrado de constitucionalidade;
> IV – garantir a observância de acórdão proferido em julgamento de incidente de resolução de demandas repetitivas ou de incidente de assunção de competência; [...] (BRASIL, 2015).

A impugnação ao pedido de tutela provisória é importante para o julgador, nela conterá o argumento acerca de causa extintiva, impeditiva ou modificativa. Se o Tribunal ou o próprio juízo acatar o argumento de causa extintiva ou modificativa, não há o que se prolongar quanto à construção da decisão. Já no caso de modificação, há prosseguimento do processo com anuência do réu quanto à pretensão.

Nesse momento, o protagonismo do juízo é essencial para que a tutela coletiva seja respeitada pelo Poder Público. Reconhecido o direito coletivo pelo réu, o processo seguirá de modo a acertar a forma de cumprimento da obrigação, logo, o diálogo entre as partes é essencial para fixar os pontos de conciliação e os controvertidos. A decisão inicial será revista para ponderar a colisão entre os interesses metaindividual e público. Por conseguinte, ouvir os titulares do direito coletivo é salutar para a construção da decisão e controle da representação adequada deles.

Definida a obrigação, o juízo deve nomear os responsáveis pelo cumprimento da decisão, fazendo-os integrarem a lide como partes. O monitoramento do cumprimento da decisão dará poder ao juízo de usar medidas coercitivas em desfavor do responsável, em razão de ser parte no processo. O principal meio coercitivo utilizado pelo juiz é a

---

[218] Ag Int-SLS nº 2.516/BA.

aplicação de multa.²¹⁹ Há outras medidas coercitivas para garantir o cumprimento de decisão judicial, como as dispostas no CPC/15:

> Art. 139. O juiz dirigirá o processo conforme as disposições deste Código, incumbindo-lhe:
> [...]
> IV - determinar todas as medidas indutivas, coercitivas, mandamentais ou sub-rogatórias necessárias para assegurar o cumprimento de ordem judicial, inclusive nas ações que tenham por objeto prestação pecuniária; [...].²²⁰ (BRASIL, 2015)

O CPC/15 reforçou o poder do juiz para efetivar a tutela provisória, por meio de medidas adequadas:

> Art. 297. O juiz poderá determinar as medidas que considerar adequadas para efetivação da tutela provisória.
> Parágrafo único. A efetivação da tutela provisória observará as normas referentes ao cumprimento provisório da sentença, no que couber (BRASIL, 2015).

Chama a atenção, acerca dessas medidas coercitivas, a expressão "as medidas que considerar adequadas" para efetivação da tutela provisória. Desde que não sejam abusivas, pode o magistrado se utilizar de meios coercitivos para alcançar o provimento jurisdicional perseguido pelo beneficiário da tutela coletiva. Havendo fundamentação de congruência entre a eficácia da medida e o meio empregado para alcançá-la, é possível que o juiz se utilize do poder geral de cautela. É o caso do juízo exigir caução, fiança ou depósito para o deferimento de medida liminar em mandado de segurança coletivo, em decisão fundamentada,

---

[219] CPC/15: "Art. 537. A multa independe de requerimento da parte e poderá ser aplicada na fase de conhecimento, em tutela provisória ou na sentença, ou na fase de execução, desde que seja suficiente e compatível com a obrigação e que se determine prazo razoável para cumprimento do preceito. §1º O juiz poderá, de ofício ou a requerimento, modificar o valor ou a periodicidade da multa vincenda ou excluí-la, caso verifique que: I - se tornou insuficiente ou excessiva; II - o obrigado demonstrou cumprimento parcial superveniente da obrigação ou justa causa para o descumprimento". Ver ainda o art. 29 do Projeto de Lei n. 1.641/2021 (BRASIL, 2015).

[220] Essas medidas respaldam o protagonismo judicial. Sua constitucionalidade foi questionada na ADI nº 5.941. A interpretação dada pelo STF foi no sentido da constitucionalidade do dispositivo, o que reforça o conceito do protagonismo judicial, que não se confunde com o ativismo judicial. Aquele conduz o processo para dar eficácia à decisão, já este decide o mérito da pretensão conforme seu juízo discricionário, desconsiderando o argumento das partes e, algumas vezes, o direito.

com demonstração da necessidade da garantia em juízo, sob a análise das circunstâncias do caso concreto.[221]

A irreversibilidade do pedido formulado na tutela provisória pode ser um fundamento para o exercício do poder geral de cautela do juízo quando o cumprimento da obrigação de fazer não puder ser desfeito. Caso de tratamento de alta complexidade realizado pelo Sistema Único de Saúde (SUS), que, uma vez realizado, o provimento final negativo à pretensão inicial não poderá desconstituir a obrigação satisfeita durante o curso do processo em favor dos pacientes beneficiados com a decisão interlocutória de eficácia coletiva.[222]

O rito processual da execução fundada em um título provisório é o mesmo da definitiva, ressalvando-se que o exequente responderá objetivamente pelos danos causados ao executado na hipótese de reforma da decisão, obrigando-se à restituição do objeto ao *status quo*.

A natureza da obrigação define o procedimento a ser seguido. Assim, tratando-se de obrigação de pagar, serão observadas as disposições do CPC/15, previstas nos arts. 520 a 522. Já em caso de obrigação de fazer ou não fazer e de entrega de coisa, a efetivação respeitará o instrumental previsto nos arts. 536 a 538 do CPC/15.

Permite-se ao juiz a liberdade de atuação, com base na proporcionalidade, de forma a garantir a efetividade da tutela provisória no caso concreto, não se limitando à tipicidade e à adequação dos meios executivos. Para isso, é essencial razoabilidade na sua atuação, após análise dos meios ordinários de execução e constatação de sua ineficácia. Necessário ainda que a medida seja proporcional ao bem da vida perseguido, observando não só a natureza da obrigação, como seus reflexos no mundo dos fatos.

No caso da Fazenda Pública, é normal a aplicação de multas como meio de compelir o ente federativo a fazer algo, em especial nos casos de prestação do serviço público de saúde. O protagonismo judicial surge

---

[221] Lei nº 12.016/2009: "Art. 7º Ao despachar a inicial, o juiz ordenará: [...] III – que se suspenda o ato que deu motivo ao pedido, quando houver fundamento relevante e do ato impugnado puder resultar a ineficácia da medida, caso seja finalmente deferida, sendo facultado exigir do impetrante caução, fiança ou depósito, com o objetivo de assegurar o ressarcimento à pessoa jurídica" (BRASIL, 2009).

[222] CPC/15: "Art. 300. A tutela de urgência será concedida quando houver elementos que evidenciem a probabilidade do direito e o perigo de dano ou o risco ao resultado útil do processo. §1º Para a concessão da tutela de urgência, o juiz pode, conforme o caso, exigir caução real ou fidejussória idônea para ressarcir os danos que a outra parte possa vir a sofrer, podendo a caução ser dispensada se a parte economicamente hipossuficiente não puder oferecê-la" (BRASIL, 2015).

para afastar a tipicidade dos meios coercitivos quando for necessário à efetividade da tutela coletiva. A organização procedimental serve para adaptar a complexidade do litígio a um modelo que seja efetivo e esteja contido dentro do microssistema do processo coletivo.

Esse protagonismo judicial conta com a participação das partes, ao modificar o procedimento a ser empregado para a efetivação da tutela jurisdicional, é o chamado negócio jurídico processual, trazido pelo CPC/15:

> Art. 190. Versando o processo sobre direitos que admitam autocomposição, é lícito às partes plenamente capazes estipular mudanças no procedimento para ajustá-lo às especificidades da causa e convencionar sobre os seus ônus, poderes, faculdades e deveres processuais, antes ou durante o processo.
> Parágrafo único. De ofício ou a requerimento, o juiz controlará a validade das convenções previstas neste artigo, recusando-lhes aplicação somente nos casos de nulidade ou de inserção abusiva em contrato de adesão ou em que alguma parte se encontre em manifesta situação de vulnerabilidade.
> Art. 191. De comum acordo, o juiz e as partes podem fixar calendário para a prática dos atos processuais, quando for o caso.
> §1º O calendário vincula as partes e o juiz, e os prazos nele previstos somente serão modificados em casos excepcionais, devidamente justificados.
> §2º Dispensa-se a intimação das partes para a prática de ato processual ou a realização de audiência cujas datas tiverem sido designadas no calendário (BRASIL, 2015).

O direito disponível e passível de autocomposição, envolvendo o Poder Público, já foi explicado em momento próprio. O interesse metaindividual perseguido pelo autor está contido no interesse público defendido pelo Estado. Dessa forma, diante da intersecção entre os interesses defendidos, fica autorizado o Poder Público a realizar a transação, dentre outros fundamentos já expostos. Quanto ao negócio processual em si, não se discute o direito coletivo, mas a forma de desenvolvimento do processo.[223]

---

[223] Sobre a possibilidade de celebração de negócio processual pelo Poder Público, cita-se o teor da conclusão a que chegou o Fórum Permanente de Processualistas Civis, ao editar o Enunciado nº 256: "A Fazenda Pública pode celebrar negócio jurídico processual" (Informação disponível em: https://institutodc.com.br/wp-content/uploads/2017/06/FPPC-Carta-de-Florianopolis.pdf).

O negócio jurídico processual não interfere na entrega do direito mediato (material), mas está vinculado ao direito imediato (processual), logo, plenamente possível sua utilização pela Fazenda Pública como meio de satisfação da pretensão da parte contrária, por via eleita entre as partes, na forma que melhor atende ao regime jurídico administrativo de entregar esse bem da vida perseguido pelo exequente.

O bem da vida é a tutela coletiva antecipadamente decidida por pedido de tutela provisória. O melhor momento de celebração do negócio processual é no saneamento e, diante da complexidade do litígio coletivo, podem ser fixadas tutelas provisórias sucessivas de cumprimento progressivo. Em casos repetitivos ou na ação coletiva, o diálogo entre os sujeitos do processo é imprescindível para que a tutela coletiva seja eficaz e eficiente.[224]

Nesses negócios processuais, não pode deixar de haver a cominação de medidas coercitivas (multa, configuração de crime de desobediência e outras), ou mesmo a adoção de outras medidas de bloqueio e entrega imediata de numerário existente em conta-corrente e aplicações financeiras, etc. Essas medidas são importantes meios de monitoramento do cumprimento das decisões interlocutórias proferidas no curso do processo em face dos agentes públicos detentores de obrigação legal de satisfazer a tutela coletiva pretendida.

Os responsáveis pelo cumprimento da tutela provisória deferida em juízo devem satisfazê-la o mais rápido e de maneira mais eficiente possível. Sob pena de sofrerem com a aplicação de multas cominatórias, ou astreintes, que "[...] não possuem natureza satisfativa, e sim educativa, inibitória e punitiva, cujo objetivo não é obrigar a parte a pagar o valor da multa, mas obrigá-la a cumprir o comando judicial na forma específica" (BRASIL, 2021, p. 74).[225]

A multa, como meio de compelir o réu a cumprir a tutela provisória deferida, não tem como objetivo condenar o réu ao pagamento de valores, por isso, ela é aplicável em face do Poder Público. Dessa forma, os valores podem sofrer alterações, baixando o montante, em caso de demonstração do devedor de impossibilidade de cumprimento ou de tentativas de cumprimento, ou aumentando, no caso de verificação de

---

[224] Se a decisão do juízo em saneamento não se mostrar satisfatória, podem as partes pedir esclarecimentos para ajustar a decisão e torná-la eficaz. CPC/15: "Art. 357 [...] §1º Realizado o saneamento, as partes têm o direito de pedir esclarecimentos ou solicitar ajustes, no prazo comum de 5 (cinco) dias, findo o qual a decisão se torna estável" (BRASIL, 2015).

[225] AI nº 0800980-48.2021.8.02.0000.

desleixo do devedor e desrespeito ao comando judicial, sem dar cumprimento por mero capricho.[226] Essa maleabilidade deferida ao juízo é aceita pelo STJ:

> As *astreintes* fixadas em antecipação de tutela ficam pendentes de condição resolutiva, qual seja, a procedência do pedido principal. Logo, se improcedente o pleito formulado na ação, a multa cominatória perde efeito retroativamente. Precedentes. 3. A decisão que arbitra *astreintes* não faz coisa julgada material, visto que é apenas um meio de coerção indireta ao cumprimento do julgado, podendo ser modificada a requerimento da parte ou de ofício, seja para aumentar ou diminuir o valor da multa ou, ainda, para suprimi-la. 4. Agravo regimental não provido (BRASIL, 2015, p. 1829).[227]

Misturar pretensões antecipatórias de obrigações de fazer e de pagar dentro de uma mesma tutela provisória não é obstáculo para a expedição de uma ordem judicial, diante da permissão expressa do CPC/15. Basta observar o disposto no art. 139, inc. IV, que permite ao juiz "[...] determinar todas as medidas indutivas, coercitivas, mandamentais ou sub-rogatórias necessárias para assegurar o cumprimento de ordem judicial, inclusive nas ações que tenham por objeto prestação pecuniária" (BRASIL, 2015).

O que não pode ocorrer é a lei ou o juízo dificultar o deferimento ou a satisfação de uma tutela provisória em processo individual ou coletivo. Impor barreiras ao pedido antecipatório/satisfativo vai de

---

[226] MULTA DIÁRIA – REDUÇÃO DO QUANTUM – POSSIBILIDADE – DESPROPORÇÃO ENTRE O VALOR DA OBRIGAÇÃO PRINCIPAL E O CÔMPUTO DA MULTA – "Agravo regimental no agravo em recurso especial. Multa diária. Redução do quantum. Possibilidade. Desproporção entre o valor da obrigação principal e o cômputo da multa. Precedentes. Recurso conhecido e não provido. 1. As astreintes não têm o fito de reparar eventuais danos ocasionados pela recalcitrância quanto ao cumprimento de decisão judicial, mas sim o de compelir o jurisdicionado - sem, com isso, acarretar enriquecimento sem causa para a parte beneficiada pela ordem - a cumprir a ordem da autoridade judiciária. 2. Nesse sentido, a jurisprudência desta Corte pacificou o entendimento de que, tanto para se atender ao princípio da proporcionalidade quanto para se evitar o enriquecimento ilícito, o teto do valor fixado a título de astreintes não deve ultrapassar o valor do bem da obrigação principal. Precedentes. 3. No presente caso, considerando as circunstâncias fáticas levantadas pela Corte local, para que se evite enriquecimento sem causa, tendo em vista a desproporção entre o valor da obrigação principal (R$ 40.000,00) e o cômputo da multa (R$ 500.000,00), é necessária a redução do valor total das astreintes, já que não se mostra razoável. Multa total reduzida para R$ 40.000,00 (quarenta mil reais). 4. Agravo regimental não provido" (AgRg-Ag-REsp nº 666.442) (BRASIL, 2015, p. 2957).

[227] AgRg-REsp nº 1.362.266.

encontro ao Texto Constitucional e, em função disso, o STF declarou inconstitucionais os arts. 7º, §2º, e 22, §2º, da Lei nº 12.016/2009:

> Art. 7º Ao despachar a inicial, o juiz ordenará:
> [...]
> §2º Não será concedida medida liminar que tenha por objeto a compensação de créditos tributários, a entrega de mercadorias e bens provenientes do exterior, a reclassificação ou equiparação de servidores públicos e a concessão de aumento ou a extensão de vantagens ou pagamento de qualquer natureza.
> [...]
> Art. 22. No mandado de segurança coletivo, a sentença fará coisa julgada limitadamente aos membros do grupo ou categoria substituídos pelo impetrante.
> [...]
> §2º No mandado de segurança coletivo, a liminar só poderá ser concedida após a audiência do representante judicial da pessoa jurídica de direito público, que deverá se pronunciar no prazo de 72 (setenta e duas) horas (BRASIL, 2009).[228]

O acesso à justiça para defesa de direito coletivo é direito fundamental impeditivo de elaboração de normas que impeçam ou condicionem o juízo antecipatório do provimento quando importar em inefetividade da prestação jurisdicional. Porém, a manifestação prévia do Poder público, no processo coletivo, é imprescindível. Não adianta o juízo decidir liminarmente que o Poder Público deve reformar um hospital em 90 dias, sob pena de multa diária por descumprimento em desfavor do ente político e do gestor. A urgência deve ser na chamada do agente público responsável pela satisfação da pretensão, para informar como pretende cumprir a ordem judicial no prazo mais curto e eficiente possível.

O direito social à saúde (interesse metaindividual) não pode ser contestado pelo Poder Público se não vem sendo prestado ou contendo falhas em sua prestação (interesse público violado). Em razão disso, a transação e o negócio processual são permitidos – uma decisão efetiva decorre da tutela provisória dialógica. Esse diálogo na construção de uma decisão liminar em face do Poder Público não pode ser realizado no caso de obrigação de pagar. Uma vez constituído o crédito perante a Fazenda Pública, o cumprimento da decisão se submete ao regime

---

[228] ADI nº 4296/DF.

constitucional do precatório, obrigação essa só exigível após o trânsito em julgado da sentença.

Foi a partir da Emenda Constitucional nº 30/2000 que o STF passou a entender que o regime jurídico da execução provisória de obrigação de pagar não é aplicável à Fazenda Pública.[229] O precatório é a forma processual de pagamento dos débitos da Fazenda Pública, fixados em sentença condenatória transitada em julgado. Até a Constituição de 1891, não havia previsão dessa forma de pagamento, foi a partir da Constituição de 1934 que se estabeleceu, no art. 182, que:

> Os pagamentos devidos pela Fazenda Federal, em virtude de sentença judiciária, far-se-ão na ordem de apresentação dos precatórios e à conta dos créditos respectivos, sendo vedada a designação de caso ou pessoas nas verbas legais (BRASIL, 1934).

O surgimento do precatório se deu para organizar as ordens de pagamento dos débitos da Fazenda Pública, em decorrência de sentença judicial transitada em julgado. O descumprimento desse pagamento pode gerar a condenação do gestor dos precatórios por crime de responsabilidade.

Esse procedimento de pagamento pela via judicial era entendido como uma ideia de execução em face da Fazenda Pública contrária ao Estado Democrático de Direito e seria impossível efetuar um comando judicial contra "[...] o maior centro de força institucionalizado da face da terra" (VIANA, 1998, p. 56).

As características de uma execução formal não se encontram na pretensão executória proposta perante a Fazenda Pública, por conta da impenhorabilidade de seus bens e da impossibilidade do Estado Juiz se utilizar de meios constritivos para satisfazer o credor. O pagamento, em verdade, quando em fase de cumprimento de sentença, deveria ser realizado administrativamente, sem necessidade de processamento em juízo.

Não é cabível imposição de multa diária para compelir o devedor a pagar quantia certa, somente sendo permitida para compelir o devedor a fazer ou não fazer algo.[230] Assim, a ausência de pagamento do precatório, por parte do Presidente do Tribunal, não enseja a imposição do pagamento de multa. "As medidas previstas no ordenamento,

---

[229] RE nº 573.872/RS.
[230] Precedentes: AgInt no AREsp nº 1.441.336/SP; AgInt no REsp nº 1.324.029/MG.

para o caso de não cumprimento da decisão que manda pagar quantia certa, não são executivas – sequer coativas –, mas sim políticas" (VIANA, 1998, p. 64).

3.4.5 Responsabilidade do autor do pedido de tutela provisória

Deferida a tutela provisória em face do Poder Público, a obrigação nela cominada deve ser cumprida, sob pena de responsabilização do ente a arcar com os prejuízos que o autor vier a sofrer. Nessa perspectiva, é nomeado um agente público, incumbido pelo cumprimento, tendo a responsabilidade, desde que integre o processo como parte. No mesmo sentido é a responsabilidade pelos prejuízos causados no cumprimento dessa tutela provisória atribuída a quem formulou o pedido – se foi apenas o autor, a condenação à obrigação de reparar o dano recairá sobre ele.

Se o autor da ação coletiva propuser ação coletiva sem atentar para o interesse metaindividual dos legitimados materiais, pode vir a arcar com os prejuízos que o Poder Público venha a sofrer com a satisfação de política pública inadequada para os titulares do direito transindividual. Cita-se como exemplo o juízo que defere pedido de tutela provisória para a construção de escola no centro de determinada cidade, considerada apta a atender estudantes, residentes em lugar ribeirinho; por entender o autor da ação, substituto processual, ser a atual escola inadequada para a prestação do serviço de educação, é necessário que os titulares do direito coletivo se manifestem acerca da pretensão antes do ajuizamento da ação coletiva ou do deferimento do pedido de tutela provisória.

Considerando que a escola anterior era localizada na beira de um rio, sendo considerado inadequado o local pelo autor da ação, por sujeição a inundações, pretende construir outra no centro da cidade, sem consultar os titulares do direito material, desconsiderando o interesse metaindividual envolvido. Os ribeirinhos podem ter outro projeto de mudança da estrutura da escola, mas para lugar próximo ao rio, não sujeito a inundações.

Em casos como esse, havendo pretensão diversa da do interesse metaindividual; deferimento integral da liminar, em face do Poder Público; satisfação da obrigação disposta na decisão; execução de despesa para o cumprimento integral da tutela provisória; a chamada dos titulares do direito coletivo com demonstração de insatisfação com a pretensão do autor da demanda e sentença de improcedência do pedido, por ausência de interesse processual, o juízo há de ordenar a instauração de procedimento para apurar a responsabilidade do autor pelos danos causados, em razão da concessão da tutela provisória.

Trata-se de uma medida prevista no CPC/15 e perfeitamente aplicável ao processo coletivo:

> Art. 302. Independentemente da reparação por dano processual, a parte responde pelo prejuízo que a efetivação da tutela de urgência causar à parte adversa, se:
> I - a sentença lhe for desfavorável;
> II - obtida liminarmente a tutela em caráter antecedente, não fornecer os meios necessários para a citação do requerido no prazo de 5 (cinco) dias;
> III - ocorrer a cessação da eficácia da medida em qualquer hipótese legal;
> IV - o juiz acolher a alegação de decadência ou prescrição da pretensão do autor.
> Parágrafo único. A indenização será liquidada nos autos em que a medida tiver sido concedida, sempre que possível (BRASIL, 2015).

A perda de eficácia da decisão que defere tutela provisória gera responsabilidade da parte beneficiária quando: a sentença for desfavorável; não proceder com a citação do réu no prazo de 5 dias; ocorrer cessação da eficácia da medida, em qualquer hipótese legal; for declarada a prescrição ou decadência. Ademais, o parágrafo único informa que, sempre que possível, a liquidação será procedida nos próprios autos onde deferida a tutela.

O exemplo citado se amolda à previsão do inc. I do art. 302 do CPC/15, pois a improcedência do pedido se fundamenta na ausência de interesse dos titulares do direito coletivo, sendo a pretensão completamente infundada. Não importando, sequer, a extinção sem resolução de mérito, mas com análise do mérito, por envolver o interesse metaindividual em debate, não podendo o substituto processual ou o juiz definir qual vem a ser, mas apenas os seus titulares – representantes dos estudantes.

O mesmo pode ocorrer em demandas repetitivas,[231] no caso de pretensão de servidores públicos a uma determinada gratificação, cujos

---

[231] Processo coletivo versando sobre direito individual homogêneo. Ele pode estar molecularizado ou atomizado. O precedente gerado por uma sentença de improcedência do pedido, ratificada por Tribunal Superior, em sede de recursos repetitivos, ou em tribunal local, em sede de

requisitos foram preenchidos. Caso os juízos de primeiro grau tenham deferido tutelas provisórias a favor desses servidores em processo individual ou coletivo,[232] as consequências lesivas na satisfação da decisão incidental devem ser arcadas pelos autores, inclusive o substituto processual, se os substituídos não preencherem os requisitos para a concessão da gratificação. E mais, é vedado deferir tutela antecipada em desfavor da Fazenda Pública que "[...] tenha por objeto a concessão de aumento ou a extensão de vantagens ou pagamento de qualquer natureza" (Lei nº 12.016/2009, art. 7º, §2º) (BRASIL, 2009).

Nos processos individuais, não há necessidade de comprovação de culpa do autor, bastando o não provimento da sentença com revogação ou cassação da liminar para o Poder Público ter direito de ser ressarcido pelos prejuízos. Portanto, a responsabilidade é objetiva.[233]

Os danos decorrentes da execução de tutela provisória, de urgência ou de evidência, são disciplinados pelo sistema processual vigente à revelia da indagação acerca da culpa da parte, ou se esta agiu com má-fé ou não. Já nas ações coletivas, o regramento não é o mesmo, segundo a LACP:

> Art. 17. Em caso de litigância de má-fé, a associação autora e os diretores responsáveis pela propositura da ação serão solidariamente condenados em honorários advocatícios e ao décuplo das custas, sem prejuízo da responsabilidade por perdas e danos.
> Art. 18. Nas ações de que trata esta Lei não haverá adiantamento de custas, emolumentos, honorários periciais e quaisquer outras despesas,

---

IRDR, pode acarretar a responsabilização daqueles cuja execução provisória da tutela causou prejuízo ao Poder Público.

[232] Ações coletivas propostas por sindicatos e associações.

[233] "[...] 1. Os danos causados a partir da execução de tutela antecipada (assim também a tutela cautelar e a execução provisória) são disciplinados pelo sistema processual vigente à revelia da indagação acerca da culpa da parte, ou se esta agiu de má-fé ou não. Com efeito, à luz da legislação, cuida-se de responsabilidade processual objetiva, bastando a existência do dano decorrente da pretensão deduzida em juízo para que sejam aplicados os arts. 273, §3º, 475-O, incisos I e II, e 811 do CPC/1973 (correspondentes aos arts.297, parágrafo único, 520, I e II, e 302 do novo CPC). 2. Em linha de princípio, a obrigação de indenizar o dano causado pela execução de tutela antecipada posteriormente revogada é consequência natural da improcedência do pedido, decorrência ex lege da sentença, e, por isso, independe de pronunciamento judicial, dispensando também, por lógica, pedido da parte interessada. A sentença de improcedência, quando revoga tutela antecipadamente concedida, constitui, como efeito secundário, título de certeza da obrigação de o autor indenizar o réu pelos danos eventualmente experimentados, cujo valor exato será posteriormente apurado em liquidação nos próprios autos. [...]" (REsp 1.548.749/RS) (BRASIL, 2016).

nem condenação da associação autora, salvo comprovada má-fé, em honorários de advogado, custas e despesas processuais (BRASIL, 1985).

O processo coletivo requer a comprovação de má-fé para responsabilizar os autores da ação coletiva, ao litigarem contra o Poder Público na condenação ao pagamento de honorários sucumbenciais, o décuplo das custas e perdas e danos. Nesse caso, não se aplica o art. 302 do CPC/15. O interesse do autor da ação coletiva é diferente do autor individual. Naquele, o autor busca satisfazer o interesse metaindividual, já no último, o interesse é individual homogêneo, tratando-se de uma ação acidentalmente coletiva.

Sobre causas repetitivas, é perfeitamente possível que o autor da ação sofra com condenação em reparação de danos, fundamentada no art. 302 do CPC/15 – é que o autor da ação é o titular do direito. Não é um tema tranquilo na doutrina. Até o momento, os arts. 17 e 18 da LACP se aplicam ao Ministério Público e aos demais legitimados para proporem a ACP. Quanto aos réus, em decorrência do princípio da simetria, os dispositivos também se aplicam, sendo isentos do pagamento de custas e honorários quando vencidos. Salvo o entendimento de que "[...] o réu vencido em ação civil pública ajuizada por associação civil não é isento do pagamento de honorários advocatícios sucumbenciais"[234] (BRASIL, 2022).

---

[234] RECURSO ESPECIAL. CIVIL E PROCESSUAL CIVIL. AÇÃO CIVIL PÚBLICA PROPOSTA POR ASSOCIAÇÃO CIVIL. INTERESSE DE AGIR. LEGITIMIDADE ATIVA. CARACTERIZAÇÃO. INÉPCIA DA PETIÇÃO INICIAL. NÃO OCORRÊNCIA. PEDIDO CERTO E DETERMINADO. ART. 18 DA LEI 7.347/1985. HONORÁRIOS ADVOCATÍCIOS. PRINCÍPIO DA SIMETRIA UTILIZADO EM BENEFÍCIO DO RÉU. IMPOSSIBILIDADE. 1- Recursos especiais interpostos em 30/8/2021 e 9/12/2021. Conclusos ao gabinete em 6/7/2022. 2- O propósito recursal consiste em dizer se: a) a associação autora careceria de legitimidade e interesse para ajuizar a presente ação civil pública; b) é lícita, seja em ação coletiva, seja em ação individual, a formulação de pedido genérico de condenação ao cumprimento de lei em abstrato; e c) o réu vencido em ação civil pública é isento do pagamento de honorários advocatícios na hipótese em que o autor da ação é associação civil. 3- Não há que se falar em falta de interesse de agir da associação autora, pois a eventual previsão de sanção administrativa ou mesmo a existência de órgãos competentes para exercer a fiscalização no âmbito do poder de polícia administrativo, não afasta a atuação do Poder Judiciário na tutela dos direitos do consumidor, notadamente tendo em vista a autonomia das instâncias e o princípio da inafastabilidade da jurisdição. 4- Tratando-se de ação civil pública que busca a tutela dos direitos dos consumidores em razão de suposta demora excessiva na fila de atendimento de instituição financeira, conclui-se que se está diante de interesses transindividuais, o que atrai, em princípio, a legitimidade da associação autora para o ajuizamento da ação. 5- A petição inicial não se revela inepta, pois o pedido formulado é certo e determinado, impondo-se destacar, ainda, que, tanto o art. 3º da Lei n. 7.347/85 quanto o art. 84 do CDC, admitem, expressamente, a formulação de pedido de condenação em obrigação de fazer ou não fazer no âmbito da ação civil

3.4.6 Tutela provisória dialógica e o cumprimento progressivo da decisão interlocutória

A tutela provisória, requerida em face do Poder Público, é apreciada pelo juízo, segundo o microssistema da tutela coletiva. Nesse estudo, verificou-se que o CPC/15, a LINDB e o PL nº 1.641/2021 trazem regramentos capazes de subsidiar decisões interlocutórias dialógicas, promovendo a organização procedimental do processo coletivo, segundo a complexidade do caso e a transação entre as partes, visando dar eficácia ao provimento final.

O atual modelo procedimental é insatisfatório por seguir o rito do processo comum de natureza individual. Tanto é que o pedido de tutela provisória pode ser de urgência ou evidência, mas, no caso de situação histórica de fato violadora do direito coletivo, versando sobre um "problema estrutural", o pedido não será de urgência ou evidência, mas de planejamento da estruturação ou reestruturação de instituição, órgão, serviço e outras atividades do serviço público que vem sendo prestado a descontento.

Como justificar o *periculum in mora* para a organização administrativa de um órgão instituído há 30 anos que nunca prestou seus serviços a contento? Ou para a restauração ambiental de determinada área que foi explorada por 50 anos?

O *fumus boni iuris* estará demonstrado na inicial de uma ação coletiva, mas o principal é formular os pedidos, possibilitando a organização

---

pública. 6- Esta Corte Superior perfilha o entendimento de que, no âmbito da ação civil pública, a impossibilidade de condenação do Ministério Público ou da União em honorários advocatícios – salvo comprovada má-fé – impediria que estes fossem beneficiados quando vencedores na demanda. Precedentes. 7- O disposto no art. 18 da Lei n. 7.347/85 insere-se entre os mecanismos predispostos a facilitar o acesso à justiça, atuando no sentido de mitigar os obstáculos econômicos inerentes ao processo. 8- Na hipótese de ação civil pública ajuizada por associação civil, afastar a condenação dos réus ao pagamento de honorários advocatícios, representaria verdadeiro obstáculo à efetivação de um dos mais nobres objetivos da Lei n. 7.347/1985, qual seja, o de viabilizar e ampliar o acesso à justiça para a sociedade civil organizada consubstanciada na atuação das associações civis na tutela de interesses transindividuais. 8- Considerando a necessidade de facilitar a superação dos obstáculos econômicos ao acesso à justiça, conclui-se que, nos termos do art. 18 da Lei n. 7.347/85, o réu vencido em ação civil pública ajuizada por associação civil não é isento do pagamento de honorários advocatícios sucumbenciais. Precedentes. 9- Na hipótese dos autos, merece reforma o acórdão recorrido, pois a interpretação do art. 18 da Lei n. 7.347/85, conduz à conclusão de que o réu vencido em ação civil pública ajuizada por associação civil não é isento do pagamento de honorários advocatícios sucumbenciais. 10- Recurso especial do BANCO DO BRASIL S.A. não provido. Recurso especial da ASSOCIAÇÃO PARANAENSE DE DEFESA DOS DIREITOS DO CONSUMIDOR provido, para restabelecer a sentença (REsp nº 1.987.688/PR) (BRASIL,2022).

procedimental, com o fim de satisfazer a pretensão, segundo as necessidades do titular do direito e a possibilidade do Poder Público. Não será a contratação de pessoal com urgência, renovando o atendimento, que melhorará o atendimento de maneira a satisfazer a pretensão; nem será uma grande operação de fiscalização na área degradada que a restaurará – ambos precisam de planejamento.

Os casos citados são exemplos de processo coletivo, sem levar em consideração se há ou não diferença entre os processos coletivo e estrutural. A tutela provisória sucessiva de organização do cumprimento progressivo da pretensão serve para qualquer dos dois processos. Assim, não há diferença entre a forma de procedimento dos dois, o que há é uma flexibilização do procedimento para atender à satisfação da tutela coletiva.

Quanto ao processo decorrente de direito acidentalmente coletivo, a sistemática do IRDR e dos recursos repetitivos admite a alteração da causa de pedir e do pedido, desde que haja superveniente fato jurídico incidente sobre a fixação da tese jurídica. O pedido de tutela provisória com esse fim pode ser requerido em qualquer processo afetado ao julgamento. Em qualquer dos casos, os titulares do direito coletivo debatido no processo devem participar. Além disso, a ampla publicidade dos atos em processo coletivo deve ser respeitada, para fins de intervenção de quem detém o direito de expor seus argumentos.

A participação efetiva dos sujeitos do processo e interessados permite ao juízo construir uma decisão interlocutória de cumprimento progressivo. É um método de resolução do litígio coletivo, por meio do diálogo entre os sujeitos do processo, mantendo a pretensão inicial ou alterando a causa de pedir e o pedido. As partes fazem o requerimento na tutela provisória com capítulos organizados, segundo o planejamento de satisfação da pretensão, compreendendo a necessidade do titular do direito coletivo e a possibilidade do Poder Público de satisfazê-la.

A decisão é proferida, preferencialmente, antes da sentença e após o saneamento. Nela, há uma definição das obrigações e nomeação de sujeitos responsáveis pelo cumprimento da ordem judicial, e esses sujeitos passam a figurar no processo como partes e o descumprimento pode gerar a aplicação de medidas coercitivas.

A execução provisória da decisão dialógica permite a divisão de responsabilidades, o controle de representatividade adequada, o monitoramento da decisão e a organização procedimental. O protagonismo judicial não exorbitará dos limites da lei, nem da vontade das partes, e terá o atributo de legitimidade. Assim, reduz-se a consequência do efeito *backlash* em relação ao Poder Público ao recepcionar a ordem judicial.

3.4.7 O momento processual de análise dos pedidos de tutela provisória coletiva e o planejamento de sua satisfação: a estabilização da decisão de saneamento do processo

O que vem ocorrendo no processo coletivo é a repetição em sentença dos pedidos formulados na petição inicial. O autor cumpre sua função de substituir o titular do direito coletivo e o juiz entrega a prestação jurisdicional da maneira ideal. Não há um planejamento inicial ou de execução, apenas a decisão judicial deve ser cumprida. Entende-se que a decisão judicial deve ser construída. A eficácia de decisão deve ser aferida antes da sentença de mérito, conferindo legitimidade ao provimento e exequibilidade. Com efeito, o titular do direito coletivo gozará de título executivo eficaz.

Essa construção deve se dar até a decisão de saneamento do processo. O PL nº 1.641/2021 estabelece disciplina expressa sobre a cumulação de pedidos de forma ampla, permitindo a adequação do objeto até o julgamento da demanda. Esse projeto se coaduna com a proposta do estudo ao permitir a adequação do procedimento, a modificação da causa de pedir e do pedido. Este mesmo dispositivo disciplina ainda acerca da audiência de saneamento compartilhado, momento processual apto a propiciar a identificação do objeto consensual. Essa identificação pode ser apreciada pelo juízo através da percepção da pretensão resistida do Poder Público a determinados pedidos formulados na inicial. Nesse tocante, compete ao juiz estimular, desde a apresentação da peça de impugnação, audiências específicas para a autocomposição dos conflitos coletivos.

O que não for possível solucionar por meio da autocomposição servirá de parâmetro para a decisão liminar, tendo em vista a coleta de provas/argumentos/fundamentos quando debatido o problema coletivo, entendendo-se a realidade do litígio coletivo.

O estímulo à audiência de saneamento compartilhado, promovendo a representação e participação adequada dos titulares do direito coletivo e ouvindo o Poder Público, não será obstáculo para o cumprimento de tutelas provisórias deferidas anteriormente ou a suspensão dos seus efeitos quanto a tema passível de solução amigável. Só se iniciando o prazo recursal quando terminada a fase de saneamento. Qualquer parte pode pedir esclarecimentos ao final da fase de saneamento, apenas com a estabilização da decisão saneadora é que se inicia o prazo recursal para impugnar o que nela for decidido, inclusive a ratificação de tutela(s) provisória(s) deferida(s) anteriormente. É que os esclarecimentos e ajustes do objeto da demanda, com previsão no art. 357 do CPC/15,[235] impedem que o prazo para interposição de agravo de instrumento se inicie. Uma vez estabilizada a decisão de saneamento, ou seja, com o julgamento do juiz, será iniciado o prazo recursal. Em caso de ausência do pedido, o prazo recursal começa em 5 dias.

Esse pedido de esclarecimento permite o diálogo entre as partes, em busca da construção de uma decisão efetiva, ao prever o debate sobre a necessidade do titular do direito coletivo e a possibilidade do Poder Público de satisfazer a pretensão. O que não ficar acordado pode ser alvo de recurso próprio. Para o Ministro Antônio Carlos Ferreira (Relator):

> [...] a decisão de saneamento não está aperfeiçoada logo após sua prolação, pois permanece em construção, a depender do exercício do direito de petição. Com efeito, se a decisão é colaborativa e há possibilidade de manifestação das partes, com probabilidade de alteração do teor deliberado, é sensato depreender que o saneamento ainda não

---

[235] Art. 357. Não ocorrendo nenhuma das hipóteses deste Capítulo, deverá o juiz, em decisão de saneamento e de organização do processo: I - resolver as questões processuais pendentes, se houver; II - delimitar as questões de fato sobre as quais recairá a atividade probatória, especificando os meios de prova admitidos; III - definir a distribuição do ônus da prova, observado o art. 373; IV - delimitar as questões de direito relevantes para a decisão do mérito; V - designar, se necessário, audiência de instrução e julgamento. §1º Realizado o saneamento, as partes têm o direito de pedir esclarecimentos ou solicitar ajustes, no prazo comum de 5 (cinco) dias, findo o qual a decisão se torna estável. §2º As partes podem apresentar ao juiz, para homologação, delimitação consensual das questões de fato e de direito a que se referem os incisos II e IV, a qual, se homologada, vincula as partes e o juiz. §3º Se a causa apresentar complexidade em matéria de fato ou de direito, deverá o juiz designar audiência para que o saneamento seja feito em cooperação com as partes, oportunidade em que o juiz, se for o caso, convidará as partes a integrar ou esclarecer suas alegações. §4º Caso tenha sido determinada a produção de prova testemunhal, o juiz fixará prazo comum não superior a 15 (quinze) dias para que as partes apresentem rol de testemunhas. §5º Na hipótese do §3º, as partes devem levar, para a audiência prevista, o respectivo rol de testemunhas. §6º O número de testemunhas arroladas não pode ser superior a 10 (dez), sendo 3 (três), no máximo, para a prova de cada fato. §7º O juiz poderá limitar o número de testemunhas levando em conta a complexidade da causa e dos fatos individualmente considerados. §8º Caso tenha sido determinada a produção de prova pericial, o juiz deve observar o disposto no art. 465 e, se possível, estabelecer, desde logo, calendário para sua realização. §9º As pautas deverão ser preparadas com intervalo mínimo de 1 (uma) hora entre as audiências (BRASIL, 2015).

foi concluído, razão pela qual encontra se em estado de instabilidade (BRASIL, 2022).[236]

Entende-se que o exercício do "direito de petição", mencionado pelo Ministro, é o pedido de tutela provisória. É que a alteração do pedido e da causa de pedir se faz por meio desse instrumento processual. A construção da decisão é fruto do procedimento em contraditório estabelecido pelo juízo com o protagonismo de buscar o diálogo entre os sujeitos do processo para adequar o pedido de tutela provisória à sua possibilidade de satisfação.

Nessa fase, busca-se a cooperação entre as partes, afastando-se a clássica noção de ato do juízo para passar a ser uma decisão composta e resultante de uma efetiva participação dos sujeitos do processo. Essa cooperação na construção da decisão interlocutória prestigia os princípios da segurança jurídica, da previsibilidade dos atos processuais, da obrigatoriedade da fundamentação estruturada, do efetivo contraditório, acesso à justiça, eficácia do provimento judicial e outros.

A pretensão inicial ou resistida comporta pedido de tutela provisória e o saneamento do processo é o momento adequado para construir uma decisão mais próxima possível da ideal satisfação do direito coletivo em debate. Os pedidos formulados poderão ser alterados no curso do debate e, enquanto não resolvido, havendo mútua participação dos sujeitos, não há que se falar em conclusão do saneamento.

Essas tratativas não são eternas e o juiz, verificando que os debates, embora existentes, não trarão qualquer benefício ao processo, poderá decidir o saneamento. Assim, a partir daí, poder-se-á falar em aplicação de medidas coercitivas para o cumprimento progressivo da decisão interlocutória.

Na ADI nº 5.941, os ministros deram evidência à discricionariedade judicial, o que, no estudo, entende-se por protagonismo judicial, que é o dever do magistrado de dar efetividade à sua decisão. A discricionariedade comporta uma zona cinzenta, diferente do protagonismo judicial, que deve se pautar nos argumentos, fundamentos e provas trazidos aos autos do processo. Ao aplicar as medidas coercitivas para fazer valer a decisão, o juiz deve interpretar o ordenamento jurídico segundo os postulados da proporcionalidade e da razoabilidade na aplicação da medida,

---

[236] Trecho retirado do *site* do STJ, referente ao REsp nº 1703571, tendo em vista a ausência de publicação do acórdão até o fechamento do texto.

buscando o meio menos gravoso ao executado e considerando as regras da LINDB para adequar a medida ao caso concreto.

Essas providências não recairão sobre o Poder Público, pois é fazer o titular do direito coletivo sofrer mais uma lesão. O agente público responsável pela satisfação da obrigação será nomeado para cumprir a decisão. Na oportunidade em que se tratou da LINDB, viu-se que só é possível deferir tutela provisória em face do Poder Público se, antes, seus representantes forem ouvidos. Nesse momento, o ente indica o agente responsável pela satisfação da pretensão – como no caso de nomear o Diretor da escola pública como responsável pela satisfação de pretensão em que alunos pleiteiam vagas.

O pedido de esclarecimento formulado pelas partes no saneamento do processo é um meio eficaz de construir a decisão saneadora, visando a resolução dialogada do processo coletivo, com a ampla participação dos sujeitos do processo e a construção da decisão final, por meio de identificação do objeto da demanda, facilitando a possibilidade de acordo.

3.4.8 Aplicação no processo coletivo

Sentenciar um processo coletivo sem saneamento caracteriza um ato nulo. O diálogo entre os sujeitos é imprescindível para a prolação de uma sentença compatível com a realidade, fixando a necessidade do titular do direito coletivo e a possibilidade do Poder Público em atendê-la.

O processo coletivo não se encontra apto para julgamento se ainda pendem definições sobre o objeto do litígio. Assim, é nulo o julgamento do processo antes de definir o objeto, oportunizar o autor de expor sua real necessidade e o réu de apresentar as formas possíveis de satisfação do objeto.

A metodologia da tutela provisória dialógica proferida no saneamento para cumprimento progressivo de decisão liminar poderia ter sido aplicada no processo nº 0000437-44.2018.8.03.0004,[237] que tramita no Tribunal de Justiça do Estado do Amapá. Trata-se de uma ação coletiva ajuizada pelo Ministério Público do Estado do Amapá em face do Estado do Amapá, pretendendo a reforma da Delegacia de Polícia Civil do Município de Pracuúba.

---

[237] Informação disponível em: https://tucujuris.tjap.jus.br/tucujuris/pages/consultar-processo/consultar-processo.html.

A necessidade de saneamento do processo para a organização do procedimento, da causa de pedir e do pedido se mostra imprescindível só com a leitura da petição inicial. O pedido de tutela provisória é o mesmo do pedido de mérito. Não bastasse ser proibido por lei esse tipo de pedido, antes mesmo de ouvir o Poder Público já há pedido para a aplicação de medidas coercitivas e a fixação de prazo para a reforma da delegacia.

Não há na inicial qualquer planejamento oriundo de proposta de forma de cumprimento da obrigação. Não se sabe se deve a reforma começar pelo telhado, para evitar a descontinuidade do serviço público, ou se pela estrutura das paredes, interditando o prédio e suspendendo as atividades regulares.

Imputa-se ao Estado do Amapá o cumprimento da obrigação sem mencionar qual foi o agente público omisso na satisfação desse direito fundamental à segurança pública pelo qual a coletividade do município afetado vem passando por falhas no atendimento. As medidas coercitivas devem ser impostas sobre a conduta de um agente público, e não sobre o ente, logo, multar o Estado do Amapá é lesar o cidadão mais uma vez.

O Estado do Amapá indicou na defesa o Secretário de Estado da Infraestrutura como o gestor responsável pela execução da obrigação. Este iniciou os procedimentos administrativos de contratação de serviço de engenharia (Ofício 1167/2018-GAB/SEINF), informando sobre o início do cumprimento da obrigação, ainda que sem tutela provisória deferida, mas também comunicando a dificuldade em cumprir determinados pedidos formulados na petição inicial (movimento #22 do andamento do processo eletrônico).

A manifestação de impossibilidade de cumprimento do objeto na forma requerida e a informação de como poderia satisfazer já fazem parte de um diálogo entre os sujeitos por meio de tutelas provisórias sucessivas. Mesmo sem deferimento da tutela provisória requerida, a obrigação requerida passou a ser satisfeita por vontade do Poder Público, na medida de suas possibilidades.

O juízo, diante da demonstração de vontade do Poder Público em satisfazer a pretensão, recebeu informações do Secretário de Infraestrutura, apresentando o planejamento para a obra, indicando o prazo para início e as expectativas para a conclusão. Para isso, pediu a suspensão do processo por 90 dias para concluir as contratações, o que foi aceito pelo Ministério Público (movimento #32 do processo eletrônico).

Por não ter o juízo chamado as partes para dialogar no sentido da necessidade do uso da maneira requerida na inicial para a reforma da delegacia e a possibilidade de satisfação pelo Poder Público, o agente designado solicitou projeto básico e executivo na forma requerida na inicial, tornando o processo administrativo custoso.

Sem audiência prévia e saneamento, não há como o processo coletivo chegar a um provimento saudável para a satisfação do objeto. Os 90 (noventa) dias se passaram e o agente público designado não informou no processo se havia ou não cumprido com o que prometera. Até esse momento, não havia uma decisão judicial sequer declarando o direito do autor, condenando o réu na obrigação de fazer e chamando o agente público a compor a lide, passando a figurar como parte e se responsabilizando pela execução provisória da decisão.

Sem responsabilidade, nem o representante do Estado, por meio de ofícios, conseguia resposta do Secretário acerca da contratação para a execução da reforma, nem o Ministério Público e nem o juízo. O principal ator do processo não figurou como parte nem como testemunha ou como auxiliar do juiz, situação processual complicada para trazer efetividade ao provimento judicial.

No processo coletivo, o gestor deve ser considerado parte, junto com o ente político, devendo comparecer em juízo para apresentar o planejamento para o cumprimento da pretensão e a forma de execução. Nesse sentido, deve sentar-se à mesa para conciliação e apresentar suas propostas. Com isso, a representação jurídica do Poder Público atua como assessoria especializada na análise da legalidade do que está sendo disposto em juízo para que o gestor, parte no processo, seja responsável pelo cumprimento da obrigação.

Deve-se afastar a abstração do Poder Público e responsabilizar aquele designado para promover o direito metaindividual pretendido na demanda. Em razão disso o Estado requereu a intimação do gestor e sua inclusão como parte. O juízo deixou de promover a intimação pessoal do gestor: "Indefiro o pedido de ordem 49, carecendo de lógica o pedido de expedição de ofício pelo Juízo para um órgão da estrutura do requerido, competindo ao mesmo tal informação" (movimento #51 do processo eletrônico).[238]

---

[238] O Estado desejava que o gestor se tornasse parte no processo. Como ainda não era, ao proceder com a intimação de testemunha servidor público, aplica-se o CPC/15: "Art. 455. Cabe ao advogado da parte informar ou intimar a testemunha por ele arrolada do dia, da hora e do local da audiência designada, dispensando-se a intimação do juízo. [...] §4º

O gestor não foi intimado para informar em juízo sobre o cumprimento das obrigações que, espontaneamente, comprometeu-se a satisfazer. O processo não teve liminar deferida de modo organizado para possibilitar a satisfação progressiva da pretensão de reforma da delegacia, segundo as necessidades mais urgentes para as menos necessárias. O processo sequer foi saneado para fixar os pontos controvertidos e possibilitar o diálogo acerca do que não é consenso entre as partes. Mesmo assim, houve requerimento do autor no sentido do julgamento antecipado da lide, por entender se tratar de matéria de direito e não haver mais provas a produzir (movimento #57 do processo eletrônico):

> A parte ré dispôs de longo período para iniciar processo licitatório, bem como adotar outras providências para estabelecer ao menos um cronograma ao início das obras de reforma na Delegacia de Polícia de Pracuúba, o que até o presente momento não foi demonstrado nos presentes autos. Ante o exposto, tendo em vista que o Ministério Público não possui mais qualquer prova a produzir, bem como em razão do fato tratar-se de matéria de exclusivamente de direito, assim, requer, desde já o julgamento de mérito da presente ação (BRASIL, 2023).[239]

Sendo proferida a sentença após esse pedido do autor, o que ficaria resolvido? Os problemas coletivos não chegaram a se tornar sequer um litígio coletivo. A liminar não foi deferida e o cumprimento da obrigação foi voluntário, embora infrutífero.

O Estado do Amapá pediu pela intimação do Delegado Geral de Polícia Civil e do Secretário de Estado da Infraestrutura. O juízo indeferiu novamente e deixou de intimá-los para figurarem como parte e manifestarem-se no processo. Esses agentes fazem parte das instituições com capacidade institucional para resolver o litígio coletivo.

O juízo entendeu por indeferir novamente a intimação dos gestores responsáveis pela obrigação requerida na inicial e determinou a conclusão do processo para julgamento. Após, proferiu sentença, acolhendo em parte os pedidos do autor.

A intimação será feita pela via judicial quando: [...] III - figurar no rol de testemunhas servidor público ou militar, hipótese em que o juiz o requisitará ao chefe da repartição ou ao comando do corpo em que servir; [...] §5º A testemunha que, intimada na forma do §1º ou do §4º, deixar de comparecer sem motivo justificado será conduzida e responderá pelas despesas do adiamento" (BRASIL, 2015).

[239] Processo nº 0000437-44.2018.8.03.0004.

III - DISPOSITIVO

Ante o exposto, julgo parcialmente procedentes os pedidos formulados pelo Ministério Público, pelo que condeno o ESTADO DO AMAPÁ à obrigação de fazer consistente na realização de procedimento licitatório para efetivar a reforma do edifício da Delegacia de Polícia Civil do Município de Pracuúba, nos seguintes termos: Reparo de infiltrações e rachaduras existentes no prédio, com base em projeto de responsabilidade de engenheiro civil; Reforma de todos os sanitários do prédio, dotando-os de todos de equipamentos necessários para uso (vasos sanitários, chuveiros, pias etc.), em perfeito estado de conservação e funcionamento, adaptando-se, ao menos um, para portadores de deficiência, com base em projeto de responsabilidade de engenheiro civil; Reparo do forro e laje de teto de todos os ambientes, com base em projeto de responsabilidade de engenheiro civil; Pintura total no prédio; dedetização completa do prédio, em periodicidade, no mínimo, semestral; reforma dos muros do prédio, com base em projeto de responsabilidade de engenheiro civil; Recuperação de estrutura dos pilares e vigas do prédio, com armadura exposta, com base em projeto de responsabilidade de engenheiro civil; Revisão de todo o sistema elétrico do prédio, atendidas as especificações exigíveis em documento de lavra de engenheiro elétrico revisão de todo o sistema hidráulico do prédio, atendidas as especificações exigíveis em documento de lavra de engenheiro civil; Obediência a todas as regras de acessibilidade, nas partes internas e externas do imóvel, atendidas as especificações exigíveis em documento de lavra de engenheiro civil; Colocação de extintores de incêndio, sinalização de abandono e luminárias de emergência, no prédio, atendendo-se às especificações exigíveis em documento de lavra do Corpo de Bombeiros; Para o fiel cumprimento desta decisão, fixo multa diária de R$ 1.000,00 (mil reais) até o limite de R$ 180.000,00 (cento e oitenta mil reais), no caso de descumprimento de qualquer uma das obrigações de fazer acima assinaladas, sem prejuízo de estipulação, em sede de execução, de multa pessoal aos gestores responsáveis. Sem condenação em custas e honorários advocatícios, porque vencida a Fazenda Pública. Por força do que dispõe o art. 496, I, §3º, II, do CPC, esta sentença está sujeita ao duplo grau de jurisdição obrigatório, pois a condenação não está definida em prestação pecuniária de valor certo e líquido inferior a 500 salários mínimos. Com ou sem recurso das partes, remetam-se os autos ao Egrégio Tribunal de Justiça do Amapá. Após o trânsito em julgado e nada sendo requerido pelo autor no prazo de 06 (seis meses), arquivem-se os autos com as cautelas de praxe. Intimem-se (BRASIL, 2023).[240]

---

[240] Processo nº 0000437-44.2018.8.03.0004.

O processo coletivo, cujo dispositivo da sentença repete o pedido inicial é uma violação ao acesso à justiça, uma inadequada representação dos titulares do direito coletivo, um provimento judicial ineficaz, uma decisão ilegítima e um fator contributivo com o efeito *backlash*.

O Estado do Amapá interpôs apelação, impugnando o prematuro julgamento do processo coletivo e os vícios de procedimento, expressando ainda a violação aos arts. 20, 21 e 22 da LINDB. O recurso não foi provido e, contra o acórdão, foi interposto apenas REsp. A ausência de RE se deu em função de entender o STF que a violação ao art. 2º da CF/88, para tratar de separação de poderes, é matéria reflexa, sendo, assim, incabível o recurso.

O STJ entendeu que a matéria era mais constitucional que legal e se utilizou da fungibilidade recursal para intimar o Estado a complementar o recurso com a preliminar de repercussão geral. Feito isso, o processo foi encaminhado ao STF. Decisão proferida em junho de 2021, sem que qualquer outro ato processual apto a satisfazer o interesse dos titulares do direito coletivo fosse praticado.

Os titulares do direito coletivo nunca foram chamados para se manifestar, não houve controle de representatividade adequada, nem monitoramento do cumprimento da obrigação, o procedimento empregado foi o comum, previsto no CPC/15. Por fim, para atestar a ineficácia da sentença, quando o RE chegou ao conhecimento do STF, ele foi afetado ao Tema 689, sob a sistemática da repercussão geral reconhecida no RE nº 684612. Em decisão preliminar, devolveu o processo ao Tribunal de Justiça do Estado do Amapá, para que analisasse a incidência dos inc. I, II ou III do art. 1.030 do CPC/15.[241]

---

[241] Segundo o CPC/15: "Art. 1.030. Recebida a petição do recurso pela secretaria do tribunal, o recorrido será intimado para apresentar contrarrazões no prazo de 15 (quinze) dias, findo o qual os autos serão conclusos ao presidente ou ao vice-presidente do tribunal recorrido, que deverá: I - negar seguimento: a) a recurso extraordinário que discuta questão constitucional à qual o Supremo Tribunal Federal não tenha reconhecido a existência de repercussão geral ou a recurso extraordinário interposto contra acórdão que esteja em conformidade com entendimento do Supremo Tribunal Federal exarado no regime de repercussão geral; b) a recurso extraordinário ou a recurso especial interposto contra acórdão que esteja em conformidade com entendimento do Supremo Tribunal Federal ou do Superior Tribunal de Justiça, respectivamente, exarado no regime de julgamento de recursos repetitivos; II - encaminhar o processo ao órgão julgador para realização do juízo de retratação, se o acórdão recorrido divergir do entendimento do Supremo Tribunal Federal ou do Superior Tribunal de Justiça exarado, conforme o caso, nos regimes de repercussão geral ou de recursos repetitivos; III - sobrestar o recurso que versar sobre controvérsia de caráter repetitivo ainda não decidida pelo Supremo Tribunal Federal ou pelo Superior Tribunal de Justiça, conforme se trate de matéria constitucional ou infraconstitucional; [...]" (BRASIL, 2015).

O Tribunal de Justiça do Estado do Amapá entendeu por suspender o processo até o julgamento final do Tema 689, sob a sistemática da repercussão geral. O autor concordou com a suspensão (movimento #207 do processo eletrônico), em verdadeira afronta à representação adequada dos titulares do direito coletivo. O processo se encontra suspenso, sem qualquer movimentação, até o dia 31 de janeiro de 2023 (movimento #213 do processo eletrônico) – sendo essa sua última movimentação.

O processo coletivo deveria ter se resolvido em primeiro grau se tivesse seguido a técnica de procedimento que o presente estudo apresenta. A fase de saneamento do processo é imprescindível para a organização procedimental e a chamada dos sujeitos do processo para o diálogo com o fim de evitar a ineficácia do provimento como a apresentada. Sem resolução da lide, os processos coletivos se encontram suspensos e os titulares do direito coletivo sem a efetiva prestação jurisdicional. Esse é um tema a ser abordado após a publicação do acórdão que julgou o Tema 698 do STF, em repercussão geral, de cuja prévia do conteúdo se pode extrair da segunda tese firmada: "2. A decisão judicial, como regra, em lugar de determinar medidas pontuais, deve apontar as finalidades a serem alcançadas e determinar à Administração Pública que apresente um plano e/ou os meios adequados para alcançar o resultado".

Sem o saneamento do processo o juízo deixou de organizar o processo segundo a verdadeira demanda posta sob análise. Com o cumprimento espontâneo e progressivo da pretensão inicial, mesmo sem qualquer decisão liminar, era necessário ao juízo fixar os pontos controvertidos, apurar qual era a necessidade real do titular do direito coletivo, ouvindo-o. O interesse metaindividual é do usuário do serviço público de segurança junto à delegacia (detentos, vítimas de infrações penais e etc.). São também interessados os agentes públicos que desempenham suas funções na delegacia de polícia em questão (agentes de polícia, escrivães, delegados e outros).

Tudo isso deveria ter sido identificado no inquérito civil, com a oitiva dos titulares do direito coletivo. Esse ato é imprescindível para a instauração do processo coletivo, facilitando o saneamento do processo. O interesse e a legitimidade material são do titular do direito coletivo.

O Estado do Amapá, muito embora estivesse cumprindo a pretensão inicial por iniciativa própria, deveria apresentar seu planejamento na audiência de saneamento para informar o que já havia planejado para execução de melhorias na delegacia e demonstrar qual sua possibilidade orçamentária para cumprir integralmente o pedido. Não basta alegar, sem comprovar, a impossibilidade orçamentária, o planejamento orçamentário para execução da pretensão é essencial, compatibilizado com o financeiro, destinado para a execução da política pública de segurança referente à reforma de delegacias no interior do Estado.

A apuração dessa necessidade do titular do direito coletivo e a possibilidade do Poder Público são aferidas por meio do diálogo na audiência de saneamento, por não ter ocorrido quando da instrução do inquérito civil. Se necessário alterar o pedido em razão da nova causa de pedir, a decisão de saneamento fixaria a nova pretensão, tudo de comum acordo entre as partes. Trazidas aos autos as obrigações a serem cumpridas para a melhoria do serviço de segurança e reforma da delegacia, as partes iriam se manifestar.

O Delegado Geral e o Secretário de Infraestrutura já estavam se comunicando com o juízo por meio de ofícios de informação do cumprimento da obrigação fixada na inicial. Estes agentes poderiam passar a integrar o processo como parte, chamados após a audiência de saneamento, com a responsabilidade de dar cumprimento progressivo à decisão liminar proferida após o saneamento.

A decisão de saneamento comportaria recurso, mas sem impedir o procedimento de cumprimento progressivo da decisão. Qualquer falta de informação ou não cumprimento a tempo do que decidido no saneamento, o juízo, por meio de seu protagonismo, estaria autorizado a fazer cumprir sua ordem judicial por meios coercitivos, sem qualquer pecha de sobre seu comando incidir a alegação de abuso ou ativismo judicial.

A justificativa do Poder Público e de seus agentes que passaram a integrar a lide é essencial para que o magistrado decida se: aplica os meios coercitivos previstos em lei; confere novo prazo para cumprimento da decisão ou altera a decisão em razão de fatos novos que incidiram sobre o *status quo* da demanda coletiva. Nesse último, como já ocorreu em outra demanda,[242] a reforma da delegacia pode já não ser mais necessária diante da atual condição de organização das delegacias. No Vale do Jari, no Amapá, um processo de 2007 pretendia a reforma da única delegacia. Em 2022, quando o processo ainda se encontrava em debate após julgamento de um recurso extraordinário, a delegacia já havia sido

---

[242] Trata-se do Processo nº 0002732-28.2007.8.03.0008, que tramita no Tribunal de Justiça do Estado do Amapá.

reformada e outras três haviam sido construídas na região, atendendo ao titular do direito coletivo em extensão maior que o pedido inicial.

3.4.9 Aplicação nos casos repetitivos

As tutelas provisórias requeridas em processos individuais não fazem parte do estudo, ainda que importem em demandas de massa. Sem a molecularização da demanda, o procedimento não se espelha no microssistema da tutela coletiva.

Os casos repetitivos são aqueles centralizados, como exemplo, por um IRDR ou sob o sistema dos recursos repetitivos. Uma vez selecionados os processos para julgamento e afetados os demais, em razão dos requisitos legais, as manifestações dos titulares do direito coletivo devem dialogar com o processo piloto. A construção da tese jurídica merece intervenção de todos os interessados, na generalidade ou na especificidade que os unem.

A manifestação pode ser proferida em qualquer grau de jurisdição, mesmo que o processo esteja suspenso e não faça parte dos selecionados pelo Tribunal. As teses jurídicas propostas para deliberação podem ser acrescidas por outros interessados que não os selecionados. No Tribunal, em demandas repetitivas, só se aprecia a tese jurídica. A matéria de fato faz parte do recurso afetado, mas não é julgado. O julgamento das demandas afetadas ocorre após a fixação da tese jurídica e os fatos servirão para amoldar a pretensão ao tema ou distingui-lo.

A legislação objeto de debate para a fixação da tese jurídica pode sofrer alteração após a admissibilidade do IRDR ou dos recursos repetitivos com as propostas de teses pelos sujeitos do processo. O intérprete da lei nova deve avaliar sua vigência, eficácia e aplicabilidade ao fato jurídico litigioso. Essa análise deve ser provocada pela parte em qualquer processo afetado ao julgamento. O pedido de tutela provisória modificativa da causa de pedir será apreciado pelo juízo, ainda que o processo esteja suspenso, e a decisão será juntada às outras selecionadas pelo Tribunal – seja deferindo ou indeferindo o pedido da parte.

Pode a nova lei ser inválida (por inconstitucionalidade), ineficaz em relação aos titulares do direito coletivo (por não os abranger) ou sem vigência (por possuir uma *vacatio legis* de prazo superior a 1 (um) ano). Pode ainda a lei ser vigente, válida e eficaz em relação aos titulares do direito coletivo. Em qualquer dos casos, é necessário que o Tribunal reinicie o procedimento de admissibilidade do IRDR ou de afetação dos recursos repetitivos para avaliar o alcance dessa lei nova às pretensões reunidas para julgamento.

A pluralidade de decisões diferentes sobre o mesmo tema causa uma maior reflexão do Tribunal sobre a tese jurídica a ser firmada. Dar acesso aos representados de se manifestarem é imprescindível por chamamento através de publicidade, como jornais, notícias no *site* do Tribunal, da Ordem dos Advogados do Brasil (OAB), dos sindicatos, das associações, das instituições integrantes do Poder Público (Ministério Público, Advocacia Pública, Defensoria Pública) e outros.

Fato parecido ocorreu no processo nº 0002702-94.2019.8.03.0000,[243] um IRDR suscitado pelo juízo de Direito da 5ª Vara Cível e de Fazenda Pública de Macapá, através do Ofício nº 005, de 11.09.2019 e com suporte no art. 977, inc. I, do CPC/15. O juízo informou que estaria havendo divergência de entendimento entre os juízes estaduais, no Tribunal de Justiça e também no STJ sobre a definição da tese jurídica a respeito da aplicação por analogia da Lei Federal nº 8.112/90 para suprir a lacuna legislativa no Estado do Amapá acerca da fixação do percentual máximo, médio e mínimo do adicional de insalubridade a favor dos servidores que preenchem os requisitos da lei.

Ao receber o pedido do suscitante, o Presidente do Tribunal de Justiça do Estado do Amapá suspendeu as causas repetitivas (movimento nº 8 do processo eletrônico) que versam sobre a questão de direito suscitada no IRDR. Colheu informações dos órgãos vinculados ao Tribunal e ao Estado do Amapá.

O IRDR foi admitido com ampla e específica divulgação, inclusive com registro eletrônico no banco nacional de dados de casos repetitivos do CNJ (movimento nº 68 do processo eletrônico), cuja matéria recebeu a numeração como Tema nº 15: "Possibilidade ou não da aplicação subsidiária dos percentuais de adicional de insalubridade, então previstos em lei federal, aos servidores estaduais".

A tese jurídica a ser debatida no incidente é sobre o preenchimento de lacuna em lei local por lei federal para fixar os percentuais de adicional de insalubridade em favor dos servidores estaduais. O tema debatido não se restringia apenas ao Estado do Amapá, mas também a todos os municípios submetidos à jurisdição do Tribunal de Justiça que não possuíam lei própria versando sobre o tema.

---

[243] Informação disponível em: https://tucujuris.tjap.jus.br/tucujuris/pages/consultar-processo/consultar-processo.html.

A tese apresentada pelo Estado do Amapá é no sentido de inaplicabilidade do art. 12 da Lei Federal nº 8.270/1991 para integrar a Lei Estadual nº 0066/93, por importar em aumento de despesa com pessoal. Tese aceita pelo STJ após a admissão do IRDR.[244]

Acrescentou o Estado do Amapá que a seara competente para solucionar o problema coletivo é a Assembleia Legislativa Estadual, onde se encontra o PL nº 0029/2017, com o escopo de regulamentar o adicional de insalubridade previsto no art. 75 da Lei Estadual nº 0066/93. Por outro lado, o caminho escolhido foi o judicial, através de uma multiplicidade de processos sobre o mesmo tema, trazendo mais ônus ao Estado e desgastando a relação entre o servidor e o Poder Público.

A participação democrática no processo foi respeitada com a manifestação dos titulares do direito individual homogêneo e de alguns substitutos processuais, como o Sindicato de Enfermagem e Trabalhadores de Saúde do Amapá (SINDESAÚDE/AP), o Sindicato dos Policiais Civis do Estado do Amapá (SINPOL), o Sindicato dos Servidores Públicos em Educação no Amapá (SINSEPEAP) e o Sindicato dos Servidores do Grupo Administrativo do Estado do Amapá (SINSGAAP).

O acesso à justiça foi garantido e a representação adequada dos titulares do direito coletivo foi assegurada, ao defenderem a possibilidade de aplicação de lei federal para integrar lei estadual, com o fim de fixar percentuais do adicional de insalubridade sobre a remuneração dos servidores.

Outro participante foi o Ministério Público, ao emitir pareceres sugerindo a fixação da seguinte tese: "O pagamento do adicional de insalubridade aos servidores públicos submetidos ao vínculo jurídico administrativo depende de lei específica do ente ao qual pertencer, não sendo cabível a aplicação analógica de outras normas jurídico-

---

[244] No STJ, foram proferidos alguns acórdãos no sentido favorável à tese do Estado do Amapá: "[...] V - Na hipótese, verifica-se que a aplicação analógica da Lei n. 8.112/1990 aos servidores estaduais geraria inegável aumento nos gastos públicos, uma vez que se trata do pagamento de adicional de insalubridade. Desse modo, é incabível a aplicação analógica da mencionada Lei Federal à presente hipótese. No mesmo sentido, a seguinte decisão monocrática, de minha relatoria: REsp n. 1.694.891-AP, de 24 de maio de 2018. [...]" (AgInt no REsp nº 1.839.014/AP) (BRASIL, 2020). No mesmo sentido: "[...] 1. Na hipótese dos autos, extrai-se do acórdão vergastado que o entendimento do Tribunal de origem não está em consonância com a orientação do STJ. Com efeito, a analogia das legislações estaduais e municipais com a Lei 8.112/90 somente é possível se houver omissão no tocante a direito de cunho constitucional autoaplicável, e se a situação não der azo ao aumento de gastos, não se enquadrando nessa hipótese o adicional de insalubridade. [...]" (REsp nº 1.826.962/AP) (BRASIL, 2020).

administrativas editadas por ente federado diverso" (movimentos nº 97, 122, 147 e 181, todos do processo eletrônico).

O processo se encontrava apto para julgamento, sendo encaminhado ao Plenário do Tribunal de Justiça. Na 770ª Sessão Ordinária, realizada em 23.06.2021, os representantes do Estado do Amapá e de alguns interessados sustentaram oralmente suas defesas na tribuna, momento em que o representante de alguns servidores estaduais trouxe tese jurídica sobre a aplicabilidade da Lei Estadual nº 2.231/2017, em substituição à lei federal em debate. Essa norma não foi suscitada em qualquer recurso ou pedido de tutela provisória. A modificação do debate, em sede de IRDR, pode até ser admitida, mas em instância própria e com a possibilidade de contraditório entre os interessados.

Diante da violação ao devido processo legal coletivo democrático, o julgamento foi suspenso por acolhimento da questão de ordem suscitada pelo representante do Estado do Amapá, sob o fundamento do art. 10 do CPC/15 (movimento nº 217 do processo eletrônico). Tratava-se de tese jurídica nova, não debatida pelos participantes do processo coletivo e nem decidida pelo juízo competente para apreciar os pedidos do autor do requerimento.

O pedido feito pela parte na sustentação oral é de tutela antecipada modificativa com alteração do fundamento jurídico. No IRDR, só há apreciação da tese jurídica e não dos fatos jurídicos. A superveniência de lei estadual versando sobre a matéria em curso não pode atingir o julgamento do IRDR, ainda mais em se tratando de lei especial, aplicável aos servidores da autarquia, à qual vinculada.

O pedido formulado por qualquer dos participantes do processo coletivo deve ser apreciado como uma tutela provisória e decidido após o diálogo entre todos os sujeitos do processo. Se admitida a nova tese jurídica, o procedimento de admissibilidade do IRDR deveria ser instaurado. Se não admitida, o debate deveria ficar restrito à aplicação analógica da Lei Federal nº 8.720/91 aos servidores do Estado do Amapá para fins de pagamento do adicional de insalubridade. Caso admitido, todos os sujeitos deveriam ter o direito de propor tese jurídica, considerando os novos fundamentos.

O Estado do Amapá se manifestou contrário à aplicação da nova lei, por ser restrita aos servidores de determinada autarquia estadual, não extensível o benefício aos demais servidores da administração direta e indireta pelos mesmos fundamentos da tese anterior. A Procuradoria de Justiça se manifestou pela exclusão da tese jurídica, por ter sido todo o debate entre as partes em torno da aplicação analógica da Lei Federal nº 8.270/91 ao caso concreto, tendo sido firmado o entendimento de impossibilidade, sob pena de violação da autonomia estadual (movimento nº 245 do processo eletrônico).

O caminho correto para a modificação da tese jurídica apreciada pelo IRDR seria a tutela provisória com efeito modificativo, inclusive com a participação dos titulares do direito coletivo. Afinal, só é cabível a instauração do IRDR quando houver, simultaneamente: "I - efetiva repetição de processos que contenham controvérsia sobre a mesma questão unicamente de direito; II - risco de ofensa à isonomia e à segurança jurídica" (art. 976) (BRASIL, 2015).

A decisão do STJ sobre o tema originário do IRDR trouxe isonomia e segurança jurídica para o Tribunal de Justiça fixar a tese jurídica. Quanto à lei nova, não existia controvérsia sobre a mesma questão unicamente de direito e não existia qualquer recurso pendente ou já julgado sobre o tema. Mesmo assim, o Tribunal de Justiça resolveu julgar o IRDR, considerando a nova questão de direito:

> Por isso, como o STJ entende apenas pela impossibilidade de utilizar legislação federal no caso, é razoável e plenamente possível aplicar a analogia com base no próprio ordenamento jurídico estadual, ou seja, é possível aplicar a Lei Estadual nº 2.231, de 27/09/2017, que institui o Plano de Cargos, Carreira e Remuneração dos Servidores Técnico-Administrativos Efetivos da Universidade do Estado do Amapá – UEAP, a qual, nas disposições preliminares, art. 1º, evidencia que eles também são regidos pela Lei nº 0066/1993, *verbis*: "Fica instituído o Plano de Cargos, Carreira e Remuneração dos Servidores Técnico-Administrativos Efetivos da Universidade do Estado do Amapá - UEAP, cujos integrantes são regidos pela Lei nº 0066, de 03 de maio de 1993, pela Lei nº 1.301, de 08 de janeiro de 2009 e pelas disposições desta lei". Isto porque esse mesmo texto normativo, no art. 26, §1º, contém escala variável estabelecendo sobre os graus de insalubridade destinada aos respectivos servidores. Confira-se: 'Art. 26. Os adicionais de Insalubridade, Periculosidade ou Atividades Penosas serão calculados sobre o vencimento base da referida classe e padrão do cargo efetivo, com base nos seguintes percentuais:§1º cinco, dez ou vinte por cento, no caso de insalubridade nos graus mínimo, médio e máximo, respectivamente. [...]'. E o atual CPC estabeleceu que o Juiz, na aplicação do direito, não está adstrito à interpretação literal ou gramatical ou semiológica, mas, sim, iluminado por todo o ordenamento jurídico, conforme se infere dos seus artigos 8º e 140: 'Art. 8º. Ao aplicar o ordenamento jurídico, o juiz atenderá aos fins sociais e às exigências do bem comum, resguardando e promovendo a dignidade da pessoa

humana e observando a proporcionalidade, a razoabilidade, a legalidade, a publicidade e a eficiência'. 'Art. 140. O juiz não se exime de decidir sob a alegação de lacuna ou obscuridade do ordenamento jurídico. Parágrafo único. O juiz só decidirá por equidade nos casos previstos em lei'. Assim, a rigor não existe omissão da legislação estadual, pois, como visto, há regras sobre o adicional de insalubridade dos artigos 75/77 da Lei Estadual nº 0066/1993 e até que esse direito venha a ser regulamentado de maneira ampla, deve ser utilizado, por analogia, apenas a escala variável contida a Lei Estadual nº 2.231, de 27/09/2017, que também prevê os graus mínimo, médio e máximo, correspondentes a 5%, 10% e 20%.

[...]

DECISÃO

O Pleno do Egrégio Tribunal de Justiça do Estado do Amapá, por maioria, conheceu do IRDR, vendida a Desembargadora Sueli Pini e, no mérito, vencidos os Desembargadores Carlos Tork e Jayme Ferreira, que julgavam procedente o IRDR, para fixar tese no sentido do não cabimento de aplicação analógica de Lei Federal, para a fixação de percentual de insalubridade. A maioria decidiu fixar a seguinte tese: 'Enquanto não houver regulamentação integral aos dispositivos da Lei Estadual nº 0066/1993, para fins de pagamento do adicional de insalubridade aos servidores públicos do Amapá, devem ser aplicados, por analogia, os percentuais previstos na Lei Estadual nº 2.231, de 27/09/2017, que institui o Plano de Cargos, Carreira e Remuneração dos Servidores Técnico-Administrativos Efetivos da Universidade do Estado do Amapá – UEAP, cujos efeitos contam a partir da data de publicação deste acórdão'. Quanto aos efeitos da modulação, por maioria, ficou entendido fixar a partir da publicação do acórdão, vencido o Desembargador Gilberto Pinheiro, que modulava os efeitos a partir da data do laudo pericial, seguindo a súmula 14 do TJAP (BRASIL, 2022).[245]

O desprestígio ao devido processo legal coletivo democrático restou evidente quando o Tribunal desconsidera os requisitos de admissibilidade do IRDR, em especial a controvérsia sobre a questão unicamente de direito. O pedido de modificação da tese jurídica foi feito em sustentação oral, sem oportunidade para os demais se manifestarem. Não fosse a questão de ordem suscitada pelo Estado do Amapá, os desembargadores haveriam de julgar conforme o pedido feito em sustentação oral.

---

[245] IRDR, Processo nº 0002702-94.2019.8.03.0000.

O acórdão que julgou o IRDR foi impugnado por recursos excepcionais, tanto pelo Poder Público quanto pelos servidores públicos interessados na solução adequada da controvérsia. Em razão da ausência de diálogo entre os sujeitos, houve insatisfação de todos. O primeiro, por entender inaplicável a lei de Administração Indireta para causar despesa na Administração Direta e Indireta. Já o segundo, por discordar da modulação dos efeitos, a partir da publicação do acórdão.

De qualquer maneira, o acórdão que decidiu o IRDR é ineficaz, em razão da interposição dos recursos excepcionais.[246] Encontram-se suspensos todos os processos afetados até julgamento pelo STJ e pelo STF. A ausência do protagonismo judicial para a resolução de demandas de massa molecularizadas torna o processo acidentalmente coletivo ineficaz.

3.4.10 Aplicação no processo estrutural

Foi identificado um problema no Estado do Amapá referente à falha e ausência do serviço público de fornecimento de água e tratamento do esgoto na Ilha do Bailique, na capital Macapá. O Ministério Público Federal (MPF) passou a ouvir a comunidade diretamente afetada e vistoriar os locais sem a prestação do serviço, entendendo pela necessidade de sua estruturação quanto ao serviço de água e esgoto.

O inquérito civil foi instaurado em 2015 e, nele, foram colhidas as provas necessárias para identificar o problema estrutural enfrentado pelos moradores da ilha. O MPF expediu recomendação aos responsáveis pela satisfação da obrigação de prestar o serviço público. A Companhia de Água e Esgoto do Amapá (CAESA) se comprometeu em satisfazer as recomendações da seguinte maneira:

    I.   Concluir a entrega do projeto de ampliação do sistema de abastecimento das localidades de Vila Progresso, Carneiro e Macedônia no prazo de 60 dias;
    II.   Entregar o projeto de ampliação do sistema de abastecimento de Itamatatuba em 120 dias;

---

[246] O CPC/15 dispõe que: "Art. 987. Do julgamento do mérito do incidente caberá recurso extraordinário ou especial, conforme o caso. §1º O recurso tem efeito suspensivo, presumindo-se a repercussão geral de questão constitucional eventualmente discutida. §2º Apreciado o mérito do recurso, a tese jurídica adotada pelo Supremo Tribunal Federal ou pelo Superior Tribunal de Justiça será aplicada no território nacional a todos os processos individuais ou coletivos que versem sobre idêntica questão de direito" (BRASIL, 2015).

III. Encaminhar, em 10 dias, o relatório de intercorrências dos meses de julho a setembro, enviando os demais a cada 3 meses;
IV. Encaminhar relatório trimestral sobre custos da manutenção e os serviços realizados, no prazo de 15 dias, enviando os demais a cada 3 meses.

A Agência Nacional de Águas e Saneamento Básico (ANA) foi chamada para cooperar com a solução do problema, mas informou não possuir capacidade para intervir na política pública de fornecimento de água e saneamento básico. Em razão disso, o MPF declinou de suas atribuições para o Ministério Público Estadual (MPE), que tomou a frente do inquérito civil.

A CAESA analisou as recomendações do MPF e respondeu ao MPE em novembro de 2016, por meio do Ofício 1479/2016-PRESI/CAESA (Folhas 177-179 dos documentos juntados no movimento #01 do processo eletrônico), apresentando o planejamento de execução das obras recomendadas para a melhoria do serviço de água e esgoto.

Nem todos os itens da recomendação poderiam ser atendidos, constatação feita após a avaliação técnica dos profissionais da CAESA. Algumas regiões se mostraram impossibilitadas de receber o serviço pelo nível da maré e outros fatores naturais impeditivos da execução do serviço.

O Poder Público não se mostrou inerte na fase do inquérito civil e resolveu atender 496 famílias com a entrega de *kits* para tratamento manual de água. Essa medida foi informada ao MPE, mas respondida com a imposição de atendimento da recomendação, desconsiderando-se os argumentos da CAESA de impossibilidade de instalação de base para tratamento de água e esgoto em determinadas regiões da ilha. Os fatos relatados pela CAESA foram analisados pelo MPE, sem ouvir os sujeitos diretamente afetados.

Por fim, antes do ajuizamento da ação coletiva, a CAESA apresentou um relatório com seus levantamentos, auditorias técnicas, conclusões e, em especial, proposta de ações, que seriam:

I. Fornecimento de *kits* para o melhoramento da água (curto prazo);
II. Implantação de um sistema flutuante de captação e tratamento de água, com a possibilidade de deslocamento e

atendimento das comunidades mais necessitadas em determinados períodos (médio prazo);

III. Dialogar com o Poder Executivo e o Ministério Público para uma solução do problema da maneira como recomendada (longo prazo).

A CAESA explica que o fenômeno das "Terras Caídas" impossibilita a instalação de um sistema de água e esgoto em toda a Ilha do Bailique, sobretudo nas localidades indicadas, uma vez que as marés não podem ser controladas pelo ser humano.[247]

O problema é complexo e não comporta uma solução simples, muito menos pode o substituto processual impor uma solução ideal impossível de ser realizada no mundo real. Ante a ausência de diálogo, com o fim de resolver o problema, por não conseguir satisfazer a recomendação, a CAESA ficou inerte em apresentar o plano de implantação do serviço. Por conta disso, foi proposta uma ação civil pública[248] em face do Estado do Amapá e da CAESA.

A petição inicial contém seis páginas requerendo, em tutela provisória, a condenação do Estado do Amapá e da CAESA a fornecer água potável de qualidade à localidade do Bailique e às comunidades de Arraiol, Livramento, São Pedro do Curuá, Igarapé Marinheiro e outras relacionadas na petição inicial. Pediu ainda pela aplicação de multa de R$10.000,00 por dia de atraso. O pedido de mérito era o mesmo do liminar (movimento #01 do processo eletrônico).

Antes da análise da tutela provisória, o juízo marcou audiência para ouvir as partes. O processo foi tratado como se fosse outro processo comum qualquer. O representante da CAESA afirmou existir um projeto para implantar o fornecimento de água potável nas vilas com maior população: Progresso, Macedônia, Itamatatuba e Carneiro. A despesa com essa obra não possui previsão orçamentária – R$15.000.000,00. Afirmou ainda que vem fornecendo *kit* de tratamento individual da água.

O autor ratificou o pedido de tutela provisória formulado na inicial. O juízo apenas intimou o réu para apresentar resposta à pretensão inicial no prazo de 15 dias. Se os fatos trazidos pelo réu em processo estrutural não forem debatidos, por meio de análise técnica, dificilmente

---

[247] Esse relatório se encontra na página 582 do resumo do processo eletrônico.
[248] O número do processo é 0036800-73.2017.8.03.0001, que tramita no Tribunal de Justiça do Estado do Amapá.

se chegará a uma resolução eficaz para o problema estrutural enfrentado. Para que a capacidade institucional do Poder Judiciário seja igual ou melhor que a do Executivo, quando se tratar de um litígio estrutural, faz-se necessário que a inatividade ou incapacidade da Administração seja corrigida pelo Poder Judiciário de maneira eficaz, buscando uma solução segundo a realidade dos fatos.

Até este momento do processo não se observa uma representação adequada dos titulares do direito coletivo. O pedido do autor é de satisfação integral da recomendação do MPF, cujo objeto não se mostra possível de satisfação pelo Poder Público. O processo seguiu o rito comum do CPC/15, com a insistência do autor em satisfazer sua pretensão, desconsiderando que alguns pedidos são impossíveis de serem satisfeitos antecipadamente: os de instalação de tratamento de água e esgoto em regiões de Terras Caídas I e a ausência de orçamento suficiente para cumprir o pedido de tutela provisória.

O que já era de se esperar, em contestação, a CAESA trouxe os mesmos argumentos técnicos apresentados no inquérito civil, reafirmado, em audiência, apontando o que pode ser feito em relação ao pedido formulado na inicial A pretensão incidental da CAESA é uma manifestação de cumprimento progressivo de tutela provisória. A tutela provisória dialogada se dá por meio do protagonismo judicial em apreciar a tutela provisória inicial e a manifestação do réu sobre o cumprimento progressivo, segundo suas possibilidades. Nem tudo pode ser cumprido, isso por questões técnicas e fenômenos da natureza.[249]

O protagonismo judicial permite a organização desse processo através de decisão, considerando os argumentos das partes, ante a

---

[249] Em contestação, a CAESA apresentou o projeto de viabilidade de cumprimento do objeto da lide estrutural em parte, justificando a impossibilidade do cumprimento total, por meio de análise técnica de seu pessoal: "Estas comunidades, por serem ribeirinhas, estão estruturadas sobre palafitas e passarelas (vias/Ruas), com isso toda a infraestrutura de captação e distribuição de água é feita em tubulações atracadas nos pilares das passarelas, atendendo assim, a residências e consequentemente as famílias. Com a ação do fenômeno das *Terras Caídas* estas passarelas e junto com elas todas as casas e prédios comerciais e públicos estão sendo dragados pelo rio, destruindo com eles nossa infraestrutura de tubulações e também a rede elétrica da CEA gerando o COLAPSO de nossos sistemas, seja pela destruição de nossa infraestrutura seja pelo corte do fornecimento de energia elétrica. Entretanto, a CAESA tem projeto para implantar fornecimento de água potável nas seguintes localidades do Bailique: Vila Progresso, Macedônia, Itamatatuba e Carneiro, cujo orçamento inicial possui um estimativo aproximado de R$ 15.000.000,00 (quinze milhões de reais), mais não possui o recurso disponível que e proveniente da FUNASA, ou parte de recursos do ministério das Cidades" (Contestação apresentada no processo eletrônico nº 0036800-73.2017.8.03.0001).

ausência de diálogo e a inadequada representação. Essa é a tutela provisória dialogada, nela estaria prevista uma decisão de cumprimento imediato com o fornecimento de *kits*, cuja oposição pelo Poder Público seria inexistente, por haver proposta da própria CAESA em fornecer esse material, pressupondo-se a existência de procedimento de contratação prévia e orçamento suficiente.

O segundo capítulo da decisão ordenaria a implantação de um sistema flutuante de captação e tratamento de água, com possibilidade de deslocamento e atendimento das comunidades mais necessitadas em determinados períodos. O responsável pelo cumprimento da decisão apresentaria o cronograma de execução progressiva da decisão liminar. O projeto já foi elaborado pela CAESA. De acordo com o cumprimento progressivo dessa medida liminar, o pedido de tutela provisória seria modificado para se adequar à realidade. Essa execução provisória seria monitorada por agente indicado pelo autor da ação, e o responsável pelo cumprimento estaria sujeito às medidas coercitivas.

Por fim, na fase de saneamento, todos os sujeitos processuais estariam reunidos para dialogar e propor uma solução para o problema estrutural de modo definitivo, considerando o fenômeno das "Terras Caídas" e articulando subsídios financeiros para custear as obras a serem feitas.

O juízo não se organizou dessa maneira, mesmo diante da manifestação do Estado do Amapá no sentido de que o projeto está pronto, o orçamento para execução está previsto, tudo de forma a viabilizar a construção da decisão provisória de cumprimento progressivo, segundo o planejamento que deveria ter sido estabelecido em juízo, partindo da satisfação da pretensão de curto, médio e longo prazos.

Diante da manifestação do Poder Público, o autor pede pelo julgamento antecipado, como se houvesse uma inércia ou desinteresse dos réus em solucionar a lide estrutural, desconsiderando, por completo, a capacidade institucional dos órgãos públicos e do ente privado de apresentar uma solução tecnicamente viável. Na manifestação do autor consta o seguinte:

> Conforme preconiza o art. 355 do Novo CPC, o juiz julgará antecipadamente o pedido, proferindo sentença com resolução de mérito, quando não houver necessidade de produção de outras provas ou quando o réu for revel, ocorrer o efeito previsto no art. 344 e não houver requerimento de prova, na forma do art. 349.
> [...]

Destarte, fez-se autorizado o julgamento antecipado da lide, ante a inércia dos requeridos, quando intimados a especificarem provas, aliada à manifestação do Estado do Amapá no sentido de que a CAESA, a despeito de ter só agora elaborado orçamento para a implantação de sistemas de abastecimento de águas nas vilas Itamatatuba, Macedônia e Progresso, ao que tudo indica, tem interesse na adoção de medidas concretas para a solução da demanda. Além disso, é forçoso ressaltar que as provas apresentadas até o momento são suficientes para a comprovação dos aspectos fáticos relevantes à resolução da demanda, até porque o fato de ausência de água tratada no arquipélago do Bailique é de conhecimentos de todos. Diante desse quadro, o processo se encontrava maduro para julgamento, sem a necessidade de produção de outras provas além das instruídas com a inicial. *Tais as circunstâncias*, o Ministério Público do Estado do Amapá requer seja, nos termos do art. 355 do NCPC, proferido julgamento antecipado do mérito, de forma a julgar procedente os pedidos formulados na inicial (BRASIL, 2023).[250]

Esse é o típico processo civil clássico, onde as partes trazem seus argumentos, fundamentam e aguardam o julgamento pelo magistrado. E é esse tipo de método procedimental que se vem a criticar – verdadeira violação ao devido processo legal coletivo democrático.

O julgamento antecipado da lide estrutural, baseado na solução apresentada exclusivamente pelo autor, é ilegal. A predisposição do autor de demanda coletiva ao diálogo deve ser uma constante nesses processos. Atento a isso, o juiz promoveu diligências para subsidiar sua decisão acerca do rumo que o processo deveria ter:

a) informem se já há fonte orçamentária para o custeio da execução do projeto de implantação de sistemas de abastecimento de águas de escolas no Bailique, comunidades de Arraiol, Livramento, São Pedro do Curuá e Marinheiro de Fora;
b) apresentem o projeto de implantação de sistemas de água das referidas comunidades;
c) informem se já existe convênio formalizado com a União para execução da implantação dos sistemas de abastecimento de água.
d) se o projeto de elaboração de sistema flutuante de captação e tratamento de água já foi concluído. Se não, então, qual é

---
[250] Processo nº 0036800-73.2017.8.03.0001.

a previsão para a sua finalização. Observe-se na intimação a aplicabilidade do prazo em dobro previsto no art. 183 do CPC (BRASIL 2023).[251]

A organização do processo não deveria ser realizada com uma diligência, mas com o saneamento. Além de expressa previsão no CPC/15, a complexidade do litígio demanda a reunião dos atores do processo para dialogarem. As dúvidas seriam dirimidas por pedido de esclarecimento e a decisão de saneamento comportaria múltiplos argumentos. O agente responsável pelo cumprimento da decisão seria nomeado no saneamento. Como não foi, a diligência se destinou ao Estado do Amapá: "Concedo o prazo de 20 dias para o requerido, após intime-se para cumprimento da decisão #68".

Essa é uma das causas da ineficácia das decisões em processo coletivo: sem o chamamento do gestor para responder pelas obrigações cominadas nas decisões interlocutórias, o ente deixa de cumprir com a ordem. O gestor pode justificar o não cumprimento da obrigação, por meio de laudos técnicos, impugnando a decisão por impossibilidade de seu cumprimento. Já o Poder Público deixa de cumprir com a decisão por ausência de legitimidade, diante da sua não participação na construção, gerando um efeito *backlash* contra a decisão.

Foi o que ocorreu no processo, embora intimados para dar cumprimento à diligência, o Estado do Amapá e a CAESA não conseguiram trazer aos autos resposta satisfatória. Não ser ouvido no processo gera insatisfação da parte silenciada. Assim, se as partes não dialogaram para chegar a um caminho compatível com a possibilidade da CAESA em cumprir sua obrigação e os titulares do direito coletivo não informaram se a forma de cumprimento atenderia seu interesse, impossível é que a resolução do processo seja eficaz.

Antes da sentença, em 2020, a manifestação do autor é a mesma proferida no início do processo, em 2017, pugnando pelo julgamento antecipado da lide:

> MMª Juíza.
> Quanto à exclusão do Estado do Amapá da demanda é inteiramente incabível, uma vez que a própria CAESA alega descumprimento da ACP em face de o Estado não arcar com os recursos. Portanto, estão ambos,

---

[251] Processo nº0036800-73.2017.8.03.0001.

CAESA e Estado, intrincados no caso sub examine. Já em face do não cumprimento por parte da CAESA no fornecimento de água potável nas localidades do Bailique isto faz anos e anos, sempre com a Companhia empurrando com a barriga, alegando falta de recursos, enquanto os moradores daquelas localidades passam por necessidades desse fornecimento que é dever do Estado. Diante disso, e sem necessidade de outras provas, somos por requerer o julgamento antecipado da lide. P.D (BRASIL, 2023).[252]

O juiz intimou as partes para se manifestarem. O Estado questionou sua legitimidade e a CAESA silenciou. Em razão disso, a sentença foi prolatada:

> Ante o exposto, JULGO PROCEDENTES os pedidos para condenar os requeridos à obrigação de fazer, para que: realizem no prazo de 180 (cento e oitenta) dias, as obras estruturais que possibilitem a definitiva normalização do fornecimento de água potável de qualidade, sem interrupção e continuamente, para a localidade do Bailique e às Comunidades de Arraiol, Livramento, São Pedro do Curuá, Igarapé Marinheiro, Assentamento nº 10 e Marinheiro de Fora, bem como se estendendo às todas pertencentes ao arquipélago do Bailique. Sentença com resolução de mérito, na forma do art. 487, I, do CPC/15. Sem custas. Honorários incabíveis (BRASIL, 2023).[253]

Em julho de 2020, após três anos de percurso processual, a sentença conclui no mesmo sentido do pedido inicial. Esse é o tipo de provimento ineficaz e ineficiente que se critica em todo o estudo. A sentença é tão genérica que a fase de execução terá o mesmo trâmite da fase de conhecimento, comportando todo tipo de defesa em relação à forma de cumprimento dela.

Esse é o tipo de sentença que sequer precisaria de fundamentação, pois em momento algum os réus se opuseram a cumprir com a obrigação de prestar serviço de fornecimento de água e tratamento de esgoto. Qualquer julgamento em processo estrutural cuja sentença apenas repete o pedido do autor é, em princípio, violador do devido processo legal coletivo democrático.

Se a sentença não levou em consideração os argumentos dos réus, repetindo no dispositivo o pedido formulado na petição inicial,

---

[252] Processo nº 0036800-73.2017.8.03.0001.
[253] Processo nº 0036800-73.2017.8.03.0001.

mesmo em se tratando de um processo coletivo complexo, certamente a fase recursal será uma réplica do que ocorreu na fase de conhecimento, e a fase de execução, caso nada se altere nos tribunais, repetirá a fase de conhecimento.

O autor impugnou a sentença por meio de embargos de declaração para fixar multa diária por descumprimento da obrigação de fazer. Os embargos foram acolhidos com a fixação da multa no valor de R$5.000,00 ao dia, até o limite de R$50.000,00, a ser revertida em favor da autora. Esse é mais um provimento ineficaz, primeiro porque será revertido em favor do autor, e não dos titulares do direito coletivo; segundo, porque o valor total da multa é irrisório, diante do orçamento para o cumprimento da obrigação; terceiro, porque foi aplicado em desfavor do ente, penalizando o titular do direito coletivo, mais uma vez, pois o valor será retirado do erário.

O Estado do Amapá e a CAESA interpuseram recurso de apelação para o Tribunal de Justiça do Estado do Amapá. O Ministério Público apresentou contrarrazões e todo o debate da primeira instância foi reanimado no Tribunal. Tanto que o Procurador de Justiça, atuando junto ao Tribunal, identificou o impasse para a resolução da lide estrutural, emitindo o seguinte parecer:

> De modo que penso que o pretendido ativismo judicial solicitado na ação civil pública poderia ser frutífero se o Ministério Público *a quo*, por intermédio de seu diligente Promotor de Justiça, postulasse não a determinação para a realização de obra deste jaez que, ao cabo de contas constituem verdadeira implantação do sistema de fornecimento de água para diversas localidades, com orçamento de R$15.000.000,00, como de fato o fez, mas a determinação para que o Executivo incluísse no orçamento para o ano venturo o objeto da condenação.

O julgamento da lide se mostrou antecipado e ilegal, sendo nula a sentença que nada resolveu. O membro do *parquet* em segundo grau entendeu a pretensão recursal, mas teve de explicar no parecer todos os impeditivos constitucionais que o tolheriam de emitir opinião diversa da do colega que atua em primeiro grau. Ocorre que o Ministério Público deve exercer seu papel constitucional de fiscalização da aplicação correta da lei, ainda que recaia sobre a atividade de membro da própria instituição.

Ao invés de opinar pela anulação da sentença, propôs conciliação em sede recursal, ou seja, promovida pelo Tribunal de Justiça, antes do julgamento das apelações:

> Por fim, acaso se cogite da realização de audiência de conciliação, tenho que dois obstáculos devem ser observados. O primeiro é que tendo este Procurador de Justiça posição que se coaduna com a pretensão do Estado do Amapá no sentido de procedência do recurso, especialmente no tópico relativo às questões orçamentárias, pelo que a reforma da sentença será a medida recomendada, não se poderá falar em conciliar quando não há dissenso de posições. Logo, não há o que acordar. Sendo assim, ainda que se entenda oportuno tal audiência, tenho que a intimação para a mesma deverá recair no Promotor de Justiça Titular da PRODECON. O segundo obstáculo é que a Ação Civil Pública tem como objeto a tutela de direitos indisponíveis e, por tal razão, não se admite a autocomposição, nos exatos termos do artigo 334, §4º, inciso II do CPC.

Mais fácil seria anular a sentença e retornar o processo à origem para que o procedimento tome o curso de resolução de um processo estrutural, segundo a metodologia estudada nos tópicos passados. A divisão da pretensão em pedido de tutelas provisórias sucessivas de cumprimento progressivo ajudaria a chegar a uma sentença mais próxima possível do ideal e pronta para uma execução definitiva, sem muitos debates sobre a forma de seu cumprimento.

Quanto à organização do Ministério Público, não seria necessário chamar o Promotor de primeiro grau para atuar no Centro Judiciário de Solução de Conflitos de Cidadania (CEJUSC) do Tribunal de Justiça do Amapá, o próprio Procurador de Justiça pode fazê-lo, diante da unicidade do órgão, ainda que este concorde com os argumentos do Estado do Amapá. Quanto ao objeto da lide, é perfeitamente possível transacionar, pois não houve oposição do Poder Público quanto à pretensão do autor, mas apenas quanto ao modo de satisfação desse direito fundamental – logo, não há conflito entre o interesse metaindividual e o interesse público.

O Desembargador Adão Carvalho (Relator) acatou o pedido do autor, em segundo grau, e marcou audiência de conciliação, reunião essa que não se realizou duas vezes por redesignação e superveniente privatização da CAESA, passando esta a deixar de compor a Administração Indireta do Estado do Amapá.

Todos os entraves procedimentais, por simples ausência de um saneamento do processo de organização procedimental da resolução da lide estrutural, causam um enorme prejuízo ao titular do direito coletivo, que aguarda a resolução da demanda desde 2015. Foi marcada nova audiência de conciliação em segundo grau de jurisdição, mas, por ausência do representante da CAESA, não se realizou. O processo se encontra para inclusão em pauta para julgamento (movimento 411 do processo eletrônico).

Dois caminhos esse processo poderá tomar: a) o acórdão repetir os dispositivos da sentença de primeiro grau, continuar sem uma execução provisória organizada e manter a ineficácia do provimento; b) o acórdão anular a sentença por ilegalidade do julgamento antecipado da lide, o juízo de primeiro grau protagonizar a organização procedimental para identificação do problema estrutural, elaborar cronograma de cumprimento e sanear o processo, incluindo os gestores responsáveis para o cumprimento das obrigações. Depois de organizado, dar início ao cumprimento progressivo do que ficou acordado e/ou decidido, sem prejuízo da prolação da sentença quando a contratação dos serviços, produtos e obras já estiver concluída. Ficaria pendente apenas o início da execução provisória diante da manutenção da liminar na sentença.

O processo não pode ser tão rápido a ponto de impossibilitar o exercício dos direitos fundamentais das partes no processo. Também não pode se demorar, a ponto de perecer o direito daquele que o detém. O provimento efetivo requer uma razoável duração do processo, nos limites definidos pelo procedimento e pela atuação dos sujeitos no exercício de suas atividades permitidas em lei.

Ao se debater sobre o processo estrutural, defende-se a relativização da duração razoável do processo, prevista no procedimento comum, para dar lugar a uma composição de interesses direcionados a reestruturar um modelo institucional corrompido por práticas ruins de gestão ou execução de políticas (públicas ou empresariais).

Portanto, a razoável duração do processo coletivo pode até ser afetada no critério tempo cronológico, mas será compensada com a garantia do exercício do direito fundamental ao devido processo legal coletivo democrático, buscando-se o provimento final de satisfação efetiva.

CONSIDERAÇÕES FINAIS

A tutela coletiva proposta em face do Poder Público requer a organização procedimental preocupada com o acesso à justiça dos sujeitos do processo e em respeito ao devido processo legal coletivo democrático. Essa concepção de processo não se amolda à Teoria de Bülow do "juiz boca da lei". Essa organização procedimental, muito embora feita por magistrado, é resultado do diálogo entre os sujeitos processuais (art. 190 do CPC/15).

A evolução do Direito Processual está ligada à do processo coletivo. O CPC/73 tinha uma visão individualista, sem previsão de tutelar interesses transindividuais, diferente do CPC/15, que trouxe normas de aplicação ao processo coletivo e regulamentou o procedimento de demandas repetitivas. Nesse ínterim, a LAP, a LACP e o CDC serviram como base normativa do microssistema da tutela coletiva utilizada para o procedimento judicial e extrajudicial (inquérito civil).

A doutrina estrangeira tem forte contribuição nessa evolução, em especial a italiana, a alemã, a francesa, a inglesa e a americana. As *class actions* americanas inspiraram a tutela coletiva no Brasil e vem inspirando a Europa. Já as causas piloto do Direito Processual alemão orientaram a criação do IRDR no CPC/15. O Direito Comparado sempre esteve próximo na evolução do processo coletivo no Brasil.

A partir dessas normas nacionais e internacionais, outros diplomas surgiram no Brasil com a finalidade de tutelar a coletividade dos idosos, crianças, adolescentes, deficientes e outros grupos. A pretensão proposta na ação coletiva ou em demandas de massa deve ser eficaz de modo a permitir o amplo e efetivo acesso à justiça do titular do direito coletivo. É que a participação social é requisito sem o qual a legitimação extraordinária deixaria de gozar de confiança dos titulares do direito, e essa participação se dá mediante a designação de consultas, audiências públicas e outras formas de participação direta.

Muito embora exista um microssistema da tutela coletiva, não há uma codificação sistematizada do procedimento a ser seguido, e essa ausência cria lacunas prejudiciais à condução do processo coletivo. O PL nº 1.641/2021 traz uma proposta compatível com a sistematização procedimental apresentada neste estudo, relacionando um rol de princípios fundamentais do processo coletivo capazes de autorizar a organização procedimental pelo juízo, com o fim de resolver o litígio coletivo o mais próximo do ideal.

O procedimento se adéqua às transformações sociais, por isso não é estanque, não se trata de uma regra, organizando-se segundo os novos litígios coletivos oriundos de problemas sociais complexos. Em razão disso, o processo coletivo deve ser flexível e dialógico, como nas *structural injunction* do Direito americano. Já o procedimento para tutelar a coletividade não pode seguir a mesma trilha do processo individual previsto tradicionalmente na legislação processual.

O Poder Público, quando requisitado por uma multiplicidade de autores, nas demandas de massa, ou por um legitimado, substituindo uma coletividade de pessoas, nos processos coletivos e estruturais, requer um procedimento flexível, visando a resolução da lide de maneira gradual e dialógica. Nesse caso, todos os sujeitos do processo devem participar e propor a solução procedimental mais compatível com o bom andamento do processo.

Por se tratar de um procedimento adequado à promoção da solução do litígio, o debate sobre a flexibilidade da coisa julgada no processo coletivo e nas demandas de massa seria tema de menos importância. É que a adequação da causa de pedir e do pedido se dá por meio de pedido em tutela provisória, quando ainda na fase de cognição. Assim, deixar para discutir a forma de cumprimento da decisão apenas em execução de sentença definitiva é dar margem a todo tipo de defesa calcada na imutabilidade da coisa julgada.

O devido processo legal coletivo democrático permite a adaptação dos institutos da litispendência, litisconsórcio, competência, intervenção de terceiros, cumprimento de sentença, tutela provisória e outros, ao procedimento mais eficaz para satisfazer a tutela coletiva. Essa organização processual deve assegurar a participação ativa dos titulares do direito coletivo, com o chamamento promovido por ampla publicidade, contendo informações adequadas sobre o processo, acordos e outros atos praticados de repercussão sobre o direito dos titulares. Essa medida possibilita a colaboração de todos os interessados na construção da melhor decisão. Desse modo, uma vez ordenada pelo juiz a forma do cumprimento das medidas, sua satisfação pode ser mais rápida com a participação efetiva dos interessados. Logo, dever de colaboração e de cooperação dos sujeitos do processo facilita a produção das provas, o cumprimento das decisões judiciais e a efetividade da tutela coletiva.

A tutela provisória dialógica é resultado da manifestação das partes de modo a possibilitar o juiz de construir uma decisão mais próxima da realidade do caso concreto. Em regra, a pretensão do autor espelha o ideal para a satisfação da pretensão coletiva, e a resposta do réu apresentará o quanto é possível ser cumprido pelo Poder Público. Assim, deve o processo conter informações acerca da real necessidade do titular do direito coletivo, não bastando alegar, pois os argumentos devem vir subsidiados de prova, para que o juízo construa uma decisão que atenda aos fins sociais a que lei se dirige e às exigências do bem comum (art. 5º da LINDB).

O procedimento da tutela coletiva faz parte de um microssistema que não vem se mostrando satisfatório para resolver problemas complexos, em razão da ausência de sistematização da legislação que versa sobre o tema.

Os interesses públicos e sociais, debatidos no processo coletivo e nas demandas de massa propostos em face do Poder Público, fazem parte do interesse transindividual difuso, coletivo e individual homogêneo, cuja abstração dos valores jurídicos defendidos requer a observância das consequências práticas no momento de decidir – essas consequências não podem ser aferidas sem levar em consideração a manifestação dos sujeitos do processo.

São os pronunciamentos das partes que se convolarão numa tutela provisória dialógica expressa em alternativas expostas ao juízo para motivar a real necessidade do titular do direito e a possibilidade de adequação do Poder Público à medida judicial imposta, com o fim de satisfazer a tutela coletiva. É necessário que este último traga ao processo o rol de medidas administrativas necessárias para dar cumprimento à tutela provisória, sendo o resultado de uma decisão legítima e passível de cumprimento.

De acordo com o grau de complexidade da tutela coletiva a ser satisfeita, o juízo poderá fixar o cumprimento imediato da decisão ou possibilitar seu cumprimento diferido, objetivando a, progressivamente, construir o provimento final. Busca-se, então, uma decisão "[...] proporcional e equânime e sem prejuízo aos interesses gerais", sendo motivo para afastar o pedido das partes aquele que impõe "[...] aos sujeitos atingidos ônus ou perdas que, em função das peculiaridades do caso, sejam anormais ou excessivos" (parágrafo único do art. 21 da LINDB) (BRASIL, 1942).

As pretensões inicial e resistida devem considerar os obstáculos e as dificuldades reais do gestor para dar cumprimento à medida judicial. Sem se afastar, é claro, das necessidades do titular do direito coletivo.

A tutela provisória dialógica permite a modificação da causa de pedir e do pedido com o fim de adequar a pretensão às necessidades dos titulares e às possibilidades do Poder Público. Para o efetivo cumprimento provisório da decisão incidental, é necessário apontar quem serão os responsáveis pela satisfação do objeto, passando a figurar como parte no processo. A decisão, assim, conterá capítulo tratando sobre as obrigações a serem satisfeitas e a cominação de penalidade por descumprimento ou prejuízo injustificados resultantes da conduta dos sujeitos.

Os protagonistas da tutela de direito material são os titulares do direito coletivo, cuja representação adequada supre a intervenção direta nos casos de defesa de interesses difusos. Já no caso dos direitos coletivos e individuais homogêneos, cabe ao juízo oportunizar manifestações dos interessados que queiram intervir diretamente no processo, quando verificarem que a tutela do direito coletivo não está sendo adequadamente exercida.

Nesse sentido, o estudo visa contribuir para a evolução do processo coletivo em relação ao acesso à justiça dos titulares do direito coletivo, uso de meios alternativos de solução de conflitos, flexibilização do procedimento para se adequar à tutela coletiva, segundo sua complexidade, propondo, ainda, a sistematização da fase de cognição do processo, prevendo o método de construção da decisão interlocutória oriunda da tutela provisória dialógica.

Não basta que o processo coletivo chegue ao seu fim por meio de uma sentença; se seus capítulos não refletirem a realidade quanto à necessidade e possibilidade dos sujeitos do processo, aquela será ineficaz. E se todos os pedidos formulados na petição inicial forem deferidos em sede de tutela provisória, confirmada em sentença, sem considerar os argumentos do Poder Público quanto à sua possibilidade para cumprimento da obrigação, a sentença é, presumivelmente, nula. Trata-se de um julgamento antecipado da lide ilegal, onde o juízo estabeleceu, como razoável duração do processo, apenas a celeridade e seguiu o procedimento comum para a resolução de processo coletivo. O procedimento comum é inaplicável ao processo coletivo ou em demandas de massa se não houver a adequação procedimental à pretensão coletiva. Nesse caso, a finalidade é atingir o interesse transindividual difuso, coletivo e individual homogêneo.

A modificabilidade da causa de pedir e do pedido, resultante do diálogo entre o autor e o Poder Público, é um método procedimental que pode ajudar a chegar a um provimento de qualidade e em tempo razoável. Foi o que se demonstrou nos três exemplos trazidos ao estudo, um versando sobre direito coletivo, outro sobre demandas de massa e o último sobre processo coletivo complexo ou estrutural. Nem um dos três processos chegou ao seu fim, e nenhuma das decisões foi cumprida pelo Poder Público.

O IRDR se encontra suspenso, em razão de interposição de recursos excepcionais, diante da previsão do CPC/15 de suspensão automática. Os fundamentos da causa de pedir e do pedido foram modificados no momento do julgamento da tese jurídica. Assim, tratou-se de uma violação ao devido processo legal coletivo ao deixar de oportunizar que cada representante dos titulares do direito individual homogêneo se manifestasse no incidente acerca da nova tese jurídica. E mais, violando o próprio procedimento, admitiu-se a modificação dos fundamentos da tese jurídica sem que houvesse um recurso afetado ao tema trazendo os argumentos suscitados.

O método proposto prevê a construção de uma decisão dialógica capaz de ser inserida entre os demais recursos selecionados, como piloto, para fins de apreciação da Corte competente. Essa decisão pode surgir em primeira instância caso algum processo suspenso contenha a tese não escolhida pelo Tribunal. Se requerido perante o Tribunal, deve seguir o rito procedimental, respeitando o devido processo legal coletivo e as regras de admissibilidade do IRDR.

O processo coletivo que versa sobre a reforma da Delegacia de Pracuúba está suspenso em razão da afetação ao Tema nº 698 do STF, sob o sistema da repercussão geral – a sentença não foi cumprida por ilegitimidade perante o Poder Público. O andamento do processo demonstrava o cumprimento voluntário da pretensão inicial, na medida da possibilidade do réu. Com a ausência de saneamento e o início da satisfação por cumprimento voluntário, não houve a organização procedimental com o chamamento dos responsáveis pelo cumprimento da obrigação, muito embora o Poder Público tivesse nomeado os agentes em suas manifestações.

Resultado disso foi a ineficácia da decisão por ausência de coercibilidade da ordem judicial, pois, recair medidas coercitivas sobre o ente político, não se mostra tão efetivo quanto quando aplicadas sobre o agente público responsável. Para isso, ele deve figurar como parte no processo, e essa inclusão deveria ter sido realizada no saneamento, momento que não existiu na fase de cognição.

O processo estrutural se encontra para inclusão de pauta de julgamento no Tribunal, mas sem qualquer definição quanto à forma de cumprimento da sentença, muito embora demonstrada, pelo réu, a impossibilidade de satisfação de parte do pedido por força da natureza.

Assim, restou verificado que a ausência de saneamento, nos três processos, levou o juízo a conduzir o procedimento como se a tutela coletiva fosse equiparada a qualquer outra lide comum. O saneamento no processo coletivo é imprescindível.

A flexibilização do procedimento coletivo possibilita a organização do processo segundo as regras de saneamento previstas no art. 22 do PL nº 1.641/2021. O protagonismo judicial, nessa organização, deve prezar pelo acesso à justiça dos titulares do direito coletivo; controle da adequada representação daqueles; viabilizar a manifestação dos sujeitos do processo; promover audiências públicas; estimular a autocomposição, por meio do diálogo; recepcionar os pedidos dos sujeitos do processo, referentes aos fatos e fundamentos controversos na inicial e contestação, de modo a subsidiar a motivação da organização processual e a decisão meritória incidental, segundo a probabilidade de sucesso da pretensão.

A decisão incidental considerará os pedidos dos sujeitos do processo como tutela provisória dialogada, sendo necessário levar em consideração os argumentos e fundamentos de todos os que se manifestaram (art. 489 do CPC/15). Ela poderá ser de cumprimento imediato ou diferido, com separação em capítulos de cumprimento progressivo, como no caso do exemplo do processo estrutural em que o réu propôs satisfazer a pretensão progressivamente, iniciando com medidas paliativas (entrega de *kits* de limpeza da água); depois com a apresentação de orçamento e projeto de execução da obra e, por fim, com a execução da obra, segundo as possibilidades do Poder Público e levando em consideração o meio ambiente em que se encontra o local a ser instalado o centro de tratamento de água e esgoto.

Toda essa organização procedimental é um método a ser utilizado pelo juízo com a flexibilidade que o processo coletivo disponibiliza. Assim, o conjunto de procedimentos ofertados pelo microssistema da tutela coletiva deve ser observado pelo juízo. Nesse caso, o mais saudável para a sistematização do procedimento seria a codificação do processo coletivo, o que se aguarda.

A tutela provisória dialógica é um pedido incidental múltiplo, voltado a organizar o processo quanto ao seu procedimento, fatos e fundamentos. O juízo atribuirá grau de importância e urgência e definirá o objeto após ouvir as necessidades do titular do direito coletivo, diretamente ou por representante, e a possibilidade do Poder Público de satisfazer a pretensão. Será identificado o sujeito responsável pela implementação da obrigação, passando a figurar como parte no processo, e a ele serão aplicadas medidas coercitivas em caso de descumprimento injustificado.

A decisão dialógica de organização do processo será proferida, preferencialmente, após o saneamento do processo, sob o protagonismo das partes acerca do mérito da demanda e do juízo acerca do procedimento a ser adotado, respeitado o direito de celebração dos negócios processuais. A decisão será dividida em capítulos que podem ser de cumprimento imediato ou progressivo, a depender da complexidade do litígio, urgência da demanda, sempre levando em consideração as possibilidades motivadamente apresentadas pelo sujeito responsável pelo cumprimento.

Nas demandas de massa, o procedimento de cumprimento da decisão no processo individual será organizado pelo Tribunal onde se encontra afetado o tema, podendo haver suspensão até a fixação da tese jurídica. A suspensão do processo afetado só pode acorrer após o saneamento do processo afetado. Nesse momento, o juízo chamará as partes para se manifestarem acerca da tese jurídica proposta e sobre a congruência com o caso a ser julgado. Qualquer delas que tenha interesse em dar prosseguimento ao processo pode realizar a distinção e requerer o levantamento da suspensão. Caso o processo dependa do julgamento do tema para a conclusão, será suspenso na decisão de saneamento.

No caso de processo coletivo, o cumprimento da decisão deve se iniciar antes da sentença, não podendo ser interrompido por sentença, enquanto o responsável pelo cumprimento da decisão estiver informando ao juízo acerca da satisfação progressiva e na forma do capítulo da decisão que lhe cominou a obrigação.

Entre a decisão de saneamento e a sentença pode sobrevir pedido de tutela provisória, pretendendo a modificação da causa de pedir e/ou do pedido, motivada na superveniência de nova necessidade do titular do direito coletivo ou na impossibilidade de cumprimento, pelo Poder Público, de determinada obrigação, antes identificada como passível de cumprimento. Nessa toada, uma nova tutela provisória dialógica deve ser construída para organizar o processo e a forma de cumprimento da obrigação.

Pode-se extrair como passíveis de aplicação as propostas apresentadas, mesmo sem lei definindo, a partir da tese fixada pelo STF em sede de repercussão geral no Tema 698: "2. A decisão judicial, como regra, em lugar de determinar medidas pontuais, deve apontar as finalidades a serem alcançadas e determinar à Administração Pública que apresente um plano e/ou os meios adequados para alcançar o resultado".

É evidente que a publicação do acórdão é essencial para a análise do precedente firmado, sendo a tese uma orientação, mas seu texto já anuncia que a flexibilização do procedimento no processo coletivo com o fim da abertura para o diálogo deve ser seguida pelos sujeitos do processo para resolver a tutela coletiva e atribuir-lhe eficácia. A construção da decisão e seu cumprimento progressivo são o meio proposto para torna eficaz o provimento coletivo.

A publicação do acórdão do Tema 698 do STF em repercussão geral não trará o exaurimento da matéria, trata-se do ponto de partida para a formação de novos julgados, é apenas o precedente. Todo o estudo desta obra foi realizado antes do julgamento do Tema, mas já se nota uma congruência entre os pensamentos. Após a disponibilização do acórdão, com a exposição do *dictum* e da *ratio decidendi*, novos debates surgirão, o que gerará tema para uma próxima obra. É o que se espera.

Caso sobrevenha sentença em desarmonia com o método proposto, será nula por violação ao devido processo legal coletivo democrático e às regras do julgamento antecipado parcial ou total de mérito.

Portanto, a tutela coletiva merece uma codificação, prevendo a flexibilidade procedimental, para autorizar o protagonismo judicial na organização dos atos do processo, de maneira a produzir sentença que atenda ao real interesse metaindividual e à possibilidade de adimplemento pelo Poder Público.

REFERÊNCIAS

ALCALÁ-ZAMORA Y CASTILLO, Niceto. *História, pensamento e terminologia processuais*. México: Universidad Nacional Autónoma de México, 1947.

ALMEIDA, Gregório Assagra de. *Direito Processual Coletivo Brasileiro*: um novo ramo do direito processual. São Paulo: Saraiva, 2003.

ALMEIDA, Gregório Assagra de; MELLO NETO, Luiz Philippe Vieira de. Fundamentação constitucional do direito material coletivo e do direito processual coletivo: reflexões a partir da nova *summa divisio* adotada na CF/88 (Título II, Capítulo I). *Revista do Tribunal Superior do Trabalho*, São Paulo, v. 77, n. 3, p. 77-97, jul./set. 2011. Disponível em: https://juslaboris.tst.jus.br/bitstream/handle/20.500.12178/26900/004_almeida_mello_neto1.pdf?sequence=6&isAllowed=y. Acesso em: 10 jan. 2023.

AMAPÁ. Lei Complementar nº 89, de 1º de julho de 2015. Dispõe sobre a organização e o funcionamento da Procuradoria-Geral do Estado, o regime jurídico dos Procuradores do Estado e dá outras providências. Diário Oficial do estado do Amapá. Macapá, 2015. Disponível em: http://www.al.ap.gov.br/ver_texto_consolidado.php?iddocumento=59063. Acesso em: 10 jan. 2023.

AMAPÁ. Lei nº 0066, de 3 de maio de 1993. Dispõe sobre o Regime Jurídico dos Servidores Públicos Civis do Estado, das Autarquias e Fundações Públicas Estaduais. Diário Oficial do Estado do Amapá. Macapá, 1993. Disponível em: http://www.al.ap.gov.br/concurso/lei0066.pdf. Acesso em: 10 jan. 2023.

AMAPÁ. Lei nº 2.231, de 27 de setembro de 2017. Institui o Plano de Cargos, Carreira e Remuneração dos Servidores Técnico-Administrativos Efetivos da Universidade do Estado do Amapá – UEAP. Diário Oficial do Estado do Amapá. Macapá, 2017. Disponível em: https://seadantigo.portal.ap.gov.br/legislacao/UNIVERSIDADE%20ESTADUAL%20DO%20AMAP%C3%81/Lei%20n%C2%BA%202231,%20de%2027%20de%20setembro%20de%202017.pdf. Acesso em: 10 jan. 2023.

AMAPÁ. Projeto de Lei nº 0029, de 4 de julho de 2017. Regulamenta o adicional de insalubridade e de atividades perigosas previstos no artigo nº 75, da Lei Estadual nº 0066 de 1993, Estatuto dos Servidores Públicos Civis do Estado do Amapá. Diário Oficial do Estado do Amapá. Macapá, 2017. Disponível em: http://www.al.ap.gov.br/ver_texto.php?iddocumento=79780. Acesso em: 10 jan. 2023.

ANDOLINA, Ítalo; VIGNERA, Giuseppe. *I fondamenti costituzionali della giustizia civile*: il modello costituzionale del proceso civile italiano. 2. ed. Torino: G. Giappichelli Editore, 1997.

ARENHART, Sérgio Cruz; OSNA, Gustavo. *Curso de processo civil coletivo*. 3. ed. São Paulo: Thomson Reuters Brasil, 2021.

ARENHART, Sérgio Cruz. Processos Estruturais no Brasil: reflexões a partir do caso da ACP do carvão. *Revista de Processo Comparado*, v. 1, n. 2, p. 211-229, jul./dez. 2015. Disponível em: https://bdjur.stj.jus.br/jspui/bitstream/2011/109152/processos_estruturais_direito_arenhart.pdf. Acesso em: 10 jan. 2023.

ARGENTA, Graziela; ROSADO, Marcelo da Rocha. Do processo coletivo das ações coletivas ao processo coletivo dos casos repetitivos: modelos de tutela coletiva no ordenamento brasileiro. *Revista eletrônica de Direito Processual*, Rio de Janeiro, v. 18, n. 1, p. 236-277, jan./abr. 2017. Disponível em: https://www.e-publicacoes.uerj.br/index.php/redp/article/view/28491/20279. Acesso em: 10 jan. 2023.

ARGUELHES, Diego; LEAL, Fernando. O argumento das "capacidades institucionais" entre a barbaridade, a redundância e o absurdo. *Direito, Estado e Sociedade*, Rio de Janeiro, n. 38, p.6-50, jan./jun. 2011.

ÁVILA, Humberto. *Teoria dos Princípios*: da definição à aplicação dos princípios jurídicos. 18. ed. São Paulo: Malheiros, 2018.

BARACHO, José Alfredo de Oliveira. *Direito processual constitucional*: aspectos contemporâneos. Belo Horizonte: Fórum, 2008.

BEDAQUE, José Roberto dos Santos. *Direito e processo*: influência do direito material sobre o processo. São Paulo: Malheiros, 1995.

BENTHAM, Jeremy. *Uma introdução aos princípios da moral e da legislação*. 3. ed. São Paulo: Abril Cultural, 1984.

BRASIL. Constituição da República Federativa do Brasil. Diário Oficial da República Federativa. Brasília, 1988. Disponível em: http://www.planalto.gov.br/ccivil_03/constituicao/constituicao.htm. Acesso em: 10 jan. 2023.

BRASIL. Constituição dos Estados Unidos do Brasil. Diário Oficial da República Federativa. Brasília, 1934. Disponível em: http://www.planalto.gov.br/ccivil_03/constituicao/constituicao34.htm. Acesso em: 22 out. 2022.

BRASIL. Decreto-Lei nº 4.657, de 4 de setembro de 1942. Lei de Introdução às Normas do Direito Brasileiro. Diário Oficial da República Federativa. Brasília, 1942. Disponível em: https://www.planalto.gov.br/ccivil_03/decreto-lei/del4657compilado.htm. Acesso em: 10 jan. 2023.

BRASIL. Decreto nº 9.830, de 10 de junho de 2019. Regulamenta o disposto nos art. 20 ao art. 30 do Decreto-Lei nº 4.657, de 4 de setembro de 1942, que institui a Lei de Introdução às Normas do Direito brasileiro. Diário Oficial da República Federativa. Brasília, 2019. Disponível em: https://www.planalto.gov.br/ccivil_03/_ato2019-2022/2019/decreto/D9830.htm. Acesso em: 10 jan. 2023.

BRASIL. Emenda Constitucional nº 30, de 13 de setembro de 2000. Altera a redação do art. 100 da Constituição Federal e acrescenta o art. 78 no Ato das Disposições Constitucionais Transitórias, referente ao pagamento de precatórios judiciários. Diário Oficial da República Federativa. Brasília, 2000. Disponível em: https://www.planalto.gov.br/ccivil_03/constituicao/emendas/emc/emc30.htm. Acesso em: 10 jan. 2023.

BRASIL. Lei Complementar nº 73, de 10 de fevereiro de 1993. Institui a Lei Orgânica da Advocacia-Geral da União e dá outras providências. Diário Oficial da República Federativa. Brasília, 1993. Disponível em: https://www.planalto.gov.br/ccivil_03/leis/lcp/lcp73.htm. Acesso em: 10 jan. 2023.

BRASIL. Lei Complementar nº 80, de 12 de janeiro de 1994. Organiza a Defensoria Pública da União, do Distrito Federal e dos Territórios e prescreve normas gerais para sua organização nos Estados, e dá outras providências. Diário Oficial da República Federativa. Brasília, 1994. Disponível em: https://www.planalto.gov.br/ccivil_03/leis/lcp/lcp80.htm. Acesso em: 10 jan. 2023.

BRASIL. Lei nº 4.348, de 26 de junho de 1964. Estabelece normas processuais relativas a mandado de segurança. Diário Oficial da República Federativa. Brasília, 1964. Disponível em: http://www.planalto.gov.br/ccivil_03/leis/L4348.htm. Acesso em: 10 jan. 2023.

BRASIL. Lei nº 5.869, de 11 de janeiro de 1973. Institui o Código de Processo Civil. Diário Oficial da República Federativa. Brasília, 1973. Disponível em: https://www.planalto.gov.br/ccivil_03/leis/l5869.htm. Acesso em: 10 jan. 2023.

BRASIL. Lei nº 6.938, de 31 de agosto de 1981. Dispõe sobre a Política Nacional do Meio Ambiente, seus fins e mecanismos de formulação e aplicação, e dá outras providências. Diário Oficial da República Federativa. Brasília, 1981. Disponível em: https://www.planalto.gov.br/ccivil_03/leis/l6938.htm. Acesso em: 10 jan. 2023.

BRASIL. Lei nº 7.347, de 24 de julho de 1985. Disciplina a ação civil pública de responsabilidade por danos causados ao meio-ambiente, ao consumidor, a bens e direitos de valor artístico, estético, histórico, turístico e paisagístico (VETADO) e dá outras providências. Diário Oficial da República Federativa. Brasília, 1985. Disponível em: https://www.planalto.gov.br/ccivil_03/leis/l7347orig.htm. Acesso em: 10 jan. 2023.

BRASIL. Lei nº 7.853, de 24 de outubro de 1989. Dispõe sobre o apoio às pessoas portadoras de deficiência, sua integração social, sobre a Coordenadoria Nacional para Integração da Pessoa Portadora de Deficiência – Corde, institui a tutela jurisdicional de interesses coletivos ou difusos dessas pessoas, disciplina a atuação do Ministério Público, define crimes, e dá outras providências. Diário Oficial da República Federativa. Brasília, 1989. Disponível em: http://www.planalto.gov.br/ccivil_03/leis/l7853.htm. Acesso em: 10 jan. 2023.

BRASIL. Lei nº 7.913, de 7 de dezembro de 1989. Dispõe sobre a ação civil pública de responsabilidade por danos causados aos investidores no mercado de valores mobiliários. Diário Oficial da República Federativa. Brasília, 1989. Disponível em: https://www.planalto.gov.br/ccivil_03/leis/l7913.htm. Acesso em: 10 jan. 2023.

BRASIL. Lei nº 8.036, de 11 de maio de 1990. Dispõe sobre o Fundo de Garantia do Tempo de Serviço, e dá outras providências. Diário Oficial da República Federativa. Brasília, 1990. Disponível em: https://www.planalto.gov.br/ccivil_03/leis/l8036consol.htm. Acesso em: 10 jan. 2023.

BRASIL. Lei nº 8.038, de 28 de maio de 1990. Institui normas procedimentais para os processos que especifica, perante o Superior Tribunal de Justiça e o Supremo Tribunal Federal. Diário Oficial da República Federativa. Brasília, 1990. Disponível em: https://www.planalto.gov.br/ccivil_03/leis/l8038.htm. Acesso em: 10 jan. 2023.

BRASIL. Lei nº 8.069, de 7 de dezembro de 1990. Dispõe sobre o Estatuto da Criança e do Adolescente e dá outras providências. Diário Oficial da República Federativa. Brasília, 1990. Disponível em: https://www.planalto.gov.br/ccivil_03/leis/l8069.htm. Acesso em: 10 jan. 2023.

BRASIL. Lei nº 8.087, de 11 de setembro de 1990. Dispõe sobre a proteção do consumidor e dá outras providências. Diário Oficial da República Federativa. Brasília, 1990. Disponível em: https://www.planalto.gov.br/ccivil_03/leis/l8078compilado.htm. Acesso em: 10 jan. 2023.

BRASIL. Lei nº 8.112, de 11 de dezembro de 1990. Dispõe sobre o regime jurídico dos servidores públicos civis da União, das autarquias e das fundações públicas federais. Diário Oficial da República Federativa. Brasília, 1990. Disponível em: https://www.planalto.gov.br/ccivil_03/leis/l8112cons.htm. Acesso em: 10 jan. 2023.

BRASIL. Lei nº 8.270, de 11 de dezembro de 1991. Dispõe sobre reajuste da remuneração dos servidores públicos, corrige e reestrutura tabelas de vencimentos, e dá outras providências. Diário Oficial da República Federativa. Brasília, 1991. Disponível em: https://www.planalto.gov.br/ccivil_03/leis/l8270.htm. Acesso em: 10 jan. 2023.

BRASIL. Lei nº 8.437, de 30 de junho de 1992. Dispõe sobre a concessão de medidas cautelares contra atos do Poder Público e dá outras providências. Diário Oficial da República Federativa. Brasília, 1992. Disponível em: https://www.planalto.gov.br/ccivil_03/leis/l8437.htm. Acesso em: 10 jan. 2023.

BRASIL. Lei nº 8.625, de 12 de fevereiro de 1993. Institui a Lei Orgânica Nacional do Ministério Público, dispõe sobre normas gerais para a organização do Ministério Público dos Estados e dá outras providências. Diário Oficial da República Federativa. Brasília, 1993. Disponível em: https://www.planalto.gov.br/ccivil_03/leis/l8625.htm. Acesso em: 10 jan. 2023.

BRASIL. Lei nº 8.884, de 11 de junho de 1994. Transforma o Conselho Administrativo de Defesa Econômica (CADE) em Autarquia, dispõe sobre a prevenção e a repressão às infrações contra a ordem econômica e dá outras providências. Diário Oficial da República Federativa. Brasília, 1994. Disponível em: https://www.planalto.gov.br/ccivil_03/leis/l8884.htm. Acesso em: 10 jan. 2023.

BRASIL. Lei nº 8.906, de 4 de junho de 1994. Dispõe sobre o Estatuto da Advocacia e a Ordem dos Advogados do Brasil (OAB). Diário Oficial da República Federativa. Brasília, 1994. Disponível em: https://www.planalto.gov.br/ccivil_03/leis/l8906.htm. Acesso em: 10 jan. 2023.

BRASIL. Lei nº 9.307, de 23 de setembro de 1996. Dispõe sobre a arbitragem. Diário Oficial da República Federativa. Brasília, 1996. Disponível em: https://www.planalto.gov.br/ccivil_03/leis/l9307.htm. Acesso em: 10 jan. 2023.

BRASIL. Lei nº 10.671, de 15 de maio de 2003. Dispõe sobre o Estatuto de Defesa do Torcedor e dá outras providências. Diário Oficial da República Federativa. Brasília, 2003. Disponível em: https://www.planalto.gov.br/ccivil_03/leis/2003/l10.671.htm. Acesso em: 10 jan. 2023.

BRASIL. Lei nº 9.494, de 10 de setembro de 1997. Disciplina a aplicação da tutela antecipada contra a Fazenda Pública, altera a Lei nº 7.347, de 24 de julho de 1985, e dá outras providências. Diário Oficial da República Federativa. Brasília, 1997. Disponível em: https://www.planalto.gov.br/ccivil_03/leis/l9494.htm. Acesso em: 10 jan. 2023.

BRASIL. Lei nº 10.741, de 1º de outubro de 2003. Dispõe sobre o Estatuto do Idoso e dá outras providências. Diário Oficial da República Federativa. Brasília, 2003. Disponível em: https://www.planalto.gov.br/ccivil_03/leis/2003/l10.741.htm. Acesso em: 10 jan. 2023.

BRASIL. Lei nº 12.016, de 7 de agosto de 2009. Disciplina o mandado de segurança individual e coletivo e dá outras providências. Diário Oficial da República Federativa. Brasília, 2009. Disponível em: https://www.planalto.gov.br/ccivil_03/_ato2007-2010/2009/lei/l12016.htm. Acesso em: 10 jan. 2023.

BRASIL. Lei nº 12.153, de 22 de dezembro de 2009. Dispõe sobre os Juizados Especiais da Fazenda Pública no âmbito dos Estados, do Distrito Federal, dos Territórios e dos Municípios. Diário Oficial da República Federativa. Brasília, 2009. Disponível em: https://www.planalto.gov.br/ccivil_03/_ato2007-2010/2009/lei/l12153.htm. Acesso em: 10 jan. 2023.

BRASIL. Lei nº 12.852, de 5 de agosto de 2013. Institui o Estatuto da Juventude e dispõe sobre os direitos dos jovens, os princípios e diretrizes das políticas públicas de juventude e o Sistema Nacional de Juventude – SINAJUVE. Diário Oficial da República Federativa. Brasília, 2013. Disponível em: https://www.planalto.gov.br/ccivil_03/_ato2011-2014/2013/lei/l12852.htm. Acesso em: 10 jan. 2023.

BRASIL. Lei nº 13.105, de 16 de março de 2015. Código de Processo Civil. Diário Oficial da República Federativa. Brasília, 2015. Disponível em: https://www.planalto.gov.br/ccivil_03/_ato2015-2018/2015/lei/l13105.htm. Acesso em: 10 jan. 2023.

BRASIL. Lei nº 13.140, de 26 de julho de 2015. Dispõe sobre a mediação entre particulares como meio de solução de controvérsias e sobre a autocomposição de conflitos no âmbito da administração pública; altera a Lei nº 9.469, de 10 de julho de 1997, e o Decreto nº 70.235, de 6 de março de 1972; e revoga o §2º do art. 6º da Lei nº 9.469, de 10 de julho de 1997. Diário Oficial da República Federativa. Brasília, 2015. Disponível em: https://www.planalto.gov.br/ccivil_03/_ato2015-2018/2015/lei/l13140.htm. Acesso em: 10 jan. 2023.

BRASIL. Lei nº 13.655, de 25 de abril de 2018. Inclui no Decreto-Lei nº 4.657, de 4 de setembro de 1942 (Lei de Introdução às Normas do Direito Brasileiro), disposições sobre segurança jurídica e eficiência na criação e na aplicação do direito público. Diário Oficial da República Federativa. Brasília, 2018. Disponível em: https://www.planalto.gov.br/ccivil_03/_ato2015-2018/2018/lei/l13655.htm. Acesso em: 10 jan. 2023.

BRASIL. Lei nº 13.988, de 14 de abril de 2020. Dispõe sobre a transação nas hipóteses que especifica; e altera as Leis n os 13.464, de 10 de julho de 2017, e 10.522, de 19 de julho de 2002. Diário Oficial da República Federativa. Brasília, 2020. Disponível em: https://www.planalto.gov.br/ccivil_03/_ato2019-2022/2020/lei/l13988.htm. Acesso em: 10 jan. 2023.

BRASIL. Lei nº 14.133, de 1º de abril de 2021. Lei de Licitações e Contratos Administrativos. Diário Oficial da República Federativa. Brasília, 2021. Disponível em: https://www.planalto.gov.br/ccivil_03/_ato2019-2022/2021/lei/l14133.htm. Acesso em: 10 jan. 2023.

BRASIL. Medida Provisória nº 2.180-35, de 24 de agosto de 2001. Acresce e altera dispositivos das Leis nºs 8.437, de 30 de junho de 1992, 9.028, de 12 de abril de 1995, 9.494, de 10 de setembro de 1997, 7.347, de 24 de julho de 1985, 8.429, de 2 de junho de 1992, 9.704, de 17 de novembro de 1998, do Decreto-Lei nº 5.452, de 1º de maio de 1943, das Leis nºs 5.869, de 11 de janeiro de 1973, e 4.348, de 26 de junho de 1964, e dá outras providências. Diário Oficial da República Federativa. Brasília, 2001. Disponível em: https://www.planalto.gov.br/ccivil_03/mpv/2180-35.htm. Acesso em: 10 jan. 2023.

BRASIL. Projeto de Lei nº 1.641, de 29 de abril de 2021. Disciplina a ação civil pública. Diário Oficial da República Federativa. Brasília, 2021. Disponível em: https://www.camara.leg.br/proposicoesWeb/fichadetramitacao?idProposicao=2279806. Acesso em: 10 jan. 2023.

BRASIL. Projeto de Lei nº 2.033, de 22 de setembro de 2022. Altera a Lei nº 9.656, de 3 de junho de 1998, que dispõe sobre os planos privados de assistência à saúde, para estabelecer hipóteses de cobertura de exames ou tratamentos de saúde que não estão incluídos no rol de procedimentos e eventos em saúde suplementar. Diário Oficial da República Federativa. Brasília, 2022. Disponível em: https://www25.senado.leg.br/web/atividade/materias/-/materia/154313. Acesso em: 10 jan. 2023.

BRASIL. Projeto de Lei nº 4.441, de 10 de fevereiro de 2021. Disciplina o procedimento da Nova Lei de Ação Civil Pública. Diário Oficial da República Federativa. Brasília, 2021. Disponível em: https://www.camara.leg.br/propostas-legislativas/2261966. Acesso em: 10 jan. 2023.

BRASIL. Projeto de Lei nº 4.778, de 1º de outubro de 2020. Dispõe sobre a nova Lei de Ação Civil Pública e dá outras providências. Diário Oficial da República Federativa. Brasília, 2020. Disponível em: https://www.camara.leg.br/proposicoesWeb/fichadetramitacao?idProposicao=2263651. Acesso em: 10 jan. 2023.

BRASIL. Resolução nº 02, de 21 de junho de 2011. Institui os cadastros nacionais de informações de ações coletivas, inquéritos e termos de ajustamento de conduta, e dá outras providências. Diário Oficial da República Federativa. Brasília: CNJ, 2011. Disponível em: https://atos.cnj.jus.br/atos/detalhar/935. Acesso em: 10 jan. 2023.

BRASIL. Resolução nº 23, de 17 de setembro de 2007. Regulamenta os artigos 6º, inciso VII, e 7º, inciso I, da Lei Complementar nº 75/93 e os artigos 25, inciso IV, e 26, inciso I, da Lei nº 8.625/93, disciplinando, no âmbito do Ministério Público, a instauração e tramitação do inquérito civil. Diário Oficial da República Federativa. Brasília: Conselho Nacional do Ministério Público, 2007. Disponível em: https://www.cnmp.mp.br/portal/images/Normas/Resolucoes/Resoluo-0232.pdf. Acesso em: 10 jan. 2023.

BRASIL. Resolução nº 179, de 26 de julho de 2017. Regulamenta o §6º do art. 5º da Lei nº 7.347/1985, disciplinando, no âmbito do Ministério Público, a tomada do compromisso de ajustamento de conduta. Diário Oficial da República Federativa. Brasília: Conselho Nacional do Ministério Público, 2017. Disponível em: https://www.cnmp.mp.br/portal/images/Resolucoes/Resolu%C3%A7%C3%A3o-179.pdf. Acesso em: 10 jan. 2023.

BRASIL. Resolução nº 350, de 27 de outubro de 2020. Estabelece diretrizes e procedimentos sobre a cooperação judiciária nacional entro os órgãos do Poder Judiciário e outras instituições e entidades, e dá outras providências. Diário Oficial da República Federativa. Brasília: CNJ, 2020. Disponível em: https://atos.cnj.jus.br/atos/detalhar/3556. Acesso em: 10 jan. 2023.

BRASIL. Superior Tribunal de Justiça. AgInt-MS nº 64654/PR. Relatora: Ministra Regina Helena Costa. Diário da Justiça. Brasília, 25/08/2021.

BRASIL. Superior Tribunal de Justiça. AgInt na Pet nº 11.838/MS. Relatora: Ministra Laurita Vaz. Diário da Justiça. Brasília, 07/08/2019. Disponível em: https://www.jusbrasil.com.br/jurisprudencia/stj/859488618. Acesso em: 19 dez. 2022.

BRASIL. Superior Tribunal de Justiça. AgInt no AREsp nº 667.492/MS. Relator: Ministro Lázaro Guimarães. Diário da Justiça. Brasília, 30/04/2018.

BRASIL. Superior Tribunal de Justiça. AgInt no AREsp nº 1.441.336/SP. Relator: Ministro Marco Aurélio Bellizze. Diário da Justiça. Brasília, 19/08/2019. Disponível em: https://www.jusbrasil.com.br/jurisprudencia/stj/880187225. Acesso em: 19 dez. 2022.

BRASIL. Superior Tribunal de Justiça. AgInt no REsp nº 1.324.029/MG. Relator: Ministro Ricardo Villas Bôas Cueva. Diário da Justiça. Brasília, 16/06/2016. Disponível em: https://www.jusbrasil.com.br/jurisprudencia/stj/862145385/inteiro-teor-862145407. Acesso em: 19 dez. 2022.

BRASIL. Superior Tribunal de Justiça. AgInt no REsp nº 1.839.014/AP. Relator: Ministro Francisco Falcão. Diário da Justiça. Brasília, 30/11/2020.

BRASIL. Superior Tribunal de Justiça. AgInt no REsp nº 1.868.065/MG. Relator: Ministro Benedito Gonçalves. Diário da Justiça. Brasília, 24/11/2021. Disponível em: https://www.jusbrasil.com.br/jurisprudencia/stj/1479988078/inteiro-teor-1479988107. Acesso em: 19 dez. 2022.

BRASIL. Superior Tribunal de Justiça. Ag Int-SLS nº 2.516/BA – (2019/0134360-1). Relator: Ministro João Otávio de Noronha. Diário da Justiça. Brasília, 13/08/2020.

BRASIL. Superior Tribunal de Justiça. AgRg-Ag-REsp nº 666.442 – (2015/0039704-2). Relator: Ministro Luis Felipe Salomão. Diário da Justiça. Brasília, 20/10/2015. Disponível em: https://www.jusbrasil.com.br/jurisprudencia/stj/893200731. Acesso em: 19 dez. 2022.

BRASIL. Superior Tribunal de Justiça. AgRg no Ag nº 886.219/RS. Relator: Ministro Sidnei Beneti. Diário da Justiça. Brasília, 07/05/2008. Disponível em: https://www.jusbrasil.com.br/jurisprudencia/stj/7094640. Acesso em: 19 dez. 2022.

BRASIL. Superior Tribunal de Justiça. AgRg-REsp nº 1.362.266 – (2013/0006627-3). Relator: Ministro Ricardo Villas Bôas Cueva. Diário da Justiça. Brasília, 10/09/2015. Disponível em: https://www.jusbrasil.com.br/jurisprudencia/stj/194542723. Acesso em: 19 dez. 2022.

BRASIL. Superior Tribunal de Justiça. AgRg-REsp nº 1483780/PE. Relator: Ministro Napoleão Nunes Maia Filho. Diário da Justiça. Brasília, 05/08/2015.

BRASIL. Superior Tribunal de Justiça. AResp nº 2084336/AP. Relator: Ministro Herman Benjamin. Diário da Justiça. Brasília, 01/07/22. Disponível em: https://www.jusbrasil.com.br/jurisprudencia/stj/1597209378/decisao-monocratica-1597209405. Acesso em: 19 dez. 2022.

BRASIL. Superior Tribunal de Justiça. CC nº 177113/AM. Relator: Ministro Francisco Falcão. Diário da Justiça. Brasília, 01/09/2021. Disponível em: https://www.jusbrasil.com.br/jurisprudencia/stj/1171950261/decisao-monocratica-1171950283. Acesso em: 19 dez. 2022.

BRASIL. Superior Tribunal de Justiça. EDcl no REsp nº 1.331.100/BA. Relatora: Ministra Maria Isabel Gallotti. Diário da Justiça. Brasília, 10/08/2016. Disponível em: https://webcache.googleusercontent.com/search?q=cache:8SA_2ucol74J:https://www.stj.jus.br/websecstj/cgi/revista/REJ.cgi/ITA%3Fseq%3D1202329%26tipo%3D0%26nreg%3D201201003014%26SeqCgrmaSessao%3D%26CodOrgaoJgdr%3D%26dt%3D20160222%26formato%3DPDF%26salvar%3Dfalse&cd=3&hl=pt-PT&ct=clnk&gl=br. Acesso em: 19 dez. 2022.

BRASIL. Superior Tribunal de Justiça. EREsp nº 1886929/SP. Relator: Ministro Ricardo Villas Bôas Cueva. Diário da Justiça. Brasília, 10/11/2022. Disponível em: https://processo.stj.jus.br/processo/pesquisa/?aplicacao=processos.ea&tipoPesquisa=tipoPesquisaGenerica&termo=EREsp%201886929. Acesso em: 19 dez. 2022.

BRASIL. Superior Tribunal de Justiça. EREsp nº 1889704/SP. Relator: Ministro João Otávio de Noronha. Diário da Justiça. Brasília, 06/02/2023. Disponível em: https://processo.stj.jus.br/processo/pesquisa/?aplicacao=processos.ea&tipoPesquisa=tipoPesquisaGenerica&termo=EREsp%201889704. Acesso em: 10 fev. 2023.

BRASIL. Superior Tribunal de Justiça. HC nº 568.693/ES – (2020/0074523-0). Relator: Ministro Sebastião Reis Júnior. Diário da Justiça. Brasília, 16/10/2020. Disponível em: https://www.jusbrasil.com.br/jurisprudencia/stj/869187070/decisao-monocratica-869187080. Acesso em: 19 out. 2022.

BRASIL. Superior Tribunal de Justiça. REsp nº 440.221/ES. Relator: Ministro Fernando Gonçalves. Diário da Justiça. Brasília, 11/10/2004.

BRASIL. Superior Tribunal de Justiça. REsp nº 695.396. Relator: Ministro Arnaldo Esteves Lima. Diário da Justiça. Brasília, 27/04/2011. Disponível em: https://www.jusbrasil.com.br/jurisprudencia/stj/19117794/inteiro-teor-19117795. Acesso em: 19 out. 2022.

BRASIL. Superior Tribunal de Justiça. REsp nº 855.181/SC. Relator: Ministro Castro Meira. Diário da Justiça. Brasília, 18/09/2009. Disponível em: https://www.jusbrasil.com.br/jurisprudencia/stj/6042977/relatorio-e-voto-12174394. Acesso em: 19 dez. 2022.

BRASIL. Superior Tribunal de Justiça. REsp nº 904.813/PR – (2006/0038111-2). Relatora: Ministra Nancy Andrighi. Diário da Justiça. Brasília, 28/02/2012. Disponível em: https://www.jusbrasil.com.br/jurisprudencia/stj/21612526/inteiro-teor-21612527. Acesso em: 19 dez. 2022.

BRASIL. Superior Tribunal de Justiça. REsp nº 1084525/SP – 2008/0188343-0. Relator: Ministro Sérgio Kukina. Diário da Justiça. Brasília, 02/08/2019. Disponível em: https://www.jusbrasil.com.br/jurisprudencia/stj/859307868/inteiro-teor-859307878. Acesso em: 19 out. 2022.

BRASIL. Superior Tribunal de Justiça. REsp nº 1.255.398/SP. Relatora: Ministra Nancy Andrighi. Diário da Justiça. Brasília, 30/05/2014. Disponível em: https://www.jusbrasil.com.br/jurisprudencia/stj/25112191/relatorio-e-voto-25112193. Acesso em: 19 dez. 2022.

BRASIL. Superior Tribunal de Justiça. REsp nº 1.548.749/RS. Relator: Ministro Luis Felipe Salomão. Diário da Justiça. Brasília, 06/06/2016. Disponível em: https://www.jusbrasil.com.br/jurisprudencia/stj/862254691/inteiro-teor-862254700. Acesso em: 19 dez. 2022.

BRASIL. Superior Tribunal de Justiça. REsp nº 1.639.016/RJ. Relatora: Ministra Nancy Andrighi. Diário da Justiça. Brasília, 04/04/2017. Disponível em: https://www.jusbrasil.com.br/jurisprudencia/stj/860560376/inteiro-teor-860560385. Acesso em: 19 dez. 2022.

BRASIL. Superior Tribunal de Justiça. REsp nº 1.641.167/RS – (2014/0329474-0). Relatora: Ministra Nancy Andrighi. Diário da Justiça. Brasília, 20/03/2018. Disponível em: https://www.jusbrasil.com.br/jurisprudencia/stj/558030742/inteiro-teor-558030794. Acesso em: 19 dez. 2022.

BRASIL. Superior Tribunal de Justiça. REsp nº 1.658.568/RJ – (2017/0049852-5). Relatora: Ministra Nancy Andrighi. Diário da Justiça. Brasília, 18/10/2018. Disponível em: https://www.conjur.com.br/dl/resp-1658568-rj.pdf. Acesso em: 19 out. 2022.

BRASIL. Superior Tribunal de Justiça. REsp nº 1703571/DF. Relator: Ministro Antonio Carlos Ferreira. Diário da Justiça. Brasília, 28/11/2022. Disponível em: https://processo.stj.jus.br/processo/pesquisa/?aplicacao=processos.ea&tipoPesquisa=tipoPesquisaGenerica&termo=REsp%201703571. Acesso em: 19 dez. 2022.

BRASIL. Superior Tribunal de Justiça. REsp nº 1760966/SP. Relator: Ministro Marco Aurélio Bellizze. Diário da Justiça. Brasília, 07/12/2018. Disponível em: https://www.jusbrasil.com.br/jurisprudencia/stj/661787132/inteiro-teor-661787142. Acesso em: 19 dez. 2022.

BRASIL. Superior Tribunal de Justiça. REsp nº 1797365/RS. Relator: Ministro Sérgio Kukina. Diário da Justiça. Brasília, 22/10/2019. Disponível em: https://www.jusbrasil.com.br/jurisprudencia/stj/859793923/inteiro-teor-859793953. Acesso em: 19 dez. 2022.

BRASIL. Superior Tribunal de Justiça. REsp nº 1.798.374/DF. Relator: Ministro Mauro Campbell Marques. Diário da Justiça. Brasília, 21/06/22. Disponível em: https://www.jusbrasil.com.br/jurisprudencia/stj/878651711/decisao-monocratica-878651848. Acesso em: 19 dez. 2022.

BRASIL. Superior Tribunal de Justiça. REsp nº1.818.564/DF. Relator: Ministro Moura Ribeiro. Diário da Justiça. Brasília, 14/06/2021.

BRASIL. Superior Tribunal de Justiça. REsp nº 1.826.962/AP. Relator: Ministro Herman Benjamin. Diário da Justiça. Brasília, 06/02/2020. Disponível em: https://www.jusbrasil.com.br/jurisprudencia/stj/855190442/inteiro-teor-855190452. Acesso em: 19 dez. 2022.

BRASIL. Superior Tribunal de Justiça. REsp nº 1.828.620/RO – (2019/0220243-7). Relator: Ministro Herman Benjamin. Diário da Justiça. Brasília, 05/10/2020. Disponível em: https://www.jusbrasil.com.br/jurisprudencia/stj/1238805525/inteiro-teor-1238805619. Acesso em: 19 out. 2022.

BRASIL. Superior Tribunal de Justiça. REsp nº 1836074/PB. Relator: Ministro Og Fernandes. Diário da Justiça. Brasília, 09/10/2019. Disponível em: https://www.jusbrasil.com.br/jurisprudencia/stj/859792862. Acesso em: 19 dez. 2022.

BRASIL. Superior Tribunal de Justiça. REsp nº 1.869.867/SC. Relator: Ministro Og Fernandes. Diário da Justiça. Brasília, 20/04/2021. Disponível em: https://www.jusbrasil.com.br/jurisprudencia/stj/1205850931/inteiro-teor-1205851180. Acesso em: 19 out. 2022.

BRASIL. Superior Tribunal de Justiça. REsp nº1.881.272/RS. Relator: Ministro Sérgio Kukina. Diário da Justiça. Brasília, 26/11/2022.

BRASIL. Superior Tribunal de Justiça. REsp nº 1.987.688/PR. Relatora: Ministra Nancy Andrighi. Diário da Justiça. Brasília, 24/11/2022.

BRASIL. Superior Tribunal de Justiça. REsp nº 1.993.506/MT. Relatora: Ministra Nancy Andrighi. Diário da Justiça. Brasília, 28/04/2022. Disponível em: https://www.conjur.com.br/dl/stj-reconhece-legitimidade-associacao.pdf. Acesso em: 19 out. 2022.

BRASIL. Superior Tribunal de Justiça. RMS nº 60.913/PI. Relator: Ministro Sérgio Kukina. Diário da Justiça. Brasília, 22/10/2019. Disponível em: https://repositorio.cgu.gov.br/handle/1/45599. Acesso em: 19 dez. 2022.

BRASIL. Superior Tribunal de Justiça. Súmula nº 212. Relatora: Ministra Denise Arruda. Diário da Justiça. Brasília, 02/10/1998. Disponível em: https://www.stj.jus.br/docs_internet/revista/eletronica/stj-revista-sumulas-2010_15_capSumula212alterada.pdf. Acesso em: 19 dez. 2022.

BRASIL. Superior Tribunal de Justiça. Súmula nº 643. Relatora: Ministra Maria Thereza de Assis Moura. Diário da Justiça. Brasília, 18/02/2021. Disponível em: https://webcache.googleusercontent.com/search?q=cache:A2j3KaJYLBYJ:https://www.stj.jus.br/publicacaoinstitucional/index.php/sumstj/article/download/11574/11698&cd=2&hl=pt-PT&ct=clnk&gl=br. Acesso em: 19 dez. 2022.

BRASIL. Superior Tribunal Militar. CJust 7000349-90.2020.7.00.0000. Relator: Ministro Lúcio Mário de Barros Góes. Diário da Justiça. Brasília, 08/10/2021.

BRASIL. Supremo Tribunal Federal. ACO nº 3451 TPI-segunda-Ref/DF. Relator: Ministro Ricardo Lewandowski. Diário da Justiça. Brasília, 10/06/2021. Disponível em: https://www.lexml.gov.br/urn/urn:lex:br:supremo.tribunal.federal;plenario:acordao; aco:2021-05-03;3451-6153842. Acesso em: 19 out. 2022.

BRASIL. Supremo Tribunal Federal. ADC nº 4/DF. Relator: Ministro Sydney Sanches. Diário da Justiça. Brasília, 01/10/2008. Disponível em: https://redir.stf.jus.br/paginadorpub/paginador.jsp?docTP=AC&docID=630103. Acesso em: 19 dez. 2022.

BRASIL. Supremo Tribunal Federal. ADC nº 4-6/DF. Relator: Ministro Sydney Sanches. Diário da Justiça. Brasília, 21/05/1999. Disponível em: https://redir.stf.jus.br/paginadorpub/paginador.jsp?docTP=AC&docID=630103. Acesso em: 19 dez. 2022.

BRASIL. Supremo Tribunal Federal. ADI nº 3943. Relatora: Ministra Cárme Lúcia. Diário da Justiça. Brasília, 07/05/2015. Disponível em: https://redir.stf.jus.br/paginadorpub/paginador.jsp?docTP=TP&docID=9058261. Acesso em: 19 out. 2022.

BRASIL. Supremo Tribunal Federal. ADI nº 4.277/DF. Relator: Ministro Ayres Britto. Diário da Justiça. Brasília, 05/05/2011. Disponível em: https://redir.stf.jus.br/paginadorpub/paginador.jsp?docTP=AC&docID=628635. Acesso em: 19 out. 2022.

BRASIL. Supremo Tribunal Federal. ADI nº 4296/DF. Relator: Ministro Marco Aurélio. Diário da Justiça. Brasília, 09/06/2021. Disponível em: https://portal.stf.jus.br/processos/detalhe.asp?incidente=3755382. Acesso em: 19 dez. 2022.

BRASIL. Supremo Tribunal Federal. ADI nº 5941/DF. Relator: Ministro Luiz Fux. Diário da Justiça. Brasília, 09/02/2023. Disponível em: https://portal.stf.jus.br/processos/detalhe.asp?incidente=5458217. Acesso em: 10 fev. 2023.

BRASIL. Supremo Tribunal Federal. ADI nº 7.042/DF. Relator: Ministro Alexandre de Moraes. Diário da Justiça. Brasília, 03/10/2022. Disponível em: https://portal.stf.jus.br/processos/detalhe.asp?incidente=6315635. Acesso em: 19 dez. 2022.

BRASIL. Supremo Tribunal Federal. ADI nº 7.043/DF. Relator: Ministro Alexandre de Moraes. Diário da Justiça. Brasília, 05/09/2022. Disponível em: https://portal.stf.jus.br/processos/detalhe.asp?incidente=6315955. Acesso em: 19 dez. 2022.

BRASIL. Supremo Tribunal Federal. ADPF nº 132/RJ. Relator: Ministro Ayres Britto. Diário da Justiça. Brasília, 05/05/2011. Disponível em: https://redir.stf.jus.br/paginadorpub/paginador.jsp?docTP=AC&docID=628633. Acesso em: 19 out. 2022.

BRASIL. Supremo Tribunal Federal. ADPF nº 347 MC. Relator: Ministro Marco Aurélio. Diário da Justiça. Brasília, 09/09/2015. Disponível em: https://redir.stf.jus.br/paginadorpub/paginador.jsp?docTP=TP&docID=10300665. Acesso em: 19 out. 2022.

BRASIL. Supremo Tribunal Federal. AgRg-AI 674.764. Relator: Ministro Dias Toffoli. Diário da Justiça. Brasília, 25/10/2011. Disponível em: https://www.jusbrasil.com.br/jurisprudencia/stf/22885033. Acesso em: 19 out. 2022.

BRASIL. Supremo Tribunal Federal. AgRg-RCL 1897/AC. Relator: Ministro Cezar Peluso. Diário da Justiça. Brasília, 01/02/2011.

BRASIL. Supremo Tribunal Federal. HC nº 165704. Relator: Ministro Gilmar Mendes. Diário da Justiça. Brasília, 18/08/2021. Disponível em: https://portal.stf.jus.br/processos/detalhe.asp?incidente=5596542. Acesso em: 19 out. 2022.

BRASIL. Supremo Tribunal Federal. Reclamação nº 2687/PA. Relator: Ministro Marco Aurélio. Diário da Justiça. Brasília, 18/02/2005. Disponível em: https://www.jusbrasil.com.br/jurisprudencia/stf/767268/inteiro-teor-100483427. Acesso em: 19 out. 2022.

BRASIL. Supremo Tribunal Federal. RE nº 573.872/RS (Tema 45). Relator: Ministro Edson Fachin. Diário da Justiça. Brasília, 24/05/2017. Disponível em: https://portal.stf.jus.br/jurisprudenciaRepercussao/verAndamentoProcesso.asp?incidente=2582896&numeroProcesso=573872&classeProcesso=RE&numeroTema=45. Acesso em: 19 dez. 2022.

BRASIL. Supremo Tribunal Federal. RE nº 603580/ RJ. Relator: Ministro Ricardo Lewandowski. Diário da Justiça. Brasília, 28/06/2011. Disponível em: https://redir.stf.jus.br/paginadorpub/paginador.jsp?docTP=TP&docID=9028579. Acesso em: 19 dez. 2022.

BRASIL. Supremo Tribunal Federal. RE nº 684612/RJ (Tema 698). Relatora: Ministra Cármen Lúcia. Diário da Justiça. Brasília, 16/10/2014. Disponível em: https://www.jusbrasil.com.br/jurisprudencia/stf/25300497. Acesso em: 19 out. 2022.

BRASIL. Supremo Tribunal Federal. RE nº 733.433 (Tema 607). Relator: Ministro Dias Toffoli. Diário da Justiça. Brasília, 04/11/2015. Disponível em: https://redir.stf.jus.br/paginadorpub/paginador.jsp?docTP=TP&docID=10669457. Acesso em: 19 out. 2022.

BRASIL. Supremo Tribunal Federal. RE nº 905357/RR. Relator: Ministro Alexandre de Moraes. Diário da Justiça. Brasília, 18/12/2019. Disponível em: https://redir.stf.jus.br/paginadorpub/paginador.jsp?docTP=TP&docID=751678047. Acesso em: 19 dez. 2022.

BRASIL. Supremo Tribunal Federal. RE nº 1101937 (Tema 1075). Relator: Ministro Alexandre de Moraes. Diário da Justiça. Brasília, 03/09/2021. Disponível em: https://portal.stf.jus.br/jurisprudenciaRepercussao/verAndamentoProcesso.asp?incidente=5336275&numeroProcesso=1101937&classeProcesso=RE&numeroTema=1075. Acesso em: 19 out. 2022.

BRASIL. Supremo Tribunal Federal. SL-AgR nº 1425. Relator: Ministro Luiz Fux. Diário da Justiça. Brasília, 02/06/2021.

BRASIL. Tribunal de Justiça do Estado de Alagoas. AI nº 0800980-48.2021.8.02.0000. Relator: Desembargador Otávio Leão Praxedes. Diário da Justiça. Maceió, 25/10/2021.

BRASIL. Tribunal de Justiça do Estado do Amapá. Processo nº 0000437-44.2018.8.03.0004. Relator: Desembargador Mário Mazurek. Diário da Justiça. Macapá, 31/01/2023. Disponível em: https://tucujuris.tjap.jus.br/tucujuris/pages/consultar-processo/consultar-processo.html. Acesso em: 10 fev. 2023.

BRASIL. Tribunal de Justiça do Estado do Amapá. Processo nº 0002702-94.2019.8.03.0000. Relator: Desembargador Agostino Silvério. Diário da Justiça. Macapá, 14/09/2022. Disponível em: https://tucujuris.tjap.jus.br/tucujuris/pages/consultar-processo/consultar-processo.html. Acesso em: 10 fev. 2023.

BRASIL. Tribunal de Justiça do Estado do Amapá. Processo nº 0036800-73.2017.8.03.0001. Relator: Desembargador Adão Carvalho. Diário da Justiça. Macapá, 28/02/2022. Disponível em: https://tucujuris.tjap.jus.br/tucujuris/pages/consultar-processo/consultar-processo.html. Acesso em: 30 fev. 2023.

BRASIL. Tribunal de Justiça do Estado do Rio Grande do Sul. AC nº 70083562967. Relator: Desembargador João Barcelos de Souza Júnior. Diário da Justiça. Porto Alegre, 03/06/2020.

BRASIL. Tribunal de Justiça do Estado do Tocantins. AI nº 11564/2011. Relatora: Juíza Adelina Gurak. Diário da Justiça. Palmas, 04/12/2012.

BRASIL. Tribunal Regional do Trabalho da 6ª Região. RO nº 0001009-67.2017.5.06.0144. Relatora: Desembargadora Eneida Melo Correia de Araujo. Diário da Justiça. Recife, 19/10/2018.

BRASIL. Tribunal Regional Federal da 5ª Região. AC nº 00142782320134058100. Relator: Desembargador Federal Paulo Machado Cordeiro. Diário da Justiça. Recife, 13/07/2021.

BÜLOW, Oskar Von. *La teoría de las excepciones procesales y los presupuestos procesales*. Buenos Aires: Ediciones Jurídicas Europa, 1964.

BÜLOW, Oskar Von. Statutory law and the judicial function. *American Journal of Legal History*, n. 39, 1995.

CABRAL, Antônio do Passo. *Juiz natural e eficiência processual*: flexibilização, delegação e coordenação de competências no processo civil. Rio de Janeiro: Revista dos Tribunais, 2017.

CAPPELLETTI, Mauro; GARTH, Bryant. *Acesso à justiça*. Porto Alegre: Fabris, 2002.

CASAGRANDE, Cássio. O novo e outra vez turbulento ano judiciário da Suprema Corte dos EUA. JOTA, Washington, 2022. Disponível em: https://www.jota.info/opiniao-e-analise/colunas/o-mundo-fora-dos-autos/o-novo-e-outra-vez-turbulento-ano-judiciario-da-suprema-corte-dos-eua-03102022. Acesso em: 5 out. 2022.

CASIMIRO, Matheus; FRANÇA, Eduarda Peixoto da Cunha; NÓBREGA, Flavianne Fernanda Bitencourt. Processos estruturais e diálogo institucional: qual o papel do Poder Judiciário na transformação de realidades inconstitucionais? *REI – REVISTA ESTUDOS INSTITUCIONAIS*, v. 8, n. 1, p. 105-137, maio 2022. Disponível em: https://www.estudosinstitucionais.com/REI/article/view/676. Acesso em: 25 jan. 2023.

CAVALCANTI, Marcos de Araújo. *Incidente de resolução de demandas repetitivas*. São Paulo: Revista dos Tribunais, 2016.

DIDIER JÚNIOR, Fredie; BRAGA, Paula Sarno; OLIVEIRA, Rafael Alexandria de. *Curso de direito processual civil*: teoria da prova, direito probatório, decisão, precedente, coisa julgada, processo estrutural e tutela provisória. 17. ed. São Paulo: Juspodivm, 2022.

DIDIER JÚNIOR, Fredie; CABRAL, Antonio do Passo. Negócios Jurídicos Processuais Atípicos e Execução. *Revista do Ministério Público do Rio de Janeiro*, n. 67, jan./mar. 2018. Disponível em: https://www.mprj.mp.br/documents/20184/1245317/Fredie_Didier+Jr_%26_Antonio_do_Passo_Cabral.pdf. Acesso em: 25 jan. 2023.

DIDIER JÚNIOR, Fredie. *Ensaios sobre os negócios jurídicos processuais*. 2. ed. São Paulo: Juspodivm, 2021.

DIDIER JÚNIOR, Fredie; ZANETI JÚNIOR, Hermes. *Curso de direito processual civil*: processo coletivo. 16. ed. São Paulo: Juspodivm, 2022.

DINAMARCO, Candido Rangel. *A instrumentalidade do processo*. 13. ed. São Paulo: Malheiros, 2013.

DINAMARCO, Cândido Rangel; BADARÓ, Gustavo Henrique Righi Ivahy; LOPES, Bruno Vasconcelos Carrilho. *Teoria Geral do Processo*. 33. ed. São Paulo: Malheiros, 2021.

DINAMARCO, Cândido Rangel. *Instituições de direito processual civil*. 6. ed. São Paulo: Malheiros, 2009.

DWORKIN, Ronald. *A virtude soberana*: a teoria e a prática da igualdade. São Paulo: Martins Fontes, 2005.

DWORKIN, Ronald. *Levando os direitos a sério*. São Paulo: Martins Fontes, 2002.

FAZZALARI, Elio. *Instituições de Direito Processual*. 8. ed. Campinas: Bookseller, 2006.

FERNANDES, Antônio Teixeira. Níveis de confiança e sociedade de risco. *In*: COLÓQUIO INTERNACIONAL "TERRORISMO E ORDEM MUNDIAL", 1. 2002, Ponta Delgada. Anais [...]. Ponta Delgada, 2002. Disponível em: https://repositorio-aberto.up.pt/bitstream/10216/8426/2/1494.pdf. Acesso em: 13 set. 2022.

FERREIRA, Ana Catarina dos Santos Oliveira; FRANÇA, Vladimir da Rocha. Eficiência e juridicidade na aplicação de normas de gestão pública a partir da linha de interpretação do artigo 22 da LINDB. *Revista Digital de Direito Administrativo*, v. 9, n. 2, p. 173-195, 2022. Disponível em: https://www.revistas.usp.br/rdda/article/view/195553. Acesso em: 24 dez. 2022.

FERREIRA FILHO, Manoel Gonçalves. *Direitos humanos fundamentais*. São Paulo: Saraiva, 1996.

FERREIRA, Hélio Rios. Estudo dos princípios contratuais de direito privado aplicáveis aos contratos administrativos. *Revista Síntese*: Direito Administrativo, São Paulo, v. 13, n. 147, p. 206-228, mar. 2018.

FRANÇA, Eduarda Peixoto da Cunha; SERAFIM, Matheus Casimiro Gomes; ALBUQUERQUE, Felipe Braga. Processos estruturais e covid-19: a efetivação do direito à saúde em tempos de pandemia. *Revista Culturas Jurídicas*, v. 8, n. 19, p. 31-58, maio 2021. Disponível em: https://periodicos.uff.br/culturasjuridicas/article/view/47946/28697. Acesso em: 5 out. 2022.

FREIRE, André Luiz. Direito público e direito privado. Enciclopédia Jurídica da PUCSP, 2017. Disponível em: https://enciclopediajuridica.pucsp.br/verbete/133/edicao-1/direito-publico-e-direito-privado. Acesso em: 5 out. 2022.

GARNER, Bryan *et al.The law of judicial precedent*. St. Paul: Thomson Reuters, 2016.

GIDI, Antonio. *Coisa julgada e litispendência em ações coletivas*. São Paulo: Saraiva, 1995.

GIDI, Antonio. O Projeto CNJ de Lei de Ação Civil Pública. Avanços, inutilidades, imprecisões e retrocessos: a decadência das ações coletivas no Brasil. 12 *Civil Procedure Review*, v. 25, jan. 2021. Disponível em: https://ssrn.com/abstract=3724081. Acesso em: 13 set. 2022.

GIDI, Antônio. O Projeto CNJ e a decadência das ações coletivas no Brasil. CONJUR, 2020. Disponível em: https://www.conjur.com.br/2020-nov-05/antonio-gidi-projeto-cnj-decadencia-acoes-coletivas. Acesso em: 5 out. 2022.

GOLDSCHMIDT, James. *Principios generales del proceso:* teoría general del proceso. Buenos Aires: EJEA, 1961.

GOMES JÚNIOR, Luiz Manoel. *Curso de direito processual coletivo.* Rio de Janeiro: Forense, 2005.

GRINOVER, Ada Pellegrini. *O processo em evolução.* 2. ed. Rio de Janeiro: Forense Universitária, 1998.

LIMA, Renata Albuquerque. Conflitos de Normas versus Colisão de Diretos Fundamentais. *Revista Cearense Independente do Ministério Público*, Fortaleza, v. 1, n. 11, p. 10-365, 2002.

LIMA, Renata Albuquerque; FERREIRA, Francisco Gilney Bezerra de Carvalho. Teoria constitucional em mutação: perspectivas do constitucionalismo contemporâneo frente aos desafios da globalização e transnacionalidade. *Revista Brasileira de Direito*, v. 13, n. 3, p. 118-141, set./dez. 2017. Disponível em: https://seer.atitus.edu.br/index.php/revistadedireito/article/view/1585/1401. Acesso em: 13 set. 2022.

LOPES FILHO, Juraci Mourão; BEDÊ, Fayga Silveira. A força vinculante dos precedentes administrativos e o seu contributo hermenêutico para o Direito. *A&C – Revista de Direito Administrativo & Constitucional*, Belo Horizonte, v. 16, n. 66, p. 239-265, out./dez. 2016. Disponível em: http://www.revistaaec.com/index.php/revistaaec/article/view/367/653. Acesso em: 13 set. 2022.

LOPES FILHO, Juraci Mourão. *Os precedentes judiciais no constitucionalismo brasileiro contemporâneo.* 3. ed. Salvador: Juspodivm, 2020.

MACCORMICK, Neil; SUMMERS, Robert; GOODHAT, Arthur L. *Interpreting precedents.* Great Britain: Aushgate Publishing Limited, 1997.

MACHADO SEGUNDO, Hugo de Brito. *Poder público e litigiosidade.* Indaiatuba: Editora Foco, 2021.

MAFFINI, Rafael; HEINEN, Juliano. Análise acerca da aplicação da Lei de Introdução às Normas do Direito Brasileiro (na redação dada pela Lei 13.655/2018) no que concerne à interpretação de normas de direito público: operações interpretativas e princípios gerais de direito administrativo. *Revista de Direito Administrativo*, v. 277, n. 3, p. 247-278, 2018. Disponível em: https://bibliotecadigital.fgv.br/ojs/index.php/rda/article/view/77683. Acesso em: 27 dez. 2022.

MARDEN, Carlos. *A razoável duração do processo*: o fenômeno temporal e o modelo constitucional processual. Curitiba: Juruá, 2015.

MARDEN, Carlos. Processo (constitucional): reconstrução do conceito à luz do paradigma do estado democrático de direito. *Revista Opinião Jurídica*, Fortaleza, v. 10, n. 14, p. 24-41, jan./dez. 2012. Disponível em: https://periodicos.unichristus.edu.br/opiniaojuridica/article/view/804/274. Acesso em: 13 set. 2022.

MARMELSTEIN, George. *Curso de Direitos Fundamentais*. São Paulo: Atlas, 2008.

MENDES, Aluísio Gonçalves de Castro. *Ações coletivas no direito comparado e nacional*. 2. ed. São Paulo: Revista dos Tribunais, 2010.

MENDES, Aluísio Gonçalves de Castro; TEMER, Sofia. O incidente de resolução de demandas repetitivas do novo código de processo civil. *Revista de Processo*, v. 243, p. 283-331, 2015. Disponível em: http://www.tepedino.adv.br/wpp/wp-content/uploads/2018/06/incidente_resolucao_demandas.pdf. Acesso em: 13 set. 2022.

MILARÉ, Édis; MILARÉ, Lucas Tamer. Princípios informadores do processo coletivo. Enciclopédia Jurídica da PUC-SP, 2020. Disponível em: https://enciclopediajuridica.pucsp.br/verbete/377/edicao-1/principios-informadores-do-processo-coletivo. Acesso em: 5 out. 2022.

MILL, John Stuart. *Utilitarismo*: introdução. Porto: Porto Editora, 2005.

NERY JÚNIOR, Nelson; NERY, Rosa Maria de Andrade. *Código de processo civil comentado*. 16. ed. São Paulo: Revista dos Tribunais, 2016.

NOHARA, Irene. Proposta de alteração da LINDB (projeto 349/2015). Irene Nohara Direito Administrativo, 2016. Disponível em: https://direitoadm.com.br/proposta-de-alteracao-da-lindb-projeto-349-2015/. Acesso em: 8 nov. 2022.

OLIVEIRA, Angelina Mariz de. Suspensão de Liminar e de Sentença em Mandado de Segurança, na Jurisprudência das Cortes Superiores. *Revista Dialética de Direito Processual*, São Paulo, n. 36, p. 9-22, mar. 2006. Disponível em: https://www.lexml.gov.br/urn/urn:lex:br:rede.virtual.bibliotecas:artigo.revista:2006;1000751726. Acesso em: 8 nov. 2022.

PULIDO, Carlos Bernal. *El principio de proporcionalidad y los derechos fundamentales*: el principio de proporcionalidad como critério para determinar el contenido de los derechos fundamentales vinculante para el Legislado. 4. ed. Bogotá: Universidad Externado de Colombia, 2014.

RODAS, Sérgio. Juiz ordena *lockdown* em São Luís, no Maranhão. CONJUR, 2020. Disponível em: https://www.conjur.com.br/2020-abr-30/juiz-ordena-lockdown-todo-maranhao. Acesso em: 16 set. 2022.

SANTOS, Leonardo Fernandes dos. Quarta Geração/Dimensão dos Direitos Fundamentais: Pluralismo, Democracia e o Direito de Ser Diferente. *Direito Público*, v. 8, n. 35, p. 63-83, 2012. Disponível em: https://www.portaldeperiodicos.idp.edu.br/direitopublico/article/view/1826. Acesso em: 18 out. 2022.

SILVA, Paulo César Nunes da; ZAGRETTI, Samária França Maciel. Princípios do direito processual coletivo: uma construção necessária. *Revista Jurídica UNIGRAN*, Dourados, v. 21, n. 41, p. 81-106, jan./jun. 2019. Disponível em: https://www.unigran.br/dourados/revista_juridica/ed_anteriores/41/artigos/artigo05.pdf. Acesso em: 18 out. 2022.

SOUZA, Motauri Ciocchetti de. *Ação civil pública e inquérito civil*. 4. ed. São Paulo: Saraiva, 2011.

SUNDFELD, Carlos Ari. *Direito Administrativo*: o novo olhar da LINDB. Belo Horizonte: Fórum, 2022.

SUNSTEIN, Cass; VERMEULE, Adrian. Interpretation and Institutions. *John M. Olin Program in Law and Economics Working Paper Series*, n. 156, 2002. Disponível em: https://chicagounbound.uchicago.edu/cgi/viewcontent.cgi?article=12319&context=journal_articles. Acesso em: 19 out. 2022.

TARUFFO, Michele. *La pruebra de los hechos*. Madrid: Editorial Trotta, 2005.

THEODORO JUNIOR, Humberto; ANDRADE, Érico. *Precedentes no Direito Brasileiro*. Rio de Janeiro: Forense, 2021.

VIANA, Juvêncio Vasconcelos. *Execução contra a Fazenda Pública*. São Paulo: Dialética, 1998.

VITORELLI, Edilson. *O devido processo legal coletivo*. 3. ed. São Paulo: Thomson Reuters Brasil, 2022.

VITORELLI, Edilson. *Processo civil estrutural*: teoria e prática. 3. ed. São Paulo: Juspodivm, 2022.

ZANETI JÚNIOR, Hermes. Três Modelos de Processo Coletivo no Direito Comparado: Class Actions, Ações Associativas/Litígios Agregados e o 'Processo Coletivo: Modelo Brasileiro'. *Processos Coletivos*, v. 5, 2014. Disponível em: https://www.academia.edu/16746386/Tr%C3%AAs_Modelos_de_Processo_Coletivo_no_Direito_Comparado_Class_Actions_A%C3%A7%C3%B5es_Associativas_Lit%C3%ADgios_Agregados_e_o_Processo_Coletivo_Modelo_Brasileiro. Acesso em: 19 out. 2022.

ZAVASCKI, Teori Albino. *Antecipação da tutela*. São Paulo: Saraiva, 2009.

ZAVASCKI, Teori Albino. *Processo coletivo*: tutela de direitos coletivos e tutela coletiva de direitos. 2005. Tese (Doutorado em Direito Processual Civil) – Universidade Federal do Rio Grande do Sul, Porto Alegre, 2005. Disponível em: https://www.lume.ufrgs.br/bitstream/handle/10183/4574/000502398.pdf. Acesso em: 19 out. 2022.

Esta obra foi composta em fonte Palatino Linotype, corpo 10 e
impressa em papel Offset 70g (miolo) e Supremo 250g
(capa) pela gráfica Star7.